365 x Endspiel

Für Klubspieler

Eine Aufgabe
für jeden Tag des Jahres!

Heinz Brunthaler

2006

Schachverlag ULLRICH

Brunthaler, Heinz
365 x Endspiel – Für Klubspieler
- Eine Aufgabe für jeden Tag des Jahres

ISBN 3-9809937-8-7

Printed in Germany auf chlorfrei gebleichtem Papier

Schachverlag ULLRICH
Im Weinberg 8
97475 Zeil am Main
09524 - 6610 FAX 3310
www.schachverlag-ullrich.de

Lieber Leser!

Das Endspiel gilt vielen Schachspielern als eine trockene und langweilige Materie und wird daher im Training äußerst stiefmütterlich behandelt. Als Anfänger lernt man die Elementarendspiele, dann verliert man meistens ziemlich viele Partien ziemlich früh, braucht also ohnehin keine Endspielkenntnisse, studiert fleißig die Eröffnungstheorie und etwas Taktik und Strategie des Mittelspiels und endlich, oft nach Jahren, ist man soweit, dass Endspielwissen doch recht nützlich sein könnte. Aber wo anfangen?

Der ukrainische Meistertrainer Alexander Vaisman schätzt die Zahl der Endspielpositionen, die ein starker Spieler kennen muss, auf ca. 3.000! Schon für einen mittleren Klubspieler ist bereits eine große Menge Wissen erforderlich. Auch wer das Endspiel wirklich trainieren möchte, resigniert oft angesichts dieser Fülle.

Zudem fehlt den meisten von uns ohnehin durch die Belastung in Schule, Studium oder Beruf die Zeit und vor allem die Kraft, sich intensiv mit dem Schachspiel zu befassen und ein systematisches Training zu absolvieren.

Aber selbst ein minimales Training hilft uns schon, unsere Endspielkenntnisse wesentlich zu steigern und zugleich unsere mentale Fitness zu verbessern. Wer sich über einen längeren Zeitraum hinweg auch nur wenige Minuten am Tag mit Endspieltechnik beschäftigt, wird sich verbessern und generell mehr vom Schachspiel verstehen. Typische Stellungen, Techniken, Lösungsideen und Pläne werden so nach und nach vermittelt und eine Menge davon bleibt hängen und hilft dir, in der praktischen Partie die richtigen Fortsetzungen zu finden. Und das ohne große Anstrengung und ohne langweiliges Büffeln!

Für ein solches Training habe ich in diesem Buch 365 Aufgaben zusammengestellt, die der Leser innerhalb eines Jahres lösen sollte – eine Aufgabe für jeden Tag. Du kannst das morgens oder abends tun, auf der Bahn- oder Busfahrt, in den TV-Werbepausen (ein sehr ergiebiges Zeitpolster!) oder bei allen Wartezeiten und Pausen, von denen es täglich selbst für äußerst angespannte Mitmenschen genügend gibt.

Natürlich ist es nicht verboten, mehr als eine Aufgabe zu lösen oder sogar generell das "Trainingsjahr" im Zeitraffertempo zu absolvieren. Wichtig ist jedoch, **regelmäßig** zu trainieren – besser täglich eine Aufgabe als ein- oder zweimal im Jahr einige Stunden geballtes Training und dann lange Zeit gar nichts mehr!

Die Aufgaben sind aus allen möglichen Bereichen des Endspiels und unterschiedlich in Art und Schwierigkeitsgrad. Dieses Buch ist jedoch kein systematisches Endspiellehrbuch und erhebt keinerlei Anspruch auf Vollständigkeit oder auf ausführliche Erklärung bestimmter Stellungen und Methoden.

Der Leser sollte möglichst gute Kenntnis der elementaren Endspiele, der Grundlagen der Bauern- und Turmendspiele und einige praktische Erfahrung besitzen. Wer in den Grundlagen nicht so sattelfest ist, sollte besser erst den Band "365 Tage Endspiel – Einsteiger" durcharbeiten, in dem viele Grundlagen vermittelt werden, z.B. eine Einführung in die Bauern- und Turmendspiele.

Versuche, die Lösung vom Diagramm aus im Kopf nachzuvollziehen, das ist zudem gleichzeitig eine gute Konzentrations- und Variantenberechnungsübung, die ebenfalls deine Spielstärke verbessern wird. Bei langen Varianten wird es sicher gelegentlich erforderlich sein, die Lösung auf dem Schachbrett oder einem Taschenschach nachzuvollziehen. Anders als etwa bei Mattaufgaben können selbst relativ einfache Endspiellösungen leicht 10 Züge oder länger dauern.

Schau dir die Lösungen **genau** an (nicht nur oberflächlich, ob du den richtigen ersten Lösungszug gefunden hast) und, falls es mehr als eine Lösung oder weitere Varianten gibt, schau dir alle genau an und versuche, sie zu verstehen.

Zur Anwendung dieses Buches

Bei Aufgaben, wo nichts weiter angemerkt ist, ist Weiß am Zug. Bei einigen Aufgaben ist W / S angegeben. Das bedeutet, dass es jeweils eine Lösung für Weiß und Schwarz gibt, je nachdem, wer am Zug ist.

Die Lösungen findest du auf den Seiten ab S.67. Sie sind versetzt, damit du nicht aus Versehen die Lösung der nächsten Aufgabe siehst. In der ersten Spalte findest du die Lösung der Aufgabe 1, auf der nächsten Seite der Aufgabe 2 usw. Nach Lösung 61 geht es wieder auf der ersten Lösungsseite in der zweiten Spalte weiter und entsprechend für die weiteren Lösungen.

Die fettgedruckte Variante ist die Hauptvariante (auch Textvariante genannt). In Einzelfällen kann die Nebenlösung die bessere sein (z.B. statt Matt nur Materialverlust). Aus Gründen der Anschaulichkeit oder weil diese Fälle typisch sind und häufig vorkommen wurde dennoch die Mattvariante zuerst aufgeführt.

Züge, die fettgedruckt und kursiv sind (Beispiel: ***Tg1-g8+***) geben alternative Züge an. Dies kann etwa eine weitere, gleichwertige Lösung sein oder auch eine weitere gegnerische Verteidigung.

In diesem Sinne wünsche ich dir 365 Tage lang Freude am Schach

- und einen stark erweiterten Endspielhorizont!

Heinz Brunthaler

1. Tag

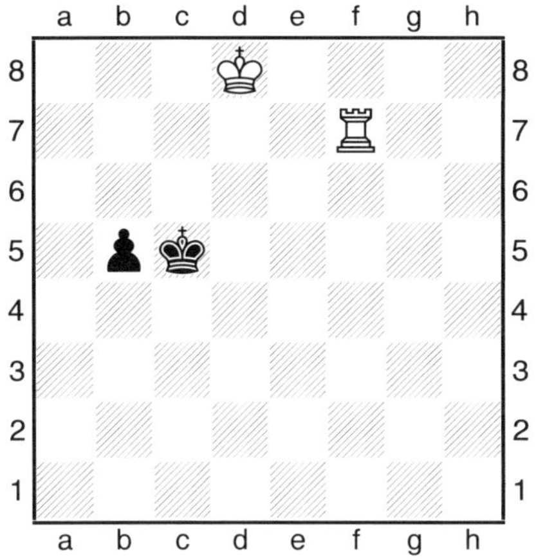

2. Tag

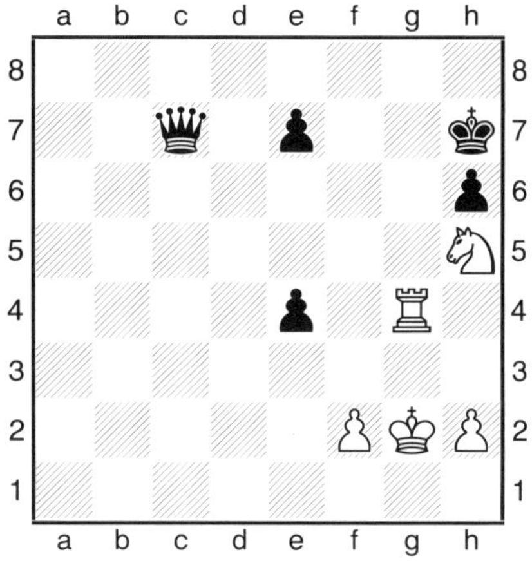

3. Tag

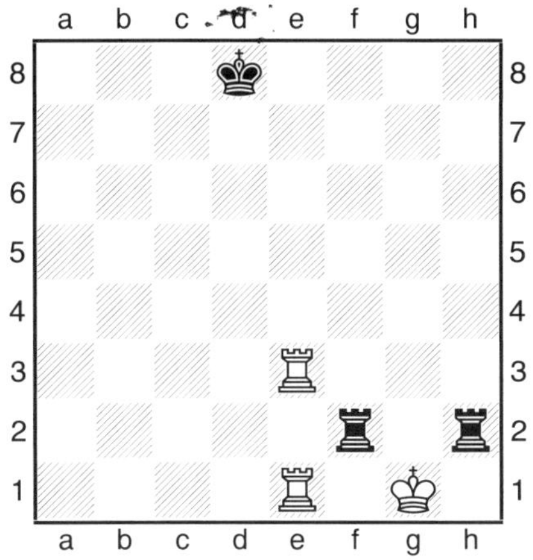

4. Tag

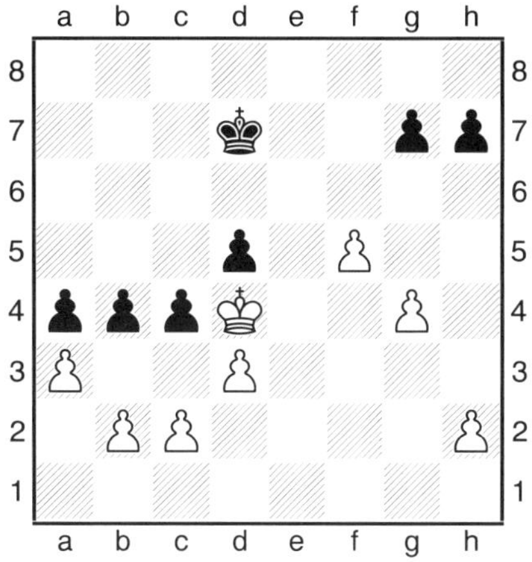

S

5. Tag

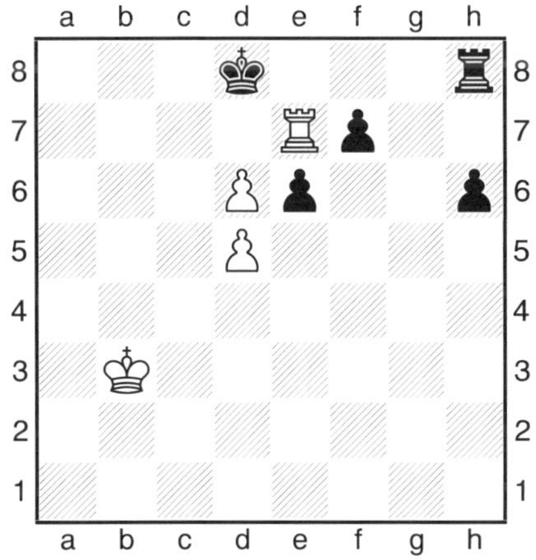

6. Tag

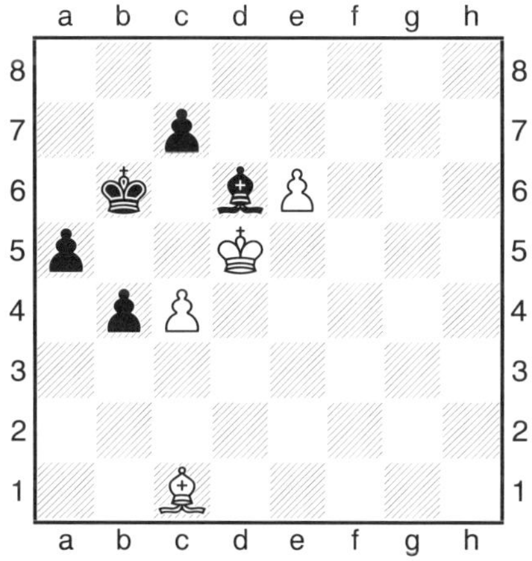

7. Tag

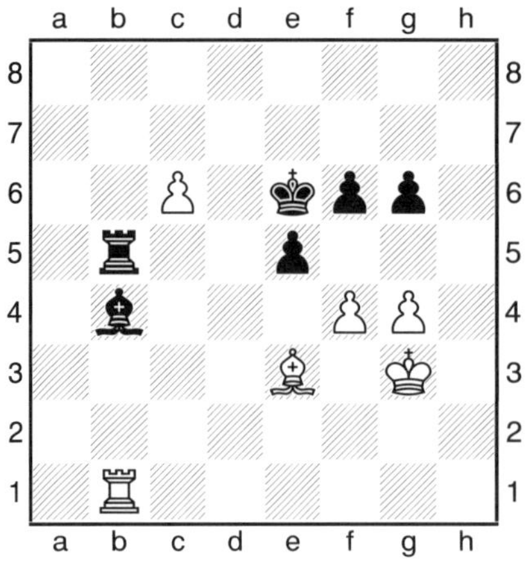

8. Tag

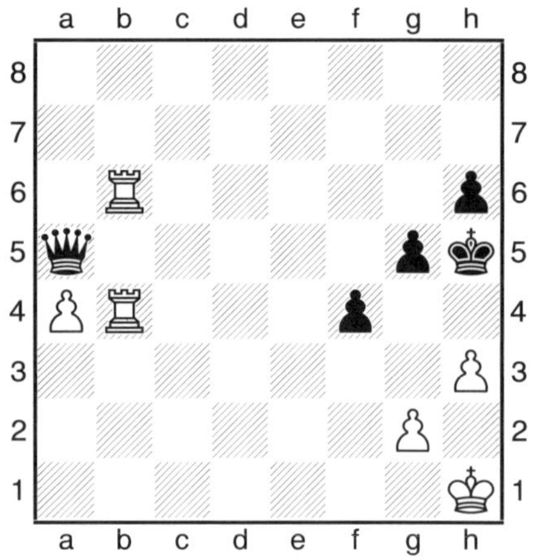

9. Tag

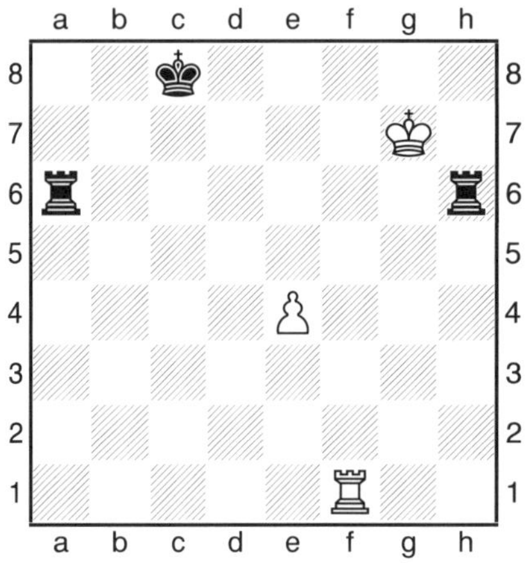

10. Tag

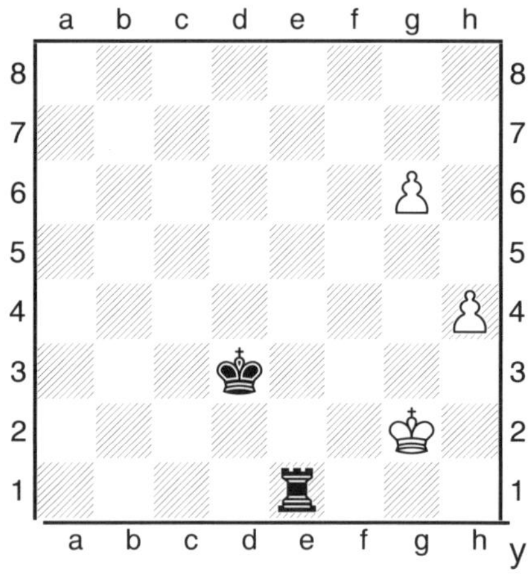

S

11. Tag

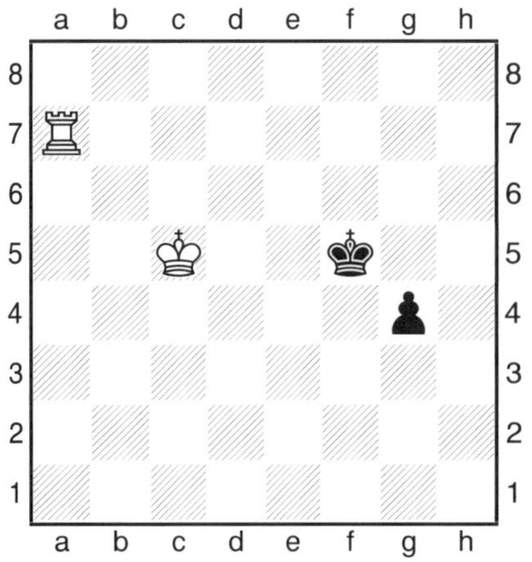

S

12. Tag

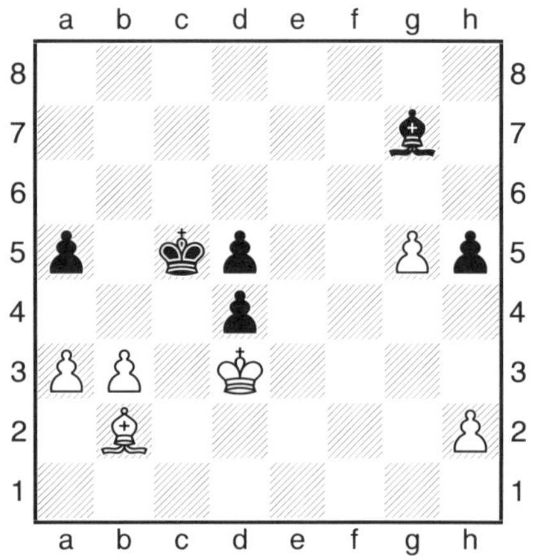

13. Tag

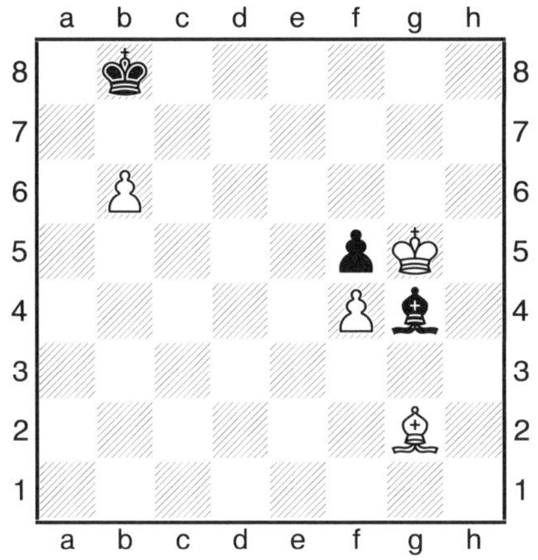

14. Tag

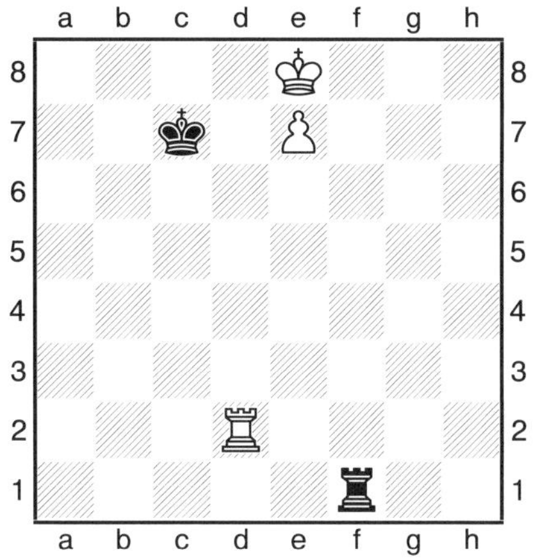

15. Tag

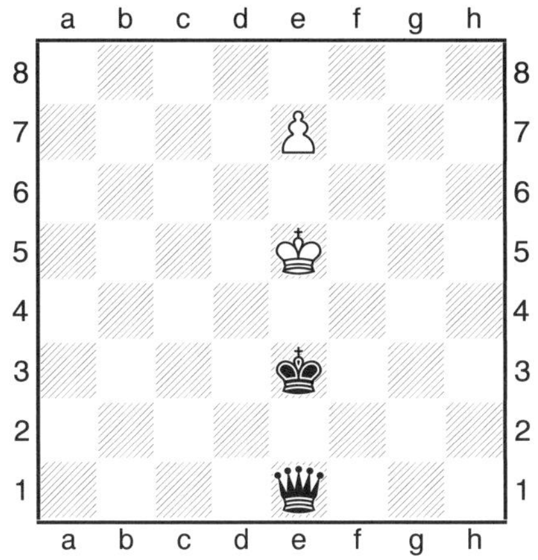

16. Tag

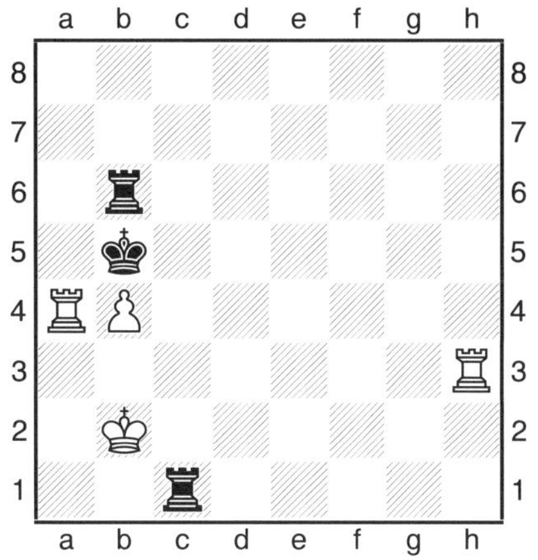

17. Tag

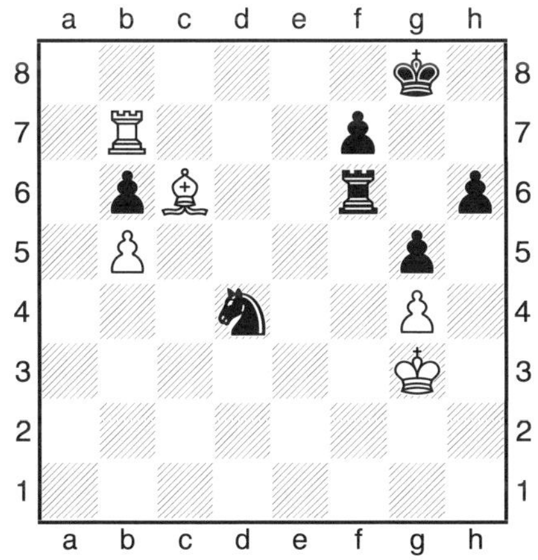

S

18. Tag

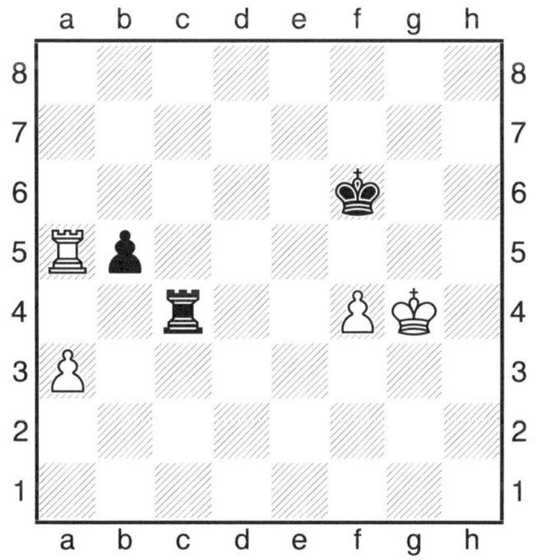

S

19. Tag

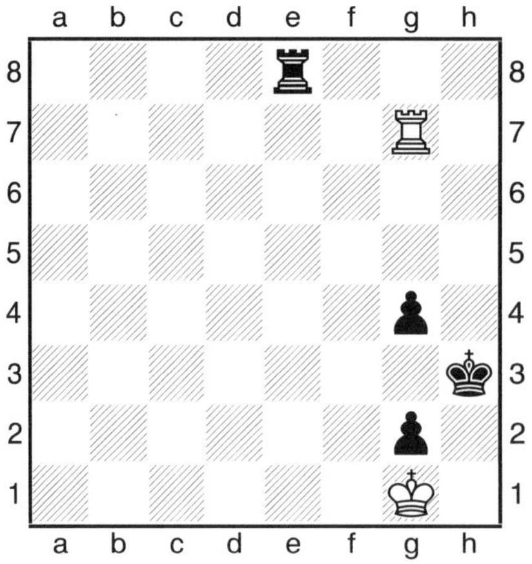

20. Tag

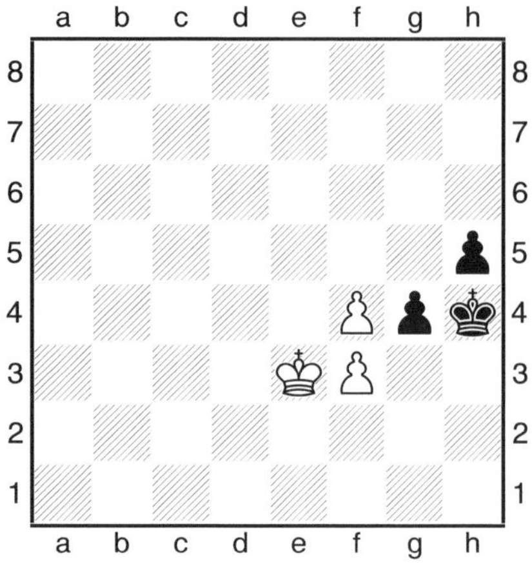

21. Tag

S

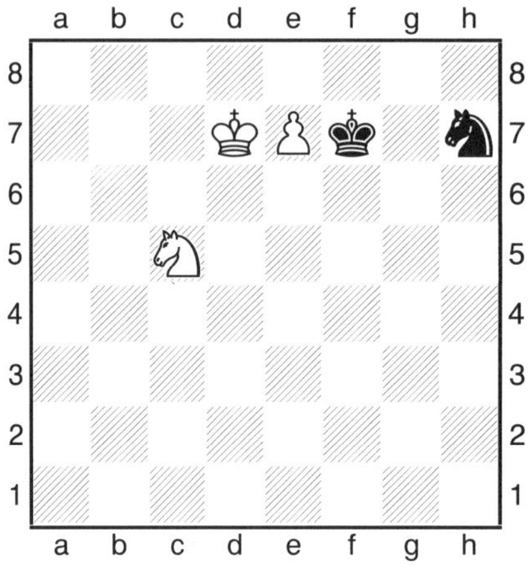

22. Tag

S

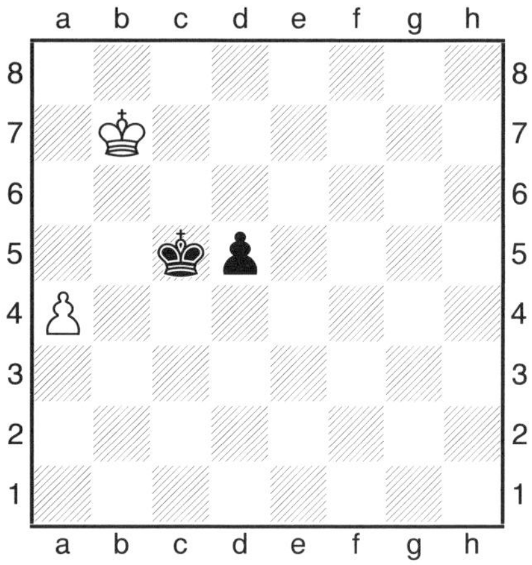

23. Tag

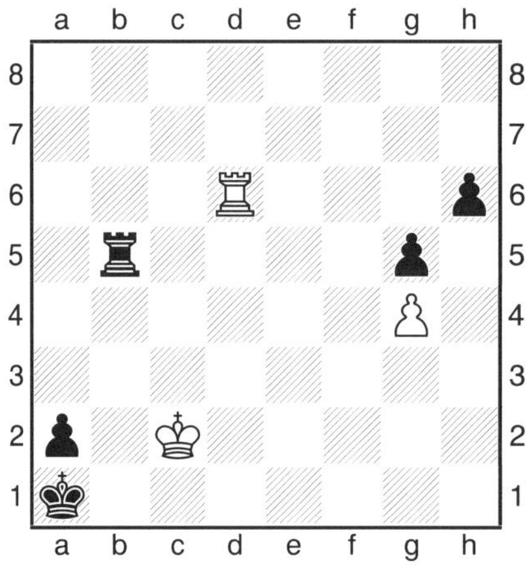

24. Tag

S

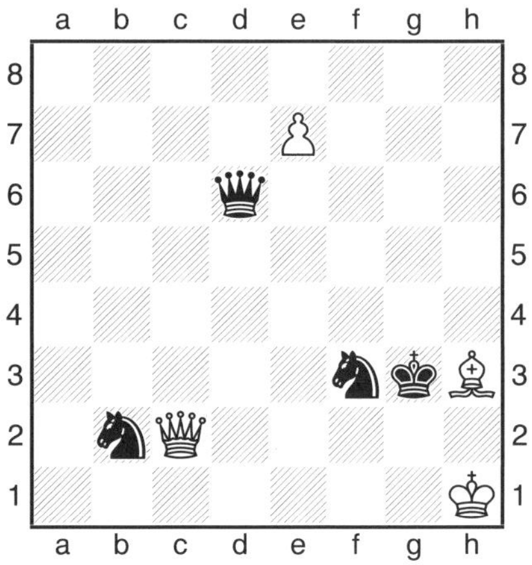

25. Tag

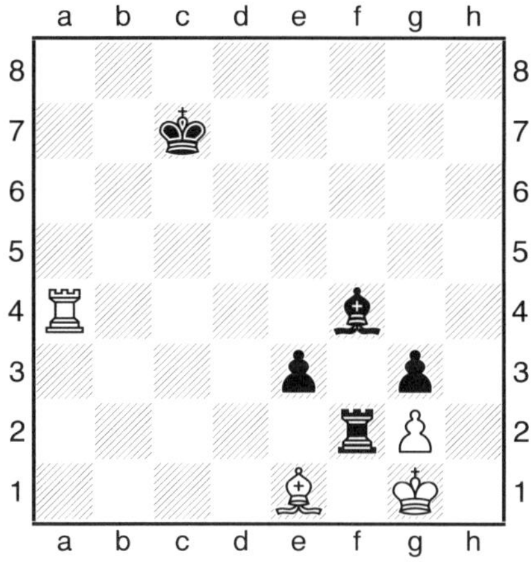

S

26. Tag

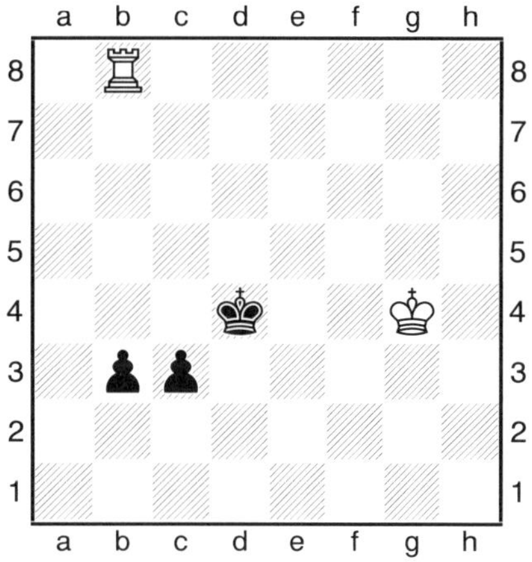

27. Tag

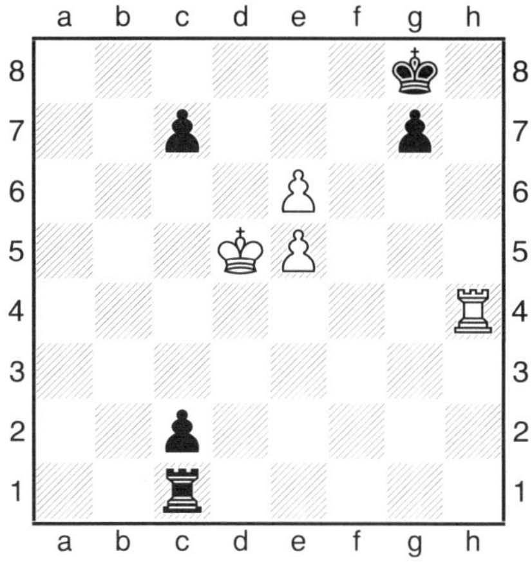

28. Tag

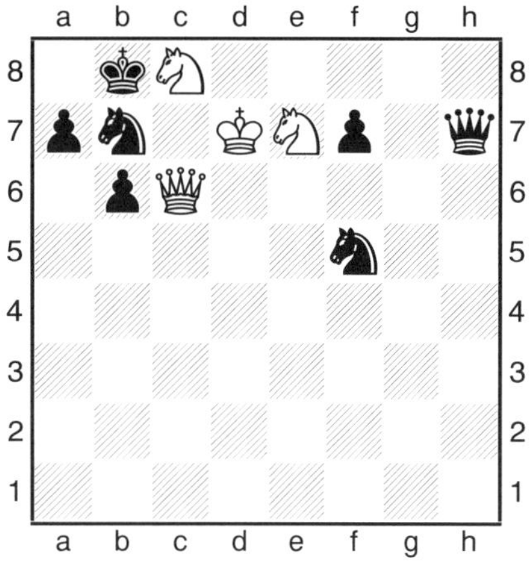

29. Tag

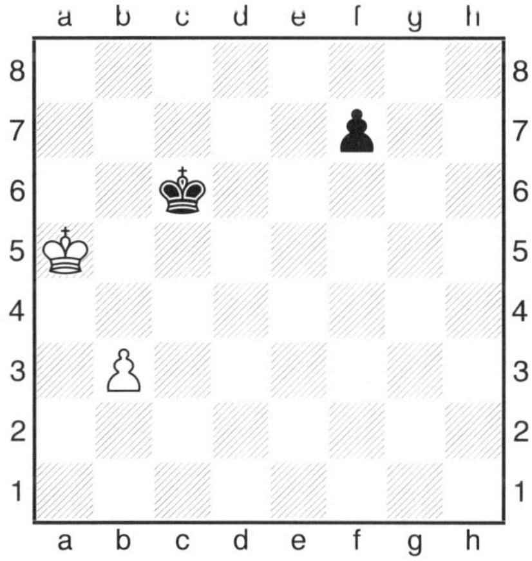

S

30. Tag

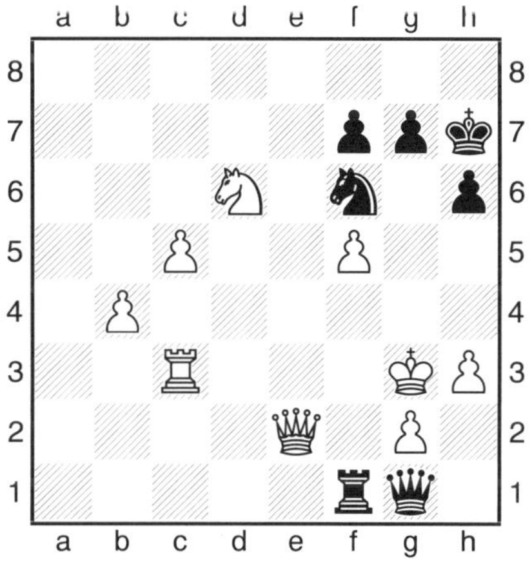

S

31. Tag

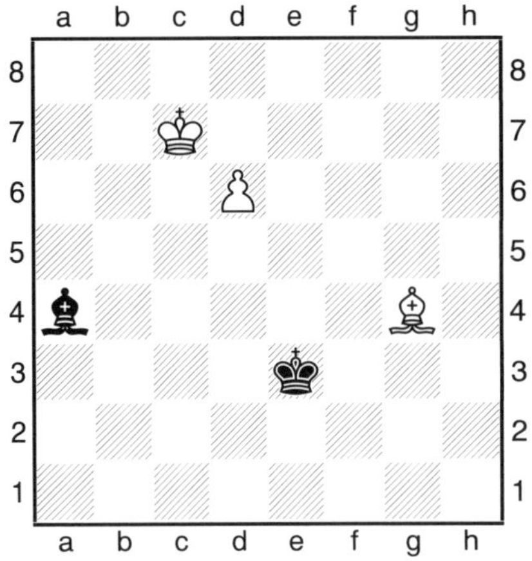

32. Tag

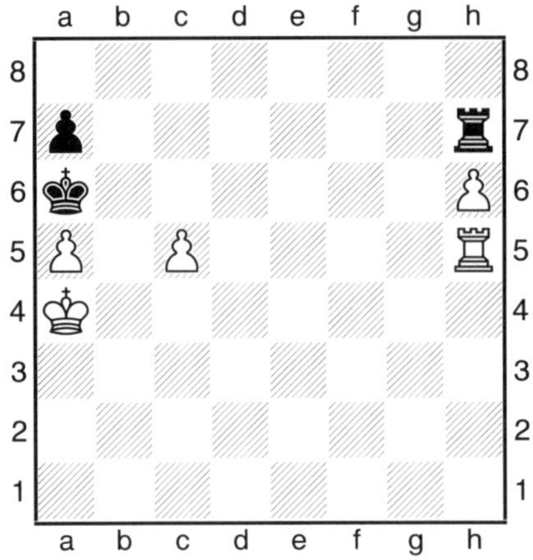

33. Tag

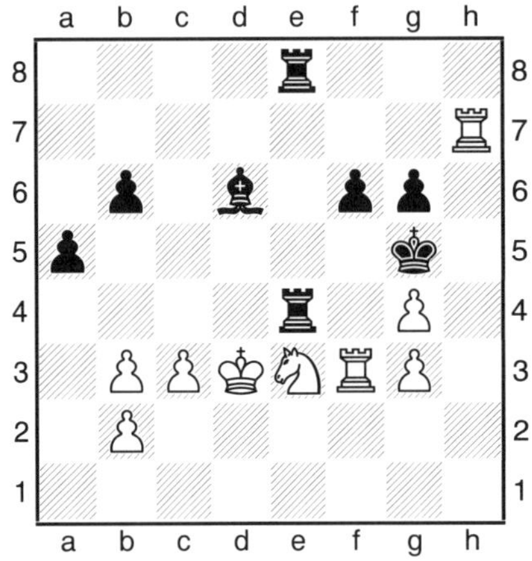

34. Tag

S

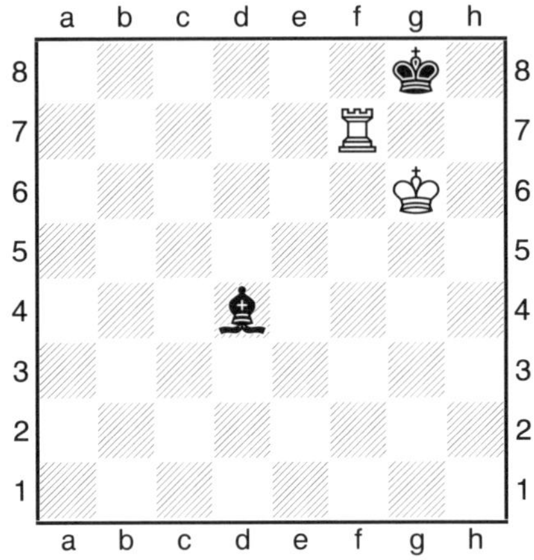

35. Tag

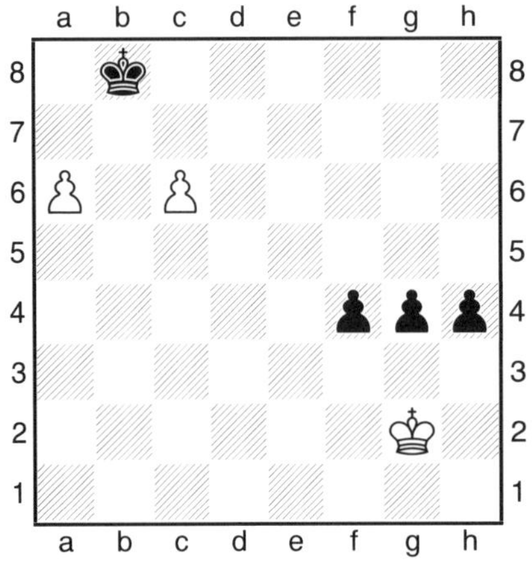

36. Tag

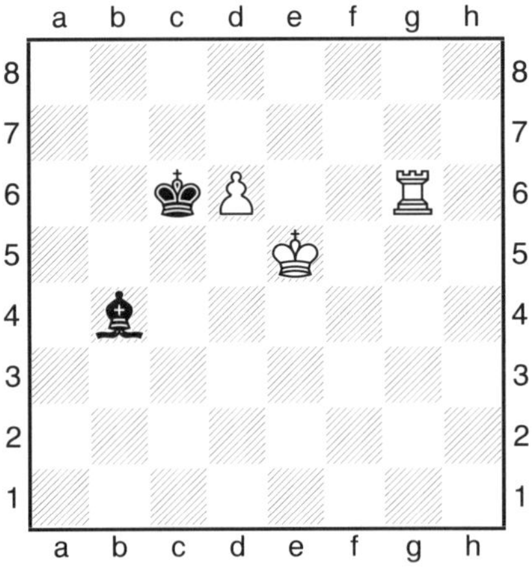

37. Tag

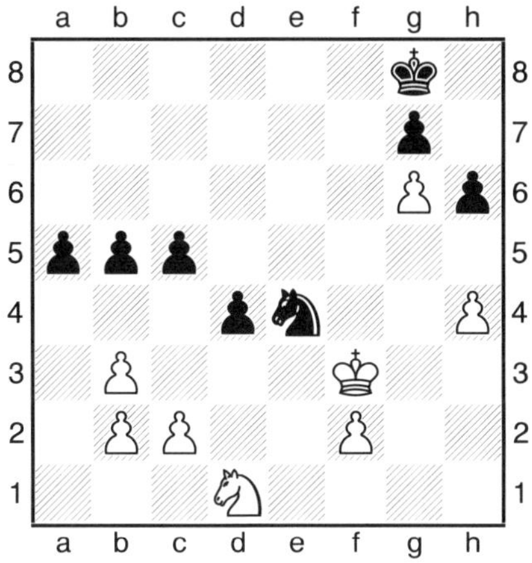

S

38. Tag

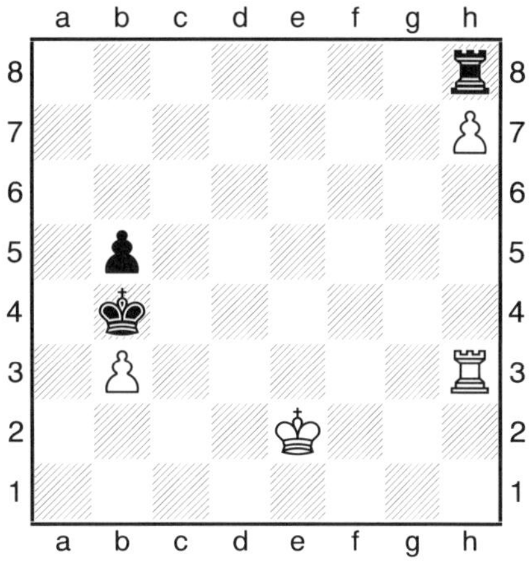

S

39. Tag

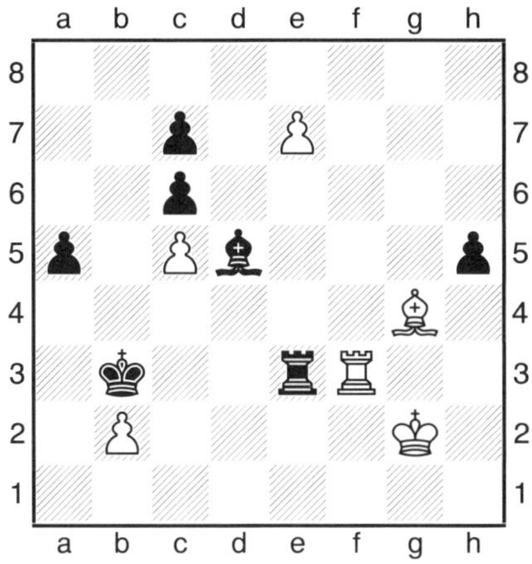

40. Tag

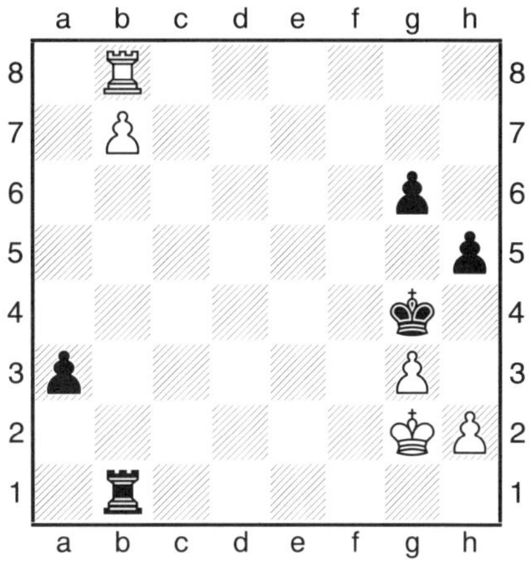

41. Tag

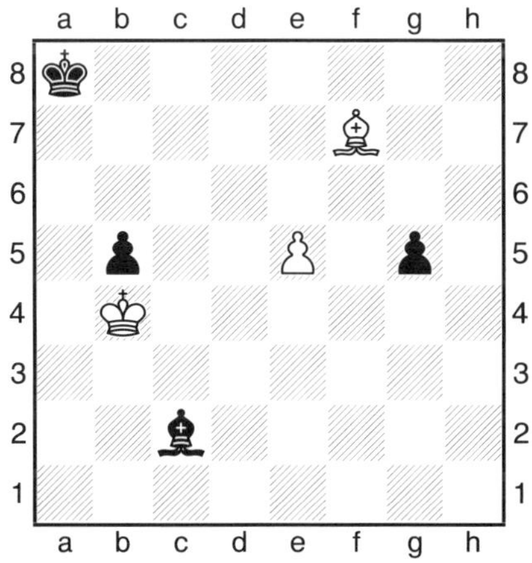

42. Tag

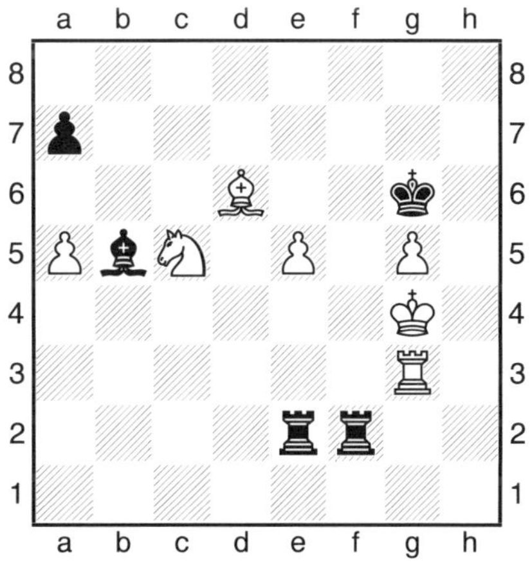

S

43.
Tag

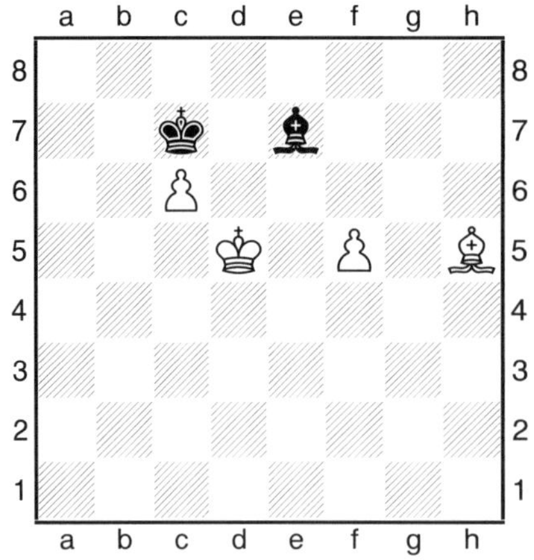

44.
Tag

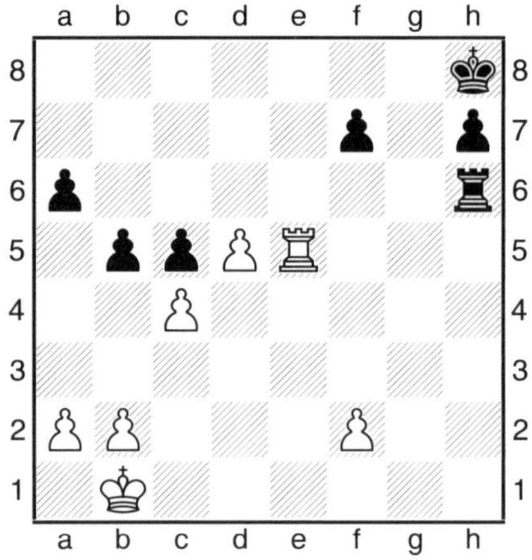

45.
Tag

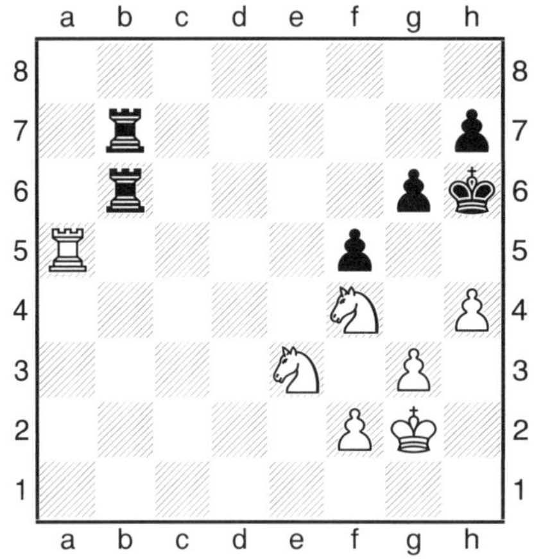

46.
Tag

S

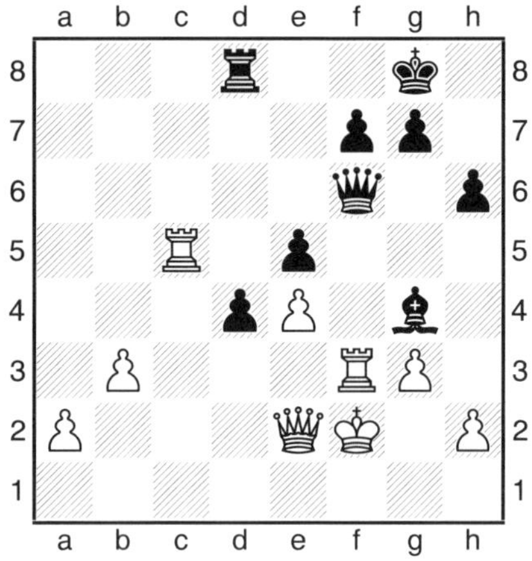

47.
Tag

S

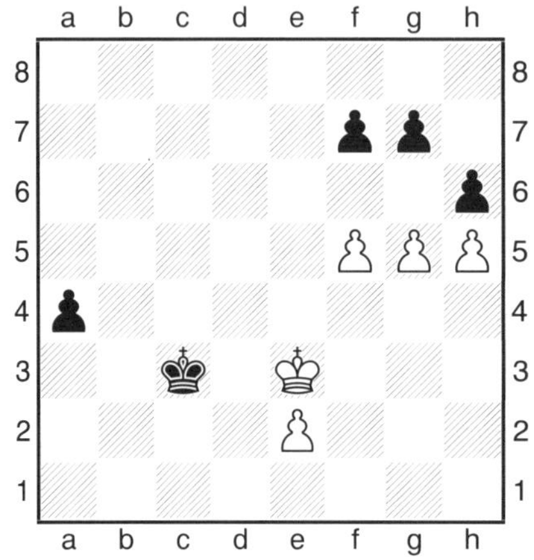

48.
Tag

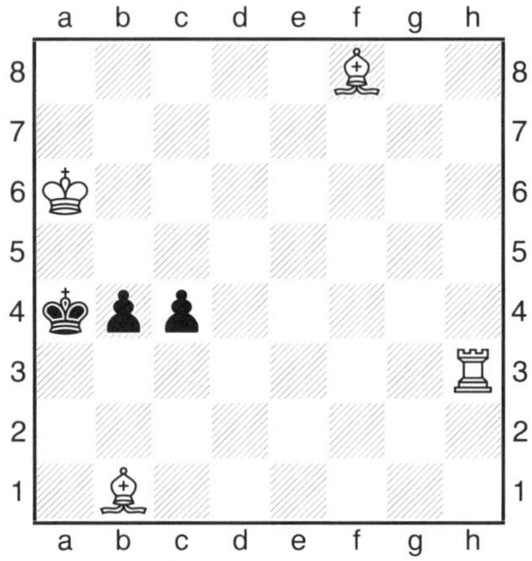

49. Tag

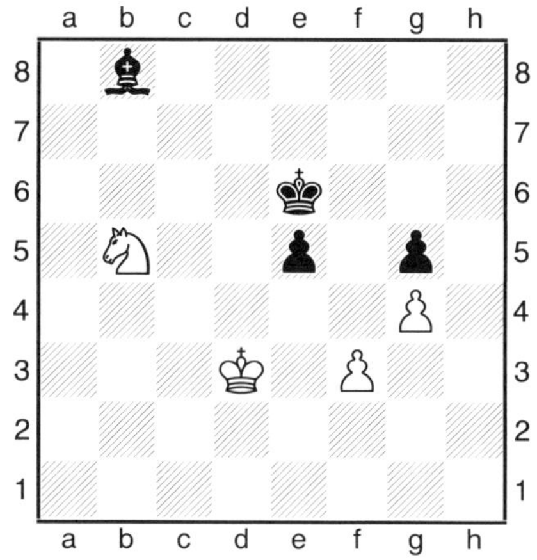

50. Tag

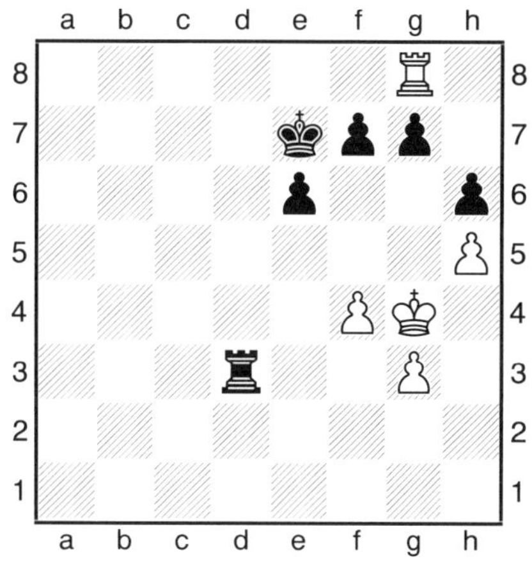

S

51. Tag

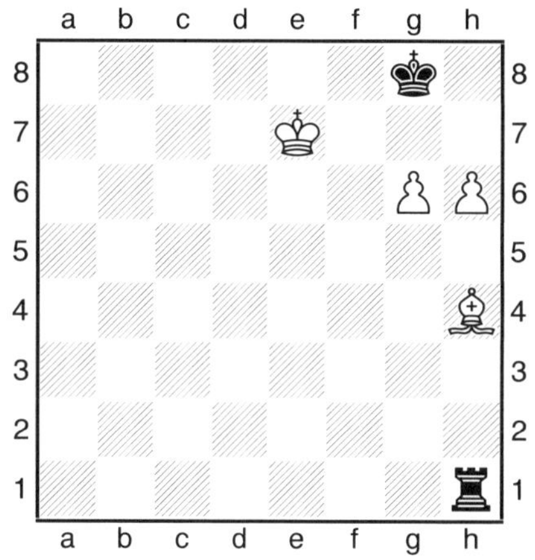

52. Tag

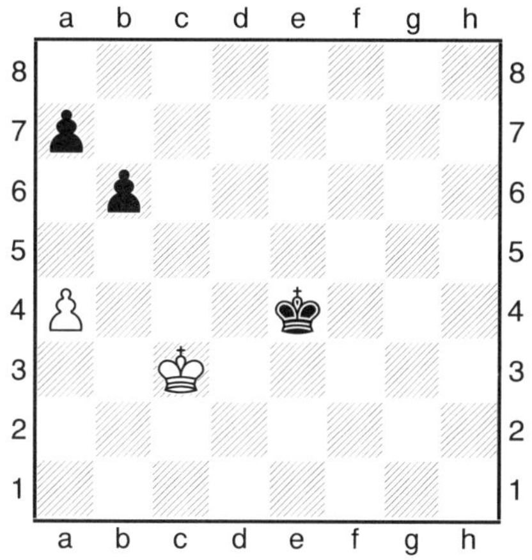

53. Tag

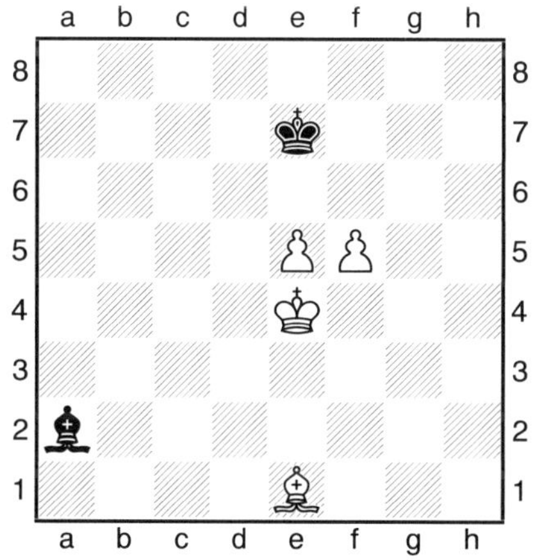

54. Tag

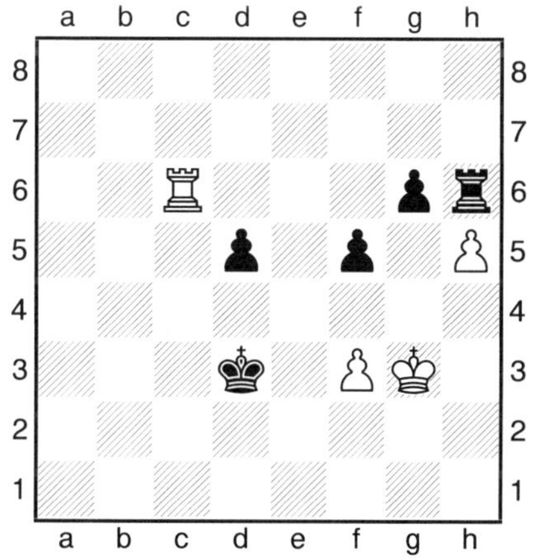

S

55.
Tag

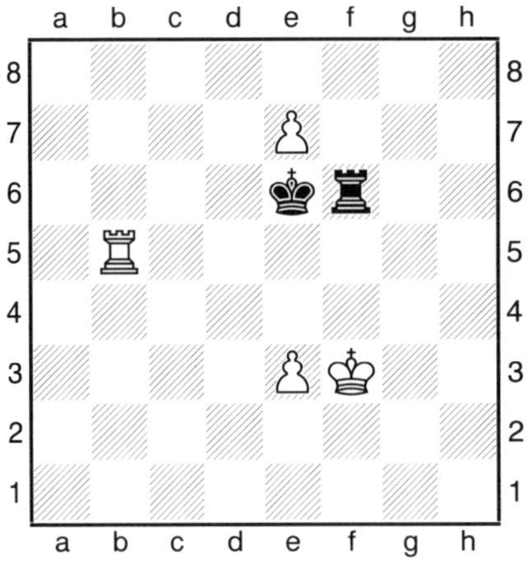

56.
Tag

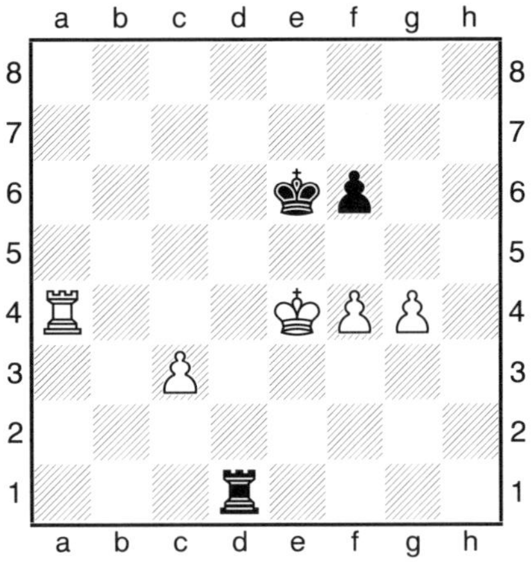

57.
Tag

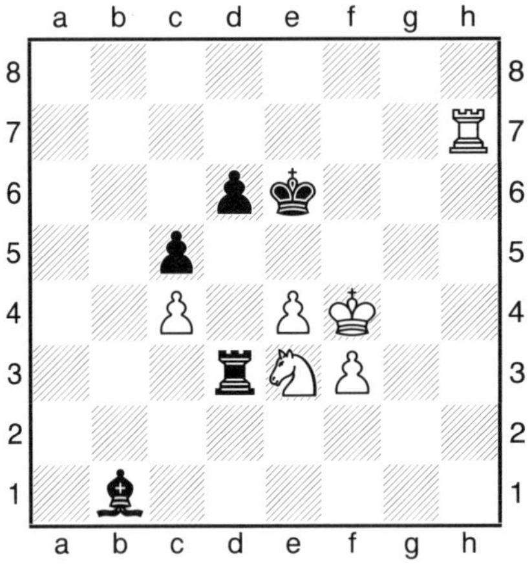

58.
Tag

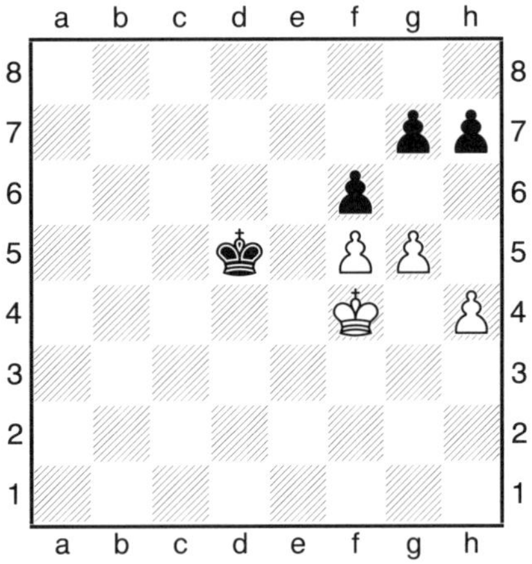

59.
Tag

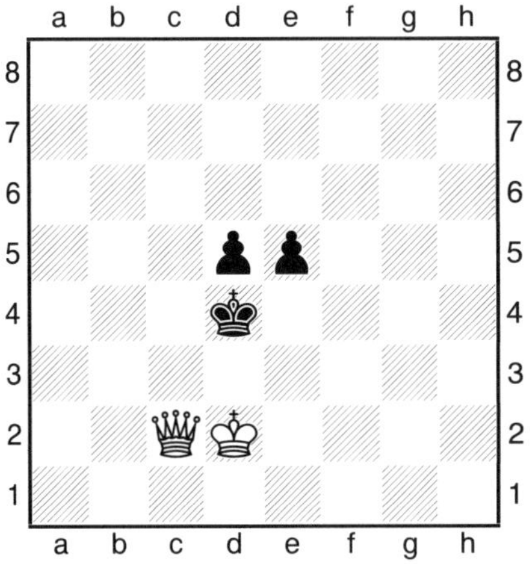

60.
Tag

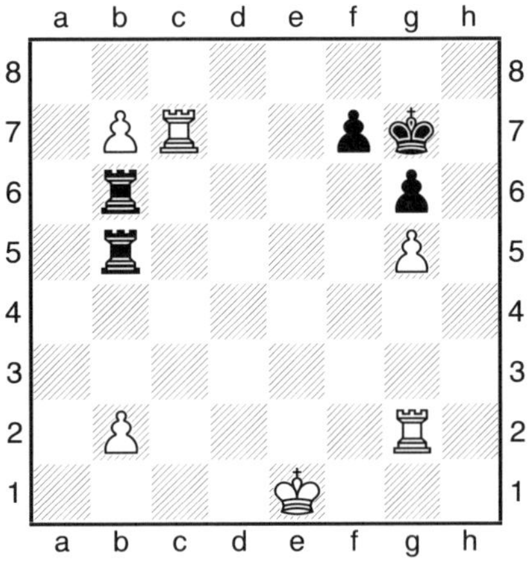

61. Tag

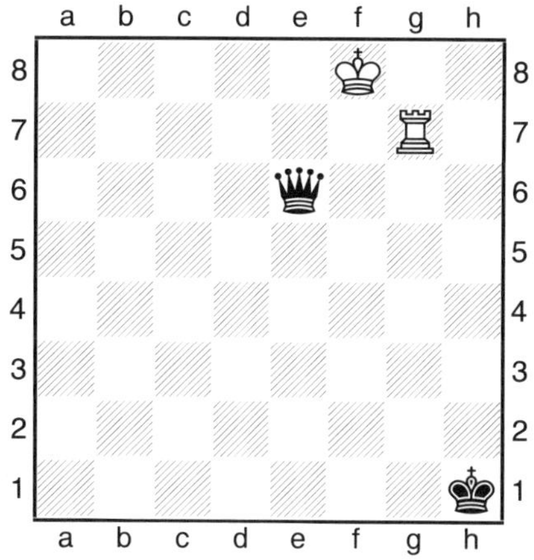

S

62. Tag

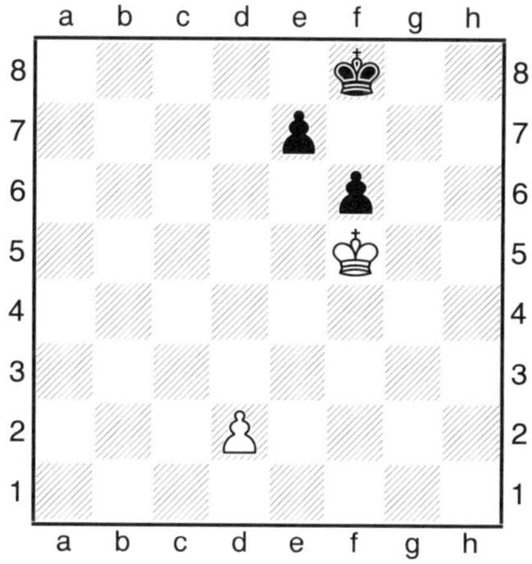

63. Tag

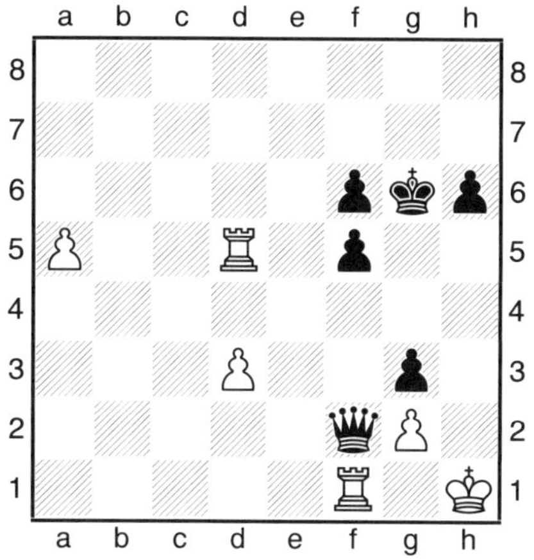

64. Tag

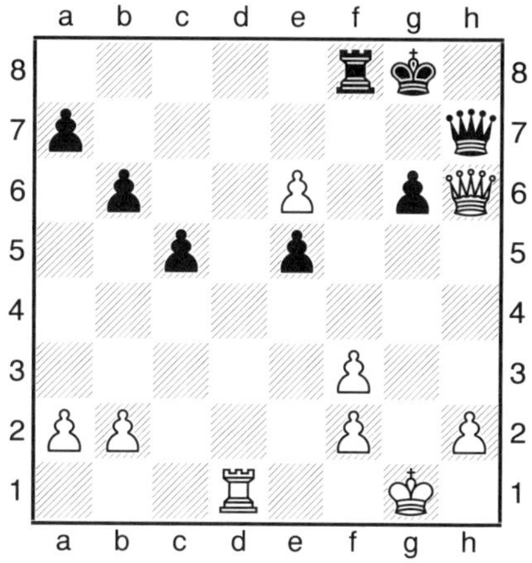

65. Tag

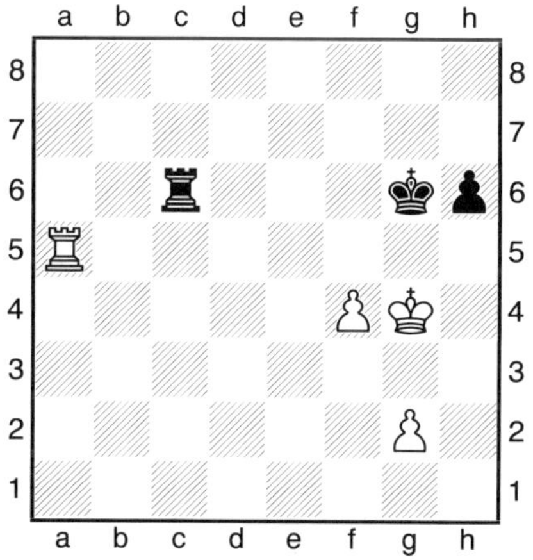

S

66. Tag

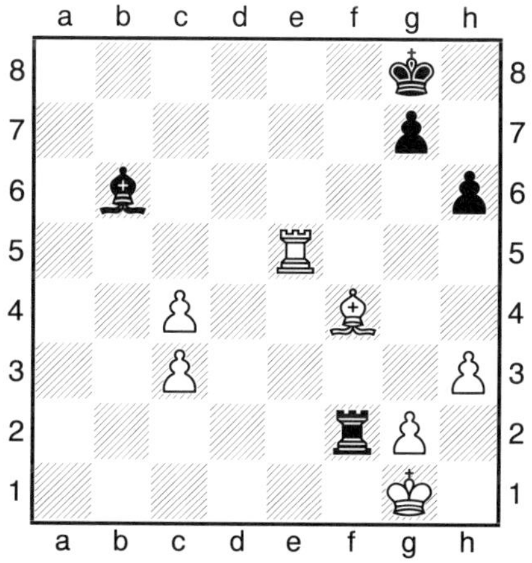

67. Tag

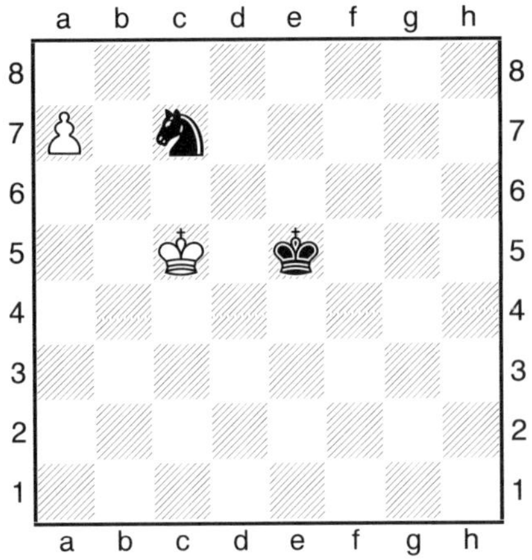

68. Tag

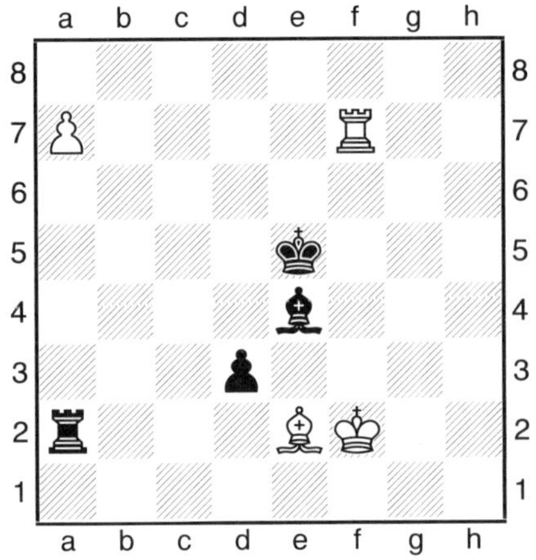

69. Tag

S

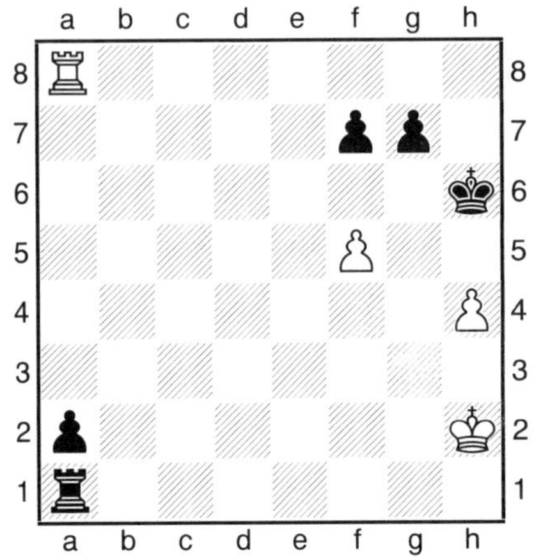

70. Tag

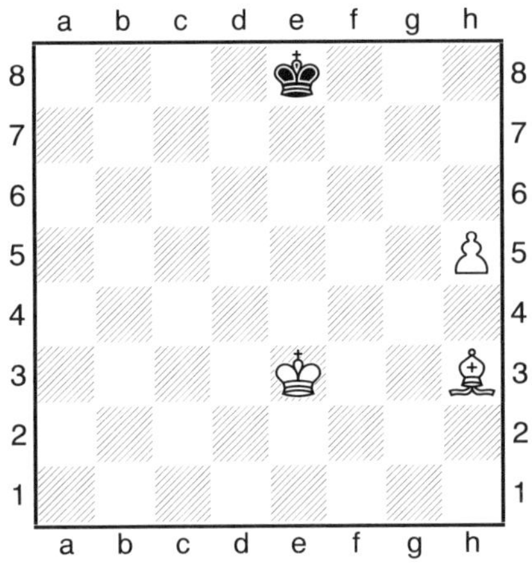

71. Tag

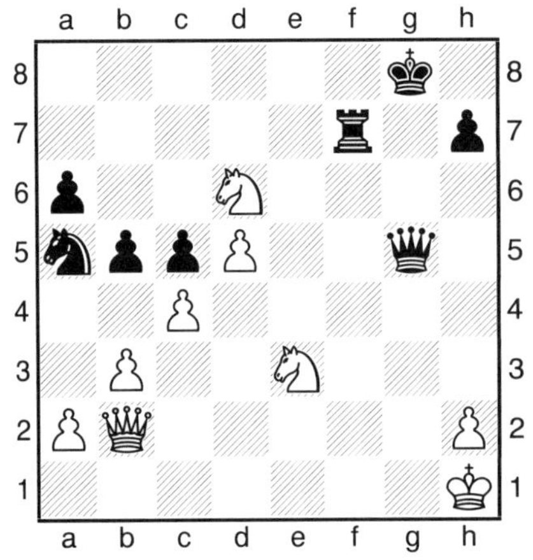

72. Tag

S

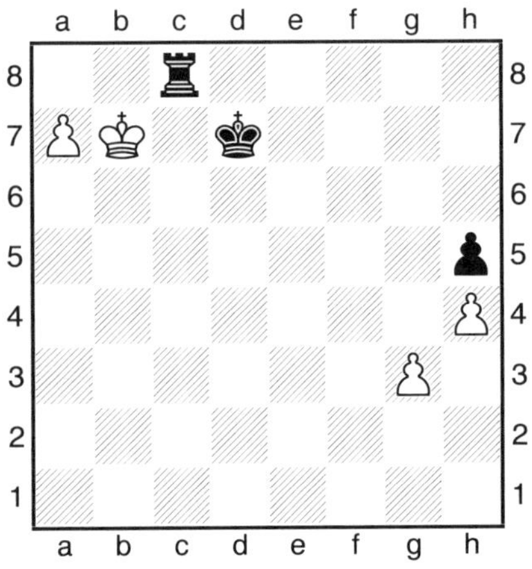

73.
Tag

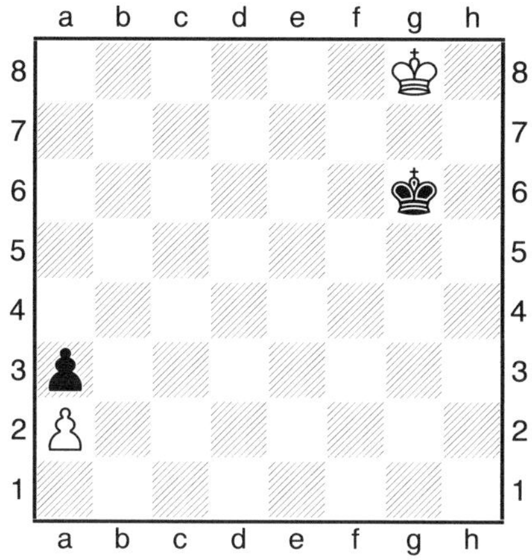

74.
Tag

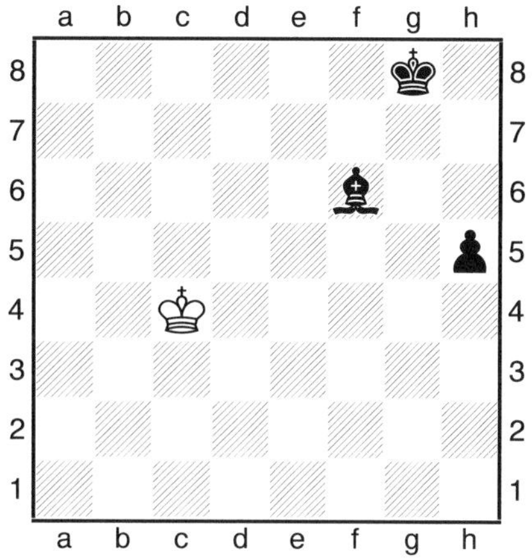

75.
Tag

S

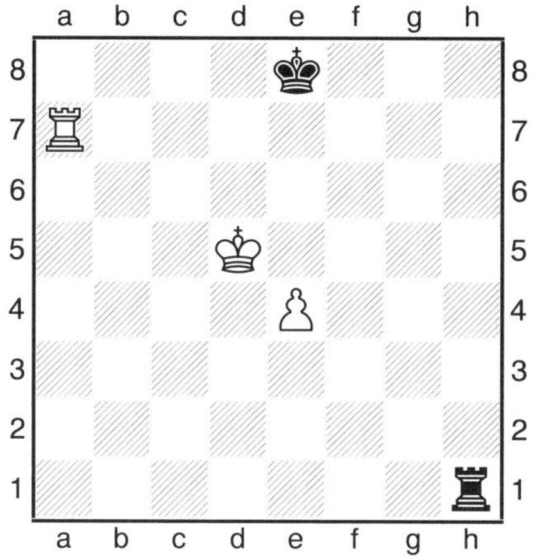

76.
Tag

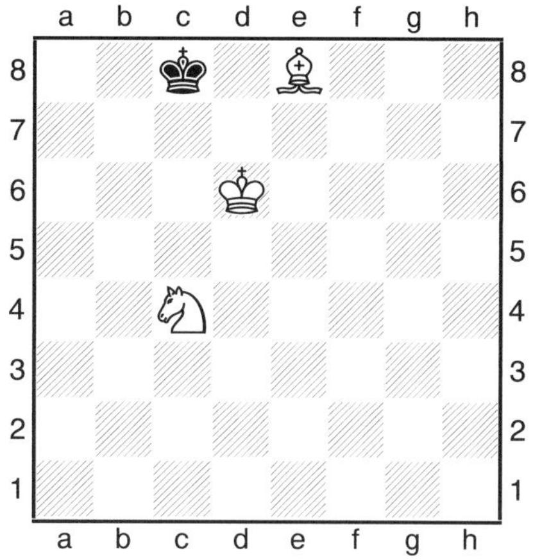

77.
Tag

S

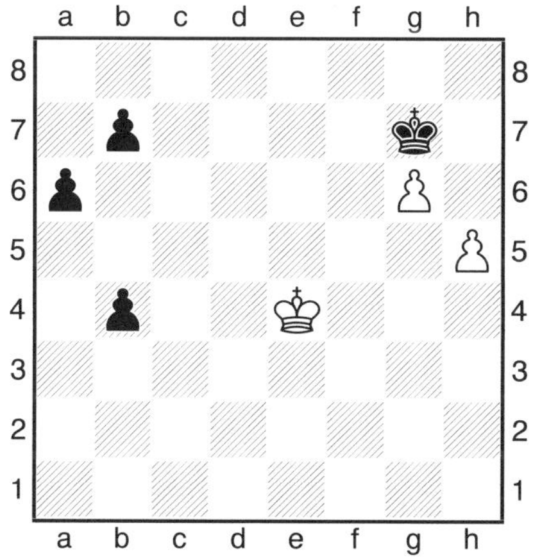

78.
Tag

S

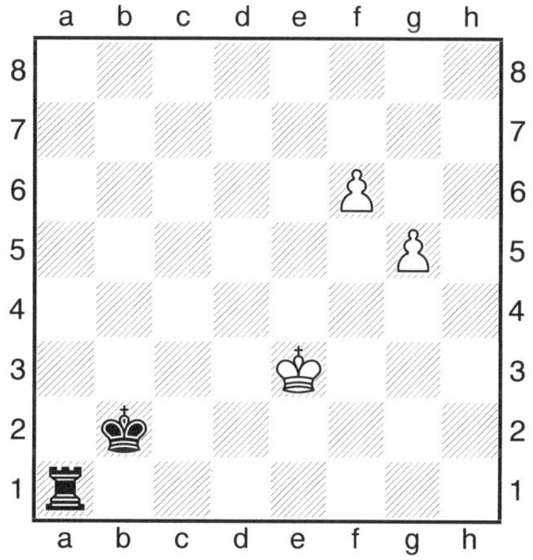

79. Tag

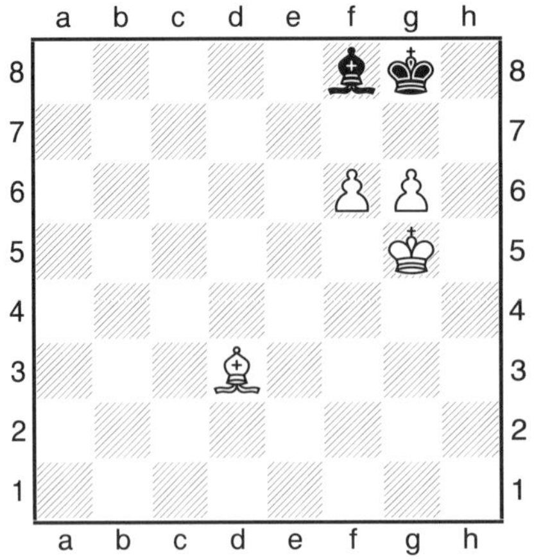

80. Tag

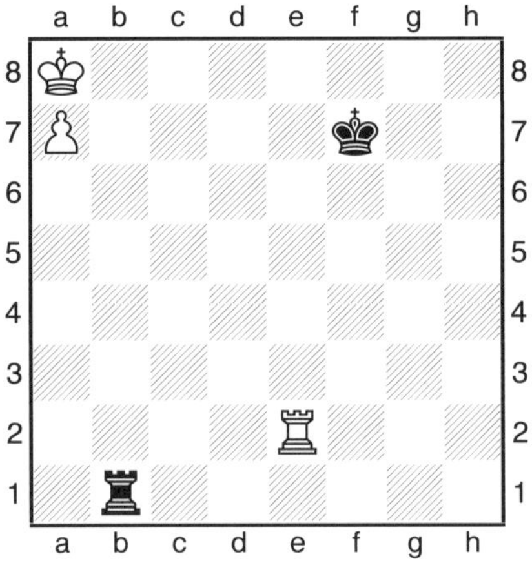

81. Tag

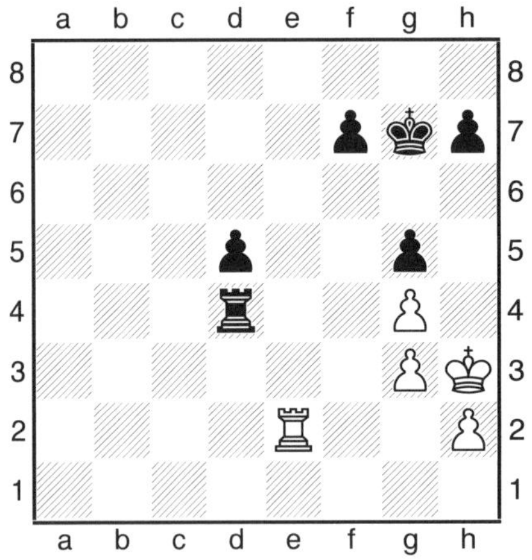

82. Tag

S

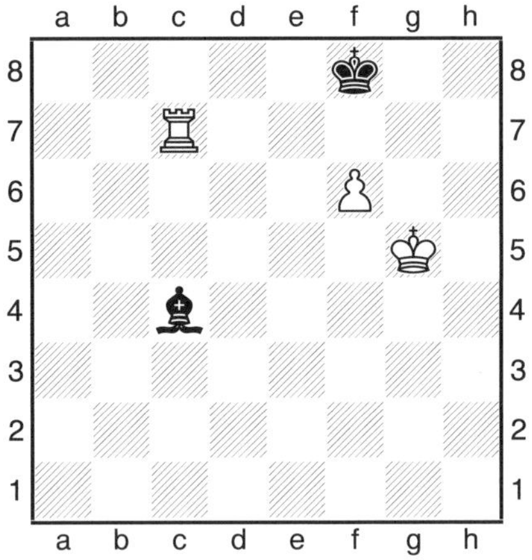

83. Tag

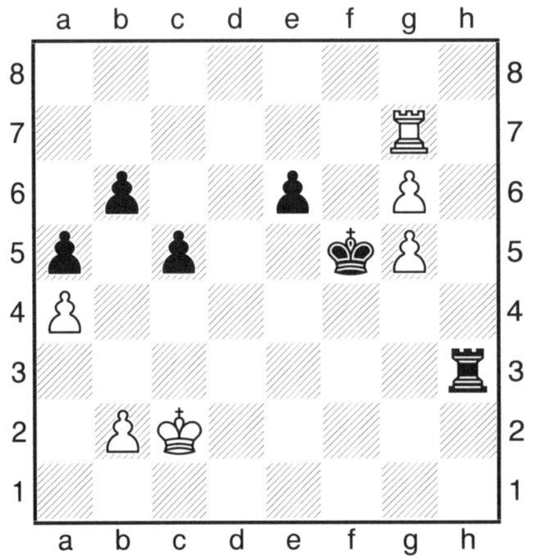

84. Tag

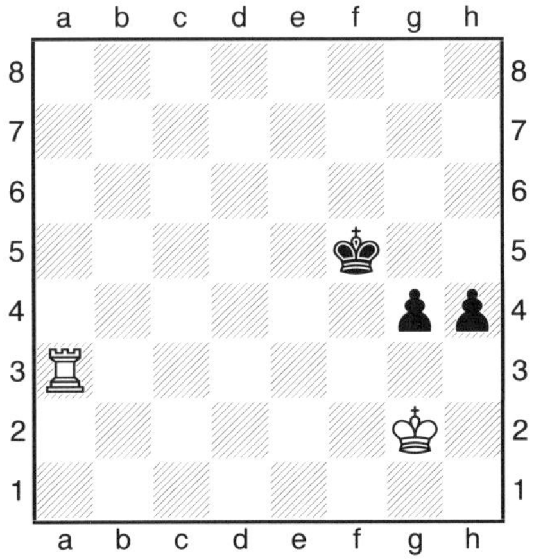

85.
Tag

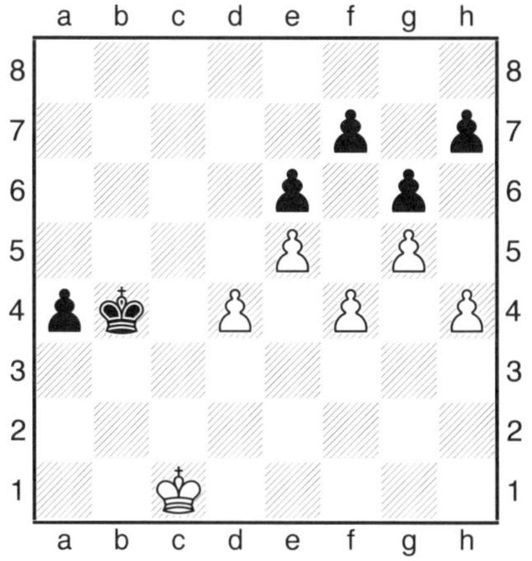

86.
Tag

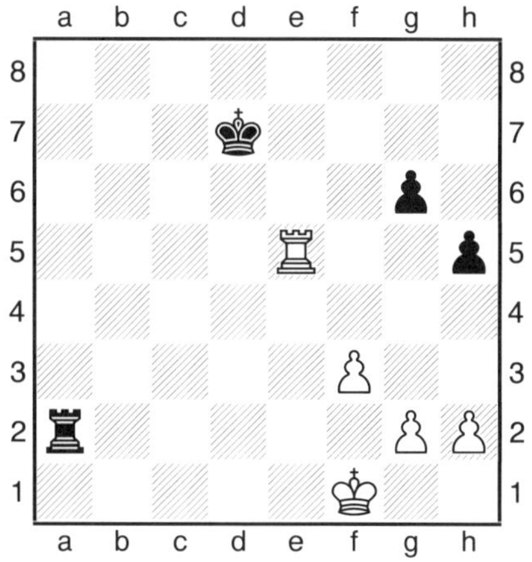

87.
Tag

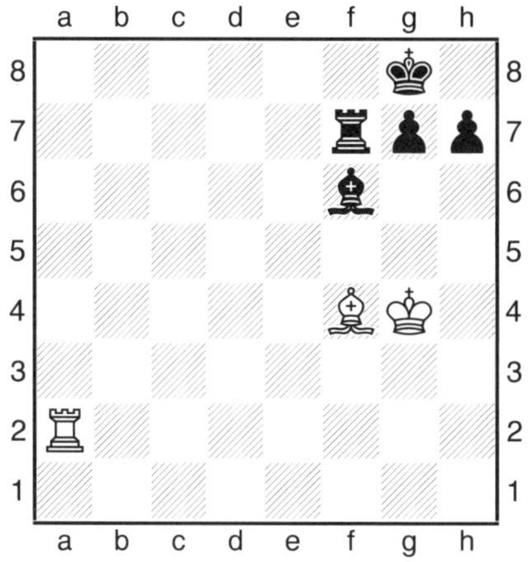

88.
Tag

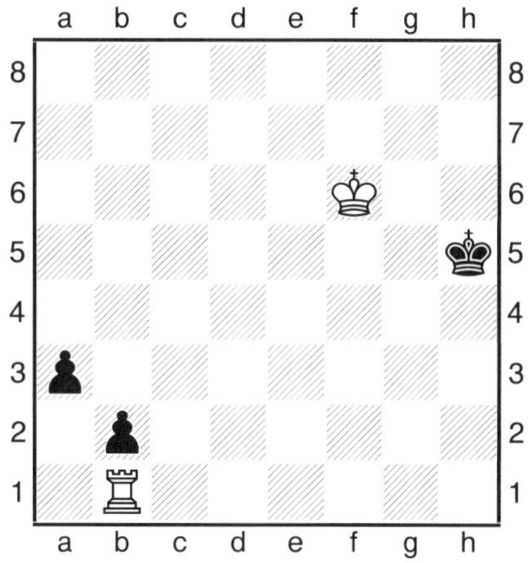

89.
Tag

S

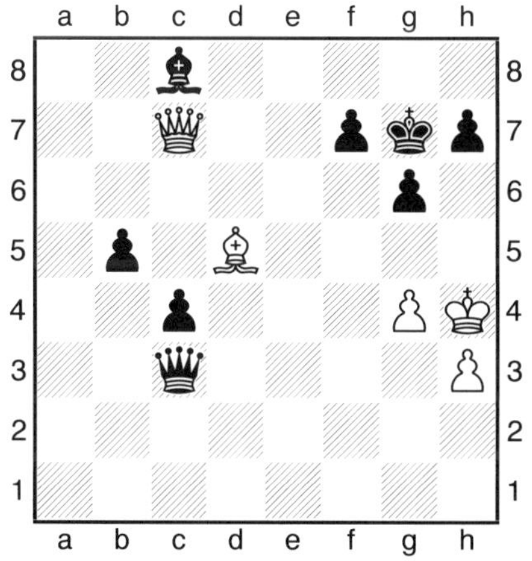

90.
Tag

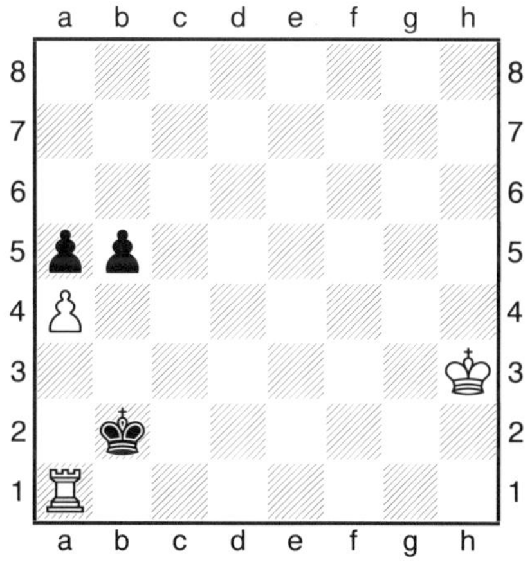

91. Tag

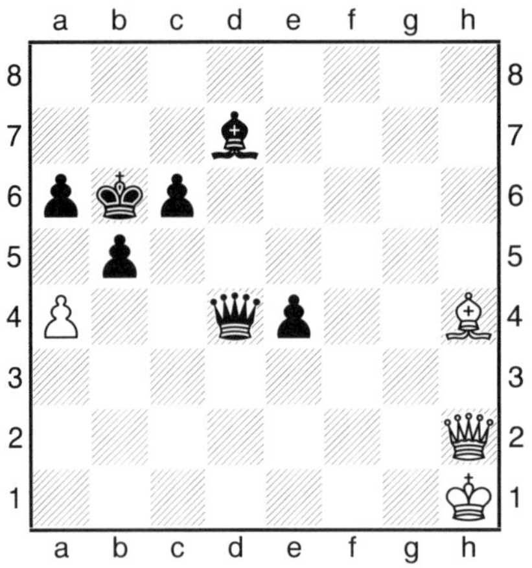

92. Tag

S

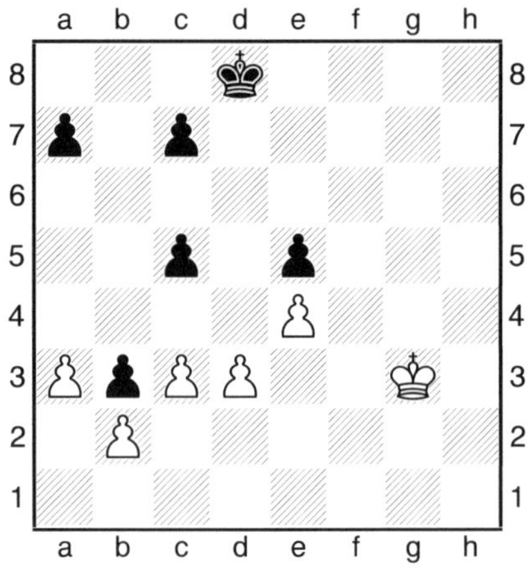

93. Tag

S

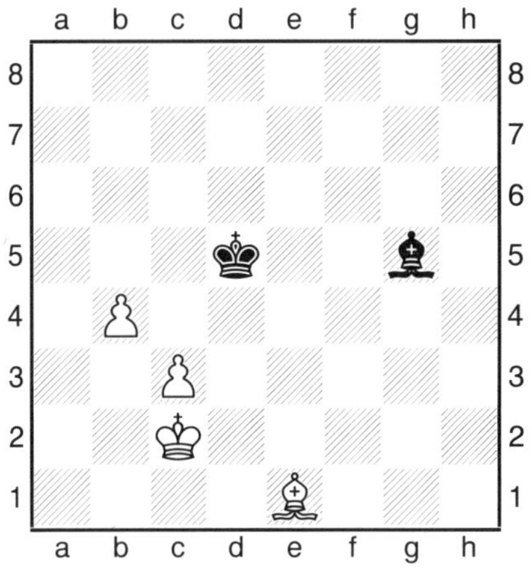

94. Tag

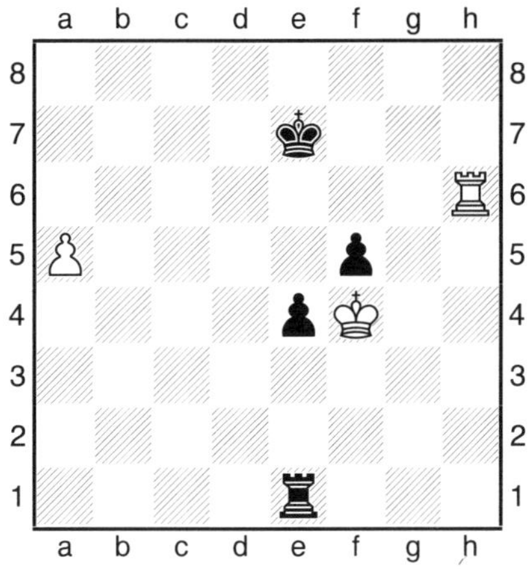

95. Tag

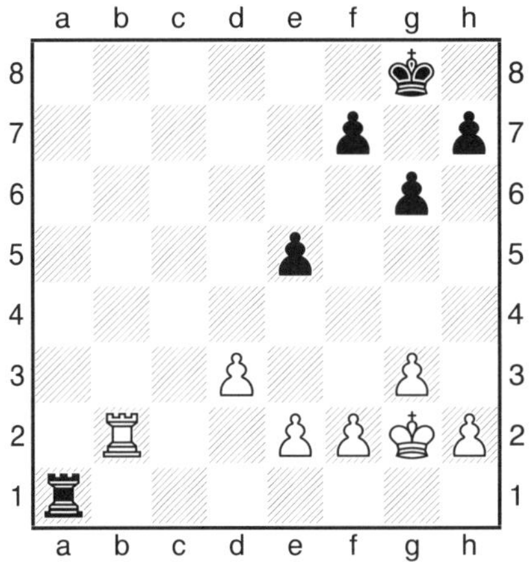

96. Tag

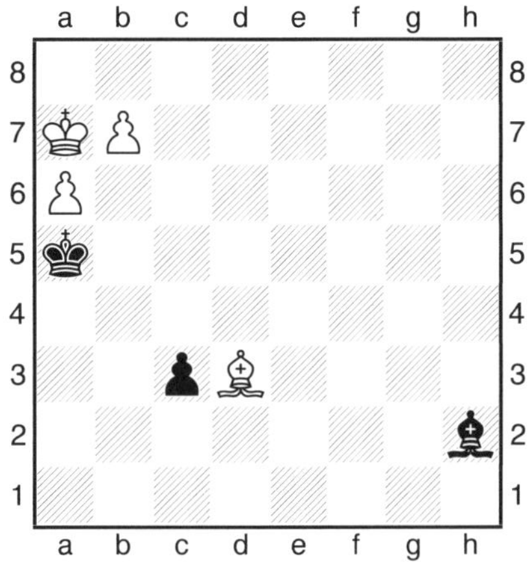

97. Tag

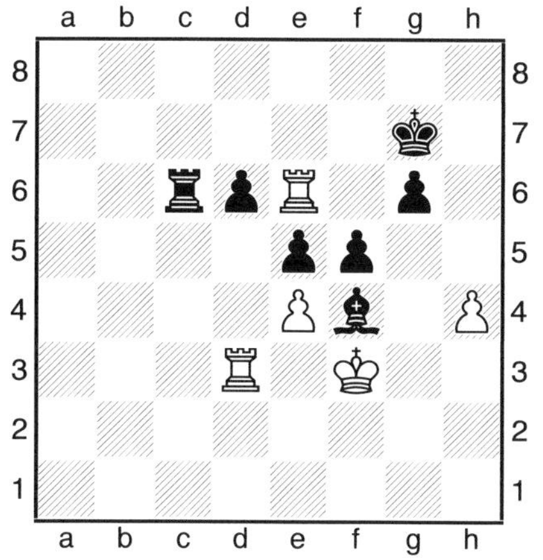

S

98. Tag

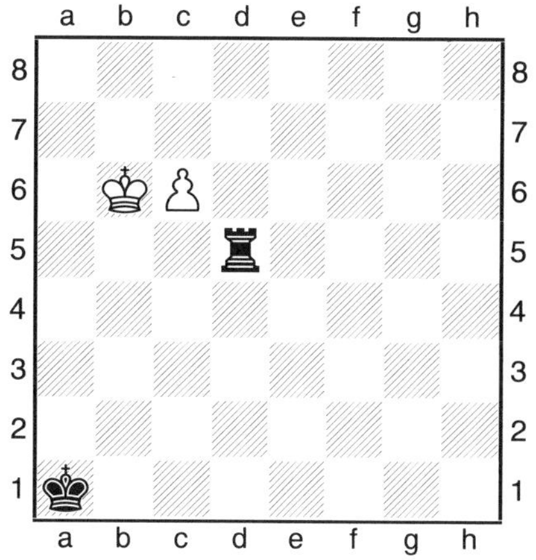

99. Tag

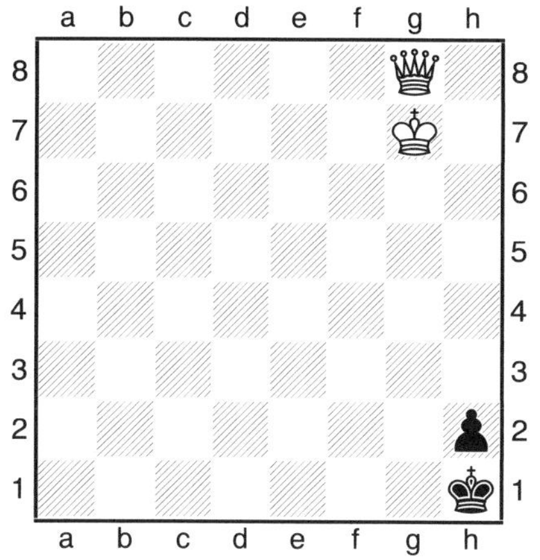

100. Tag

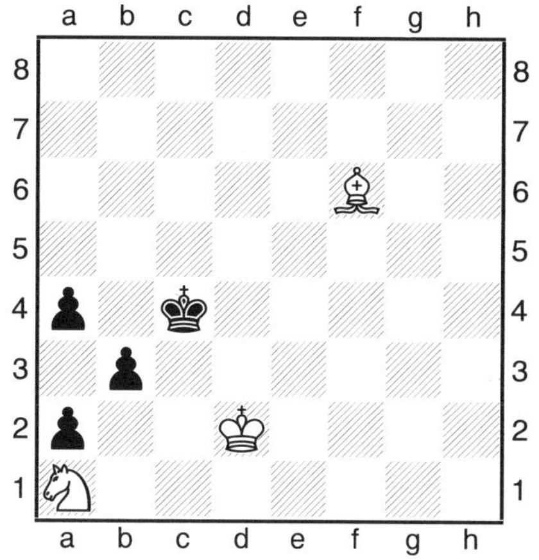

101. Tag

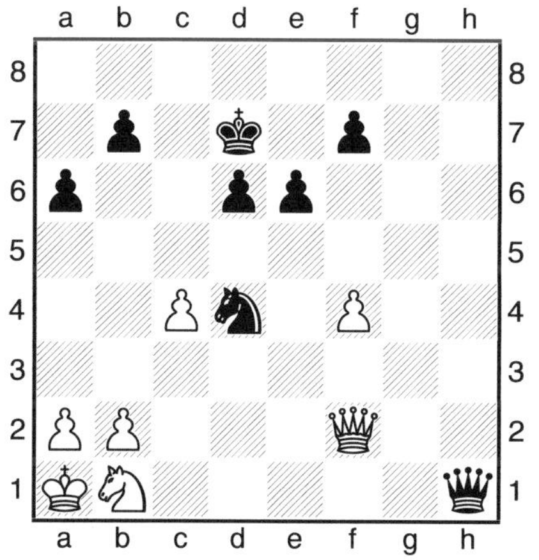

S

102. Tag

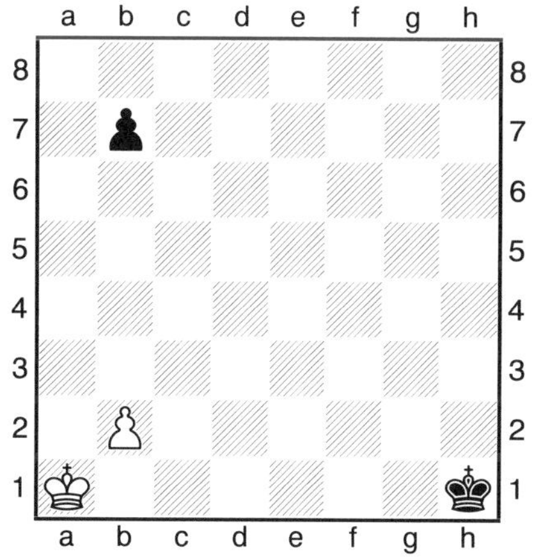

103. Tag

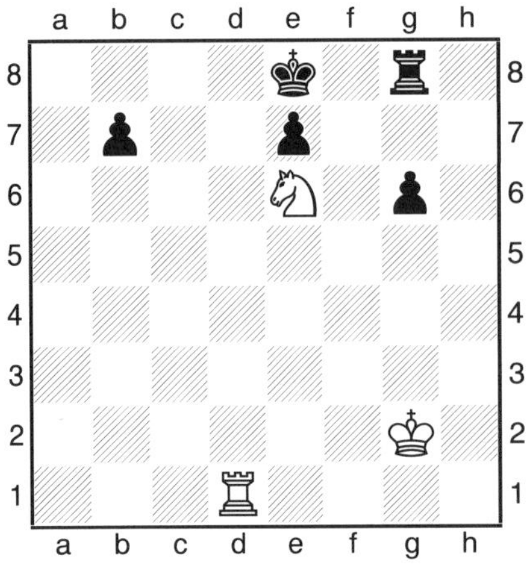

104. Tag

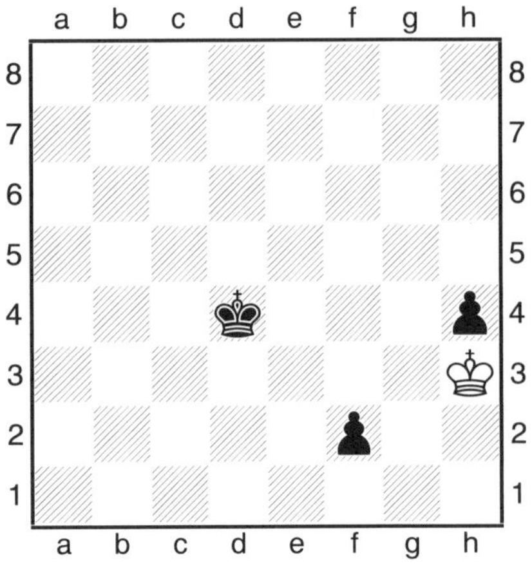

105. Tag

S

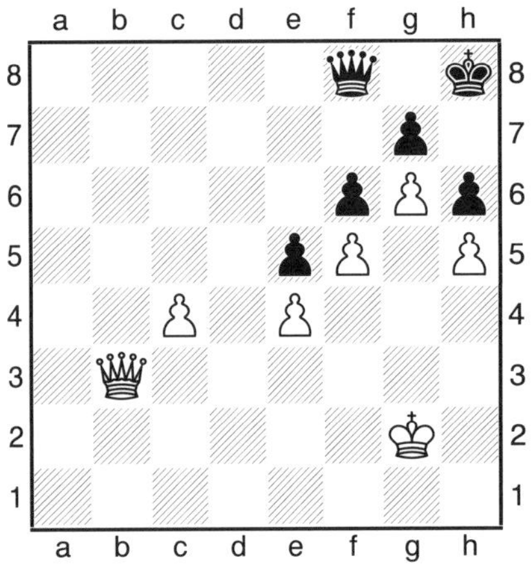

106. Tag

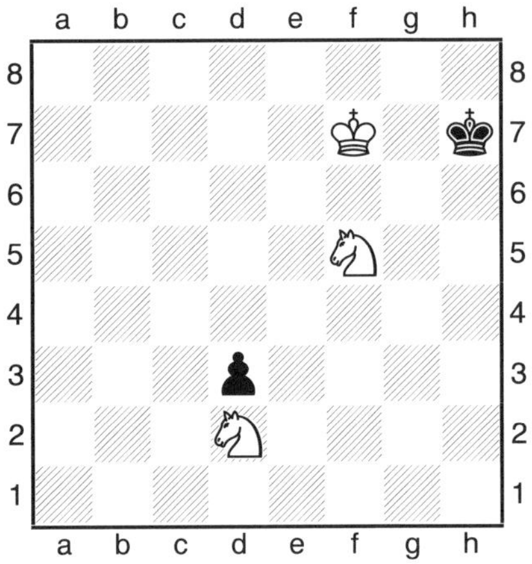

107. Tag

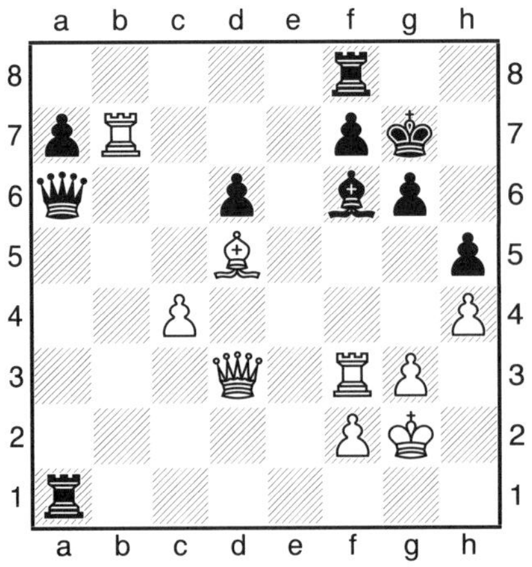

108. Tag

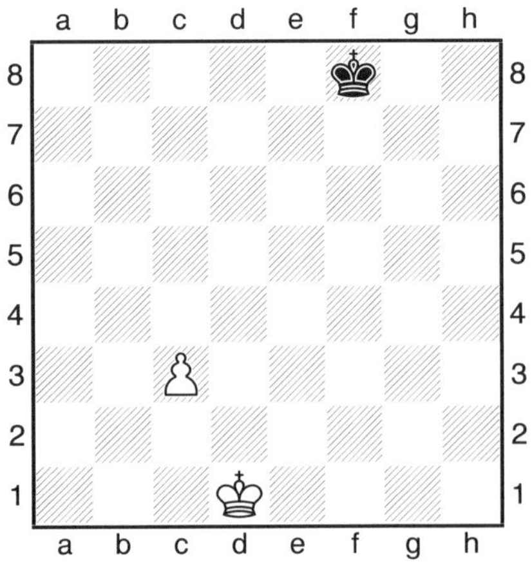

109.
Tag

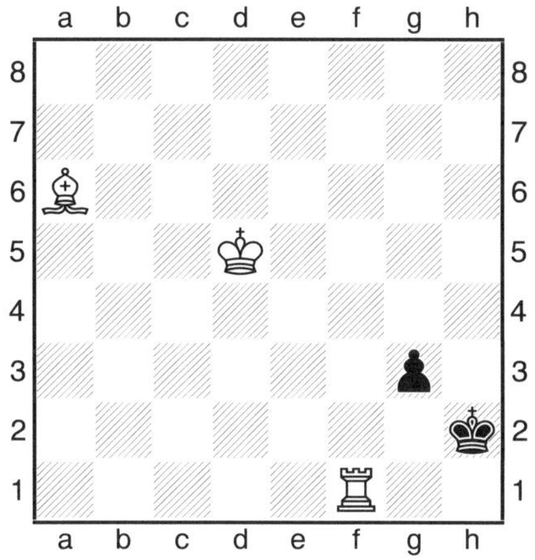

110.
Tag

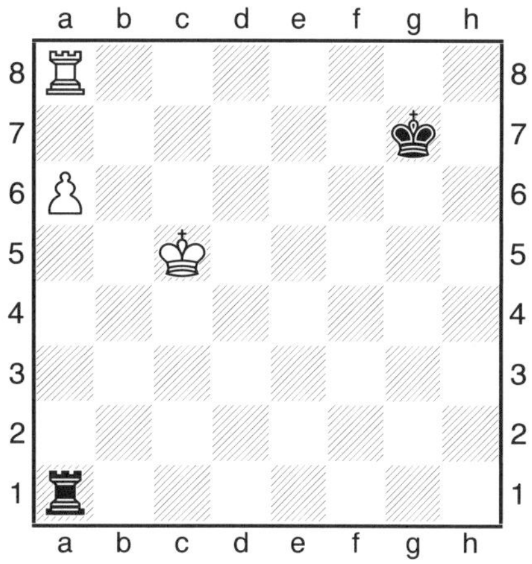

111.
Tag

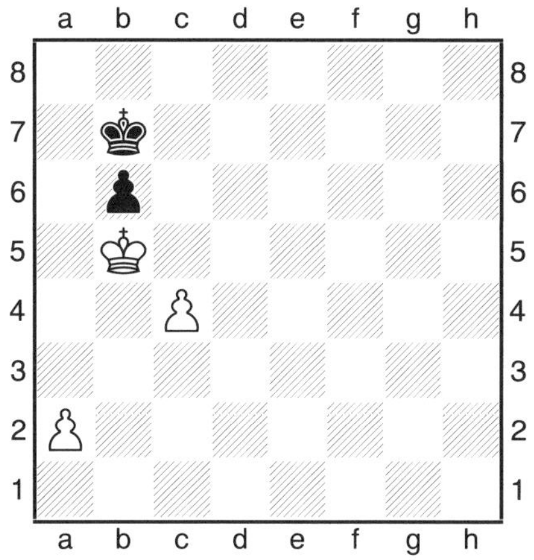

112.
Tag

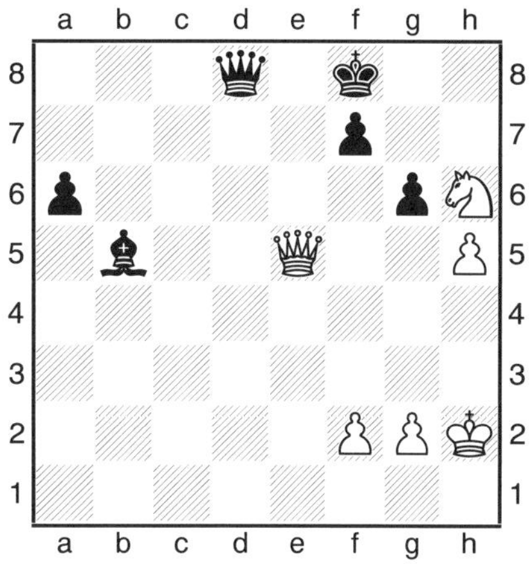

113.
Tag

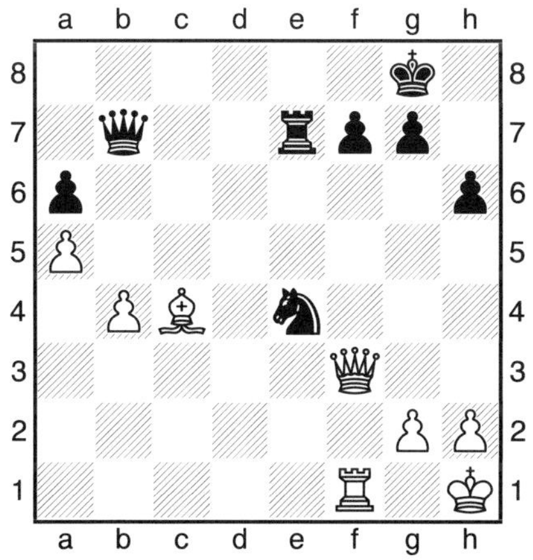

114.
Tag

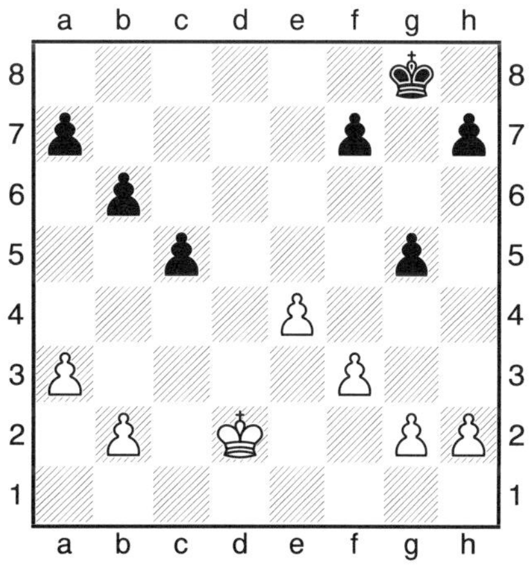

S

115. Tag

S

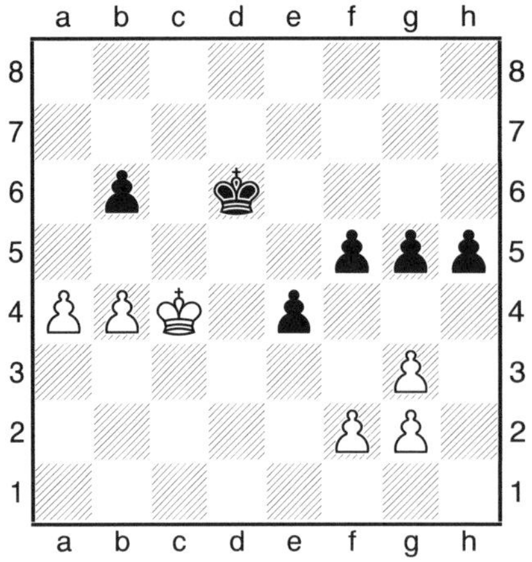

116. Tag

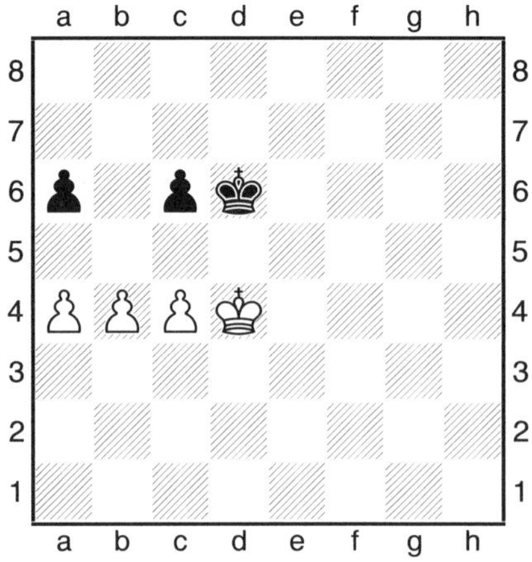

117. Tag

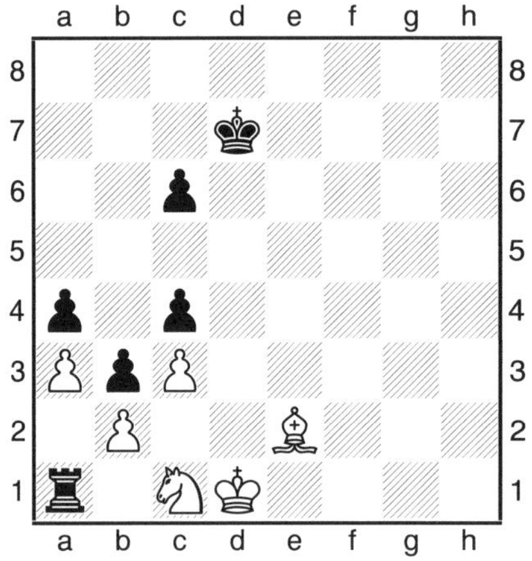

118. Tag

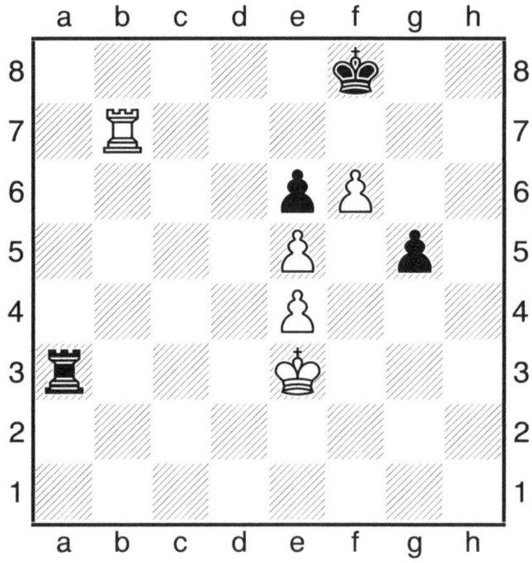

119. Tag

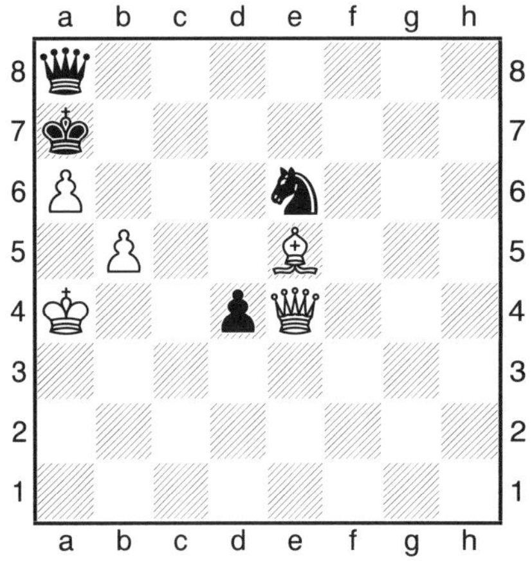

120. Tag

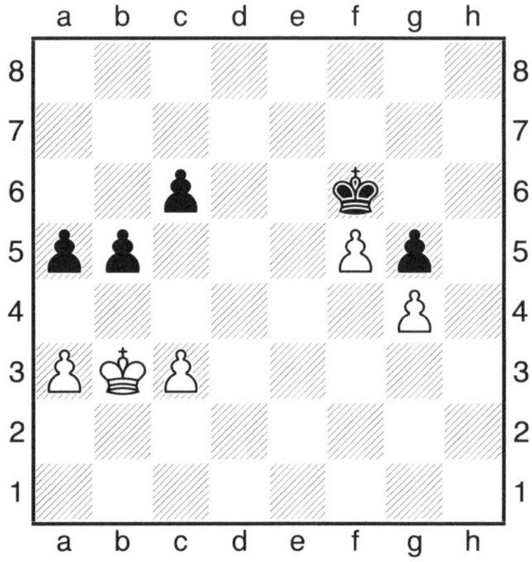

121. Tag

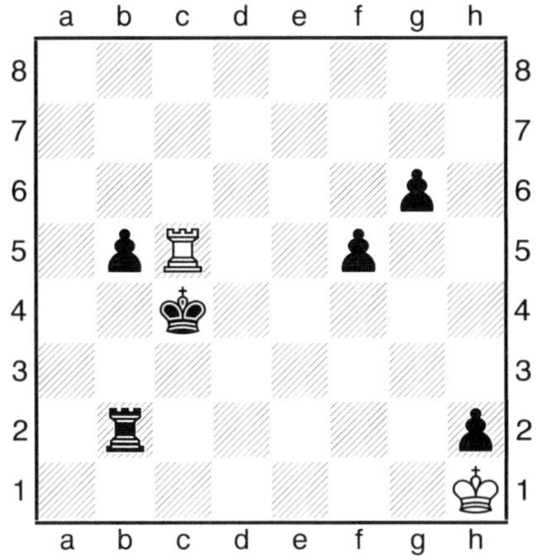

S

122. Tag

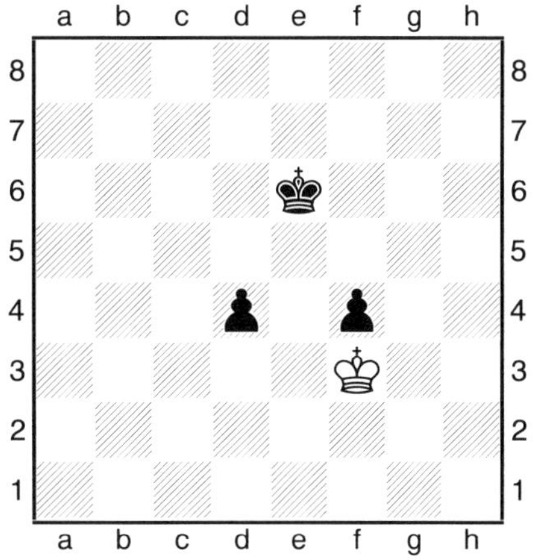

123. Tag

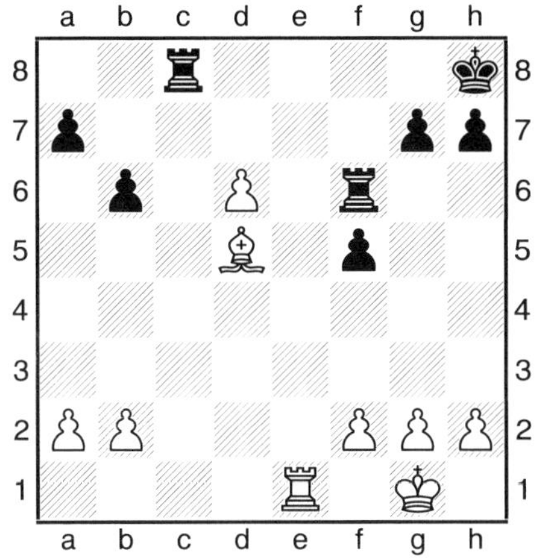

124. Tag

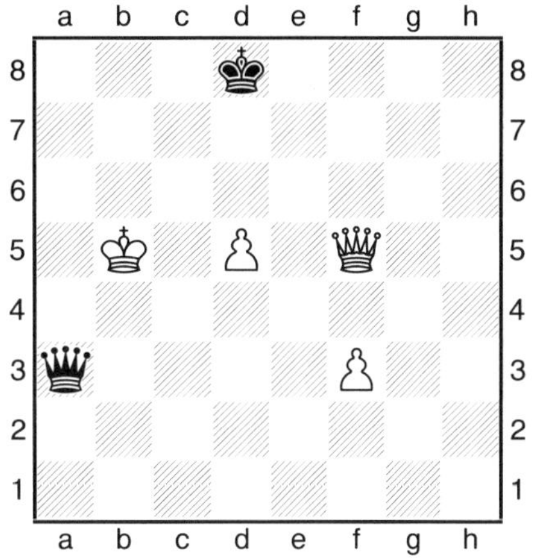

125. Tag

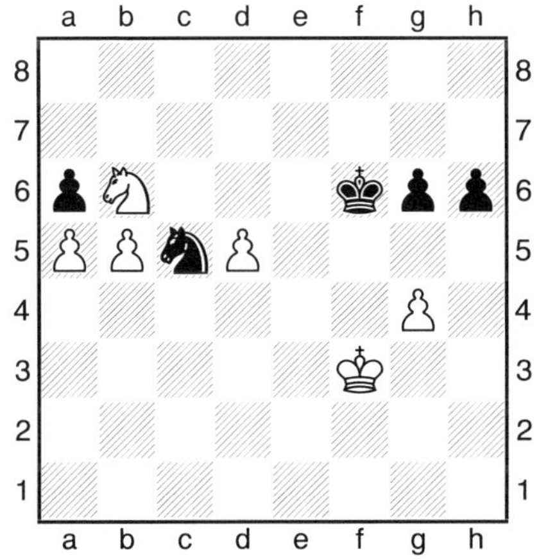

126. Tag

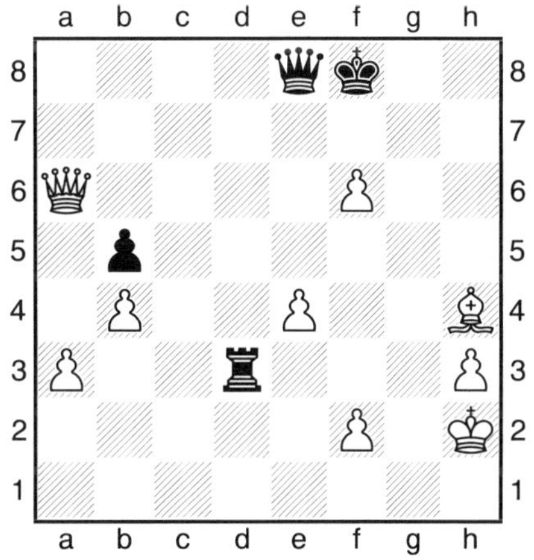

S

127. Tag

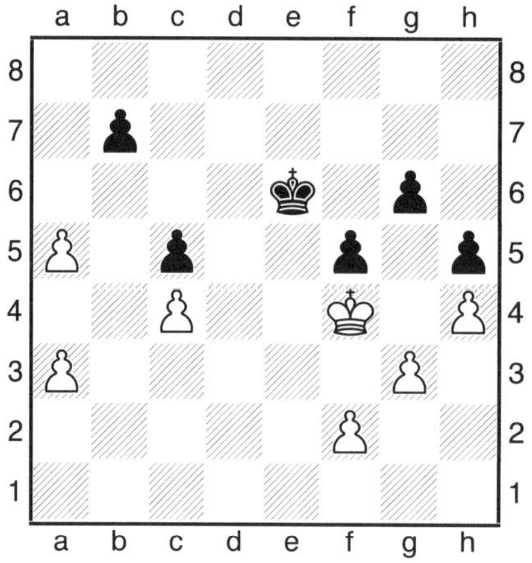

128. Tag

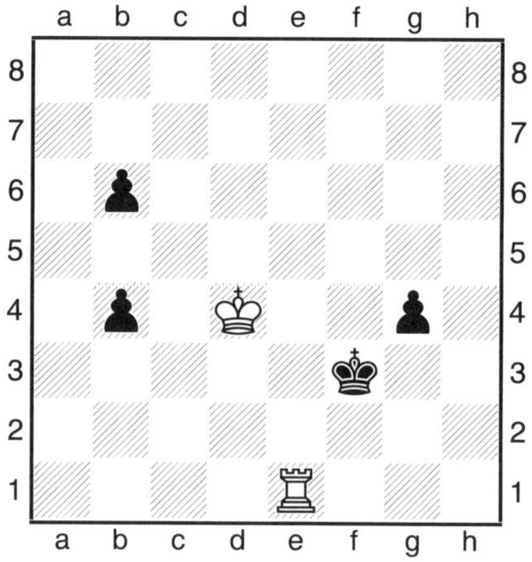

129. Tag

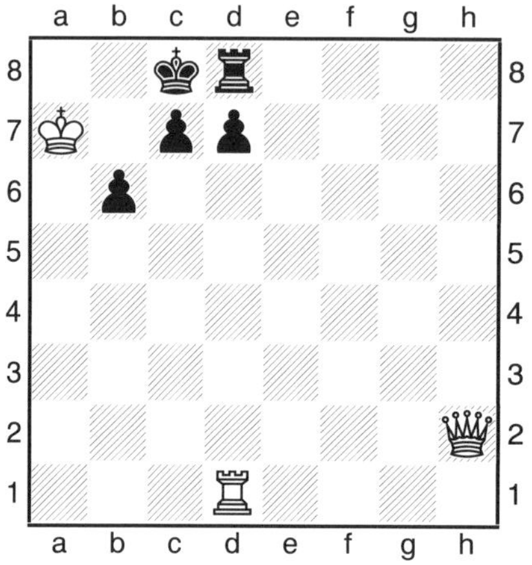

130. Tag

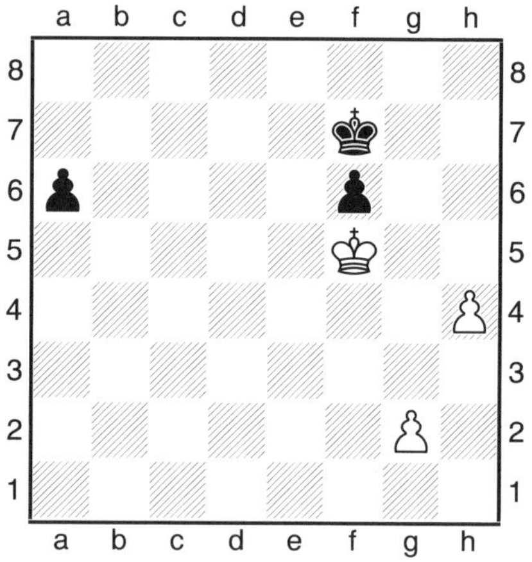

S

131. Tag

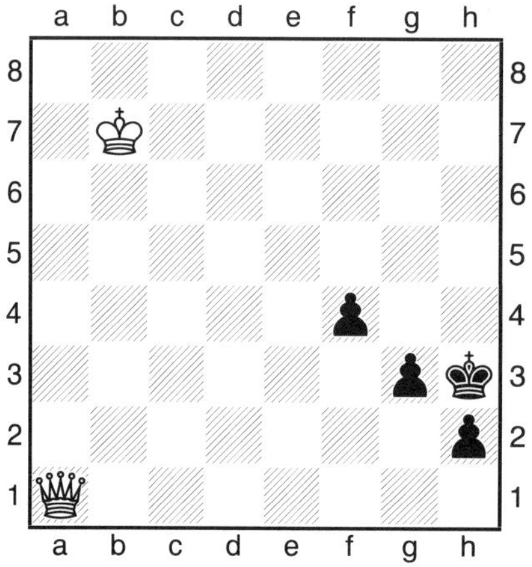

132. Tag

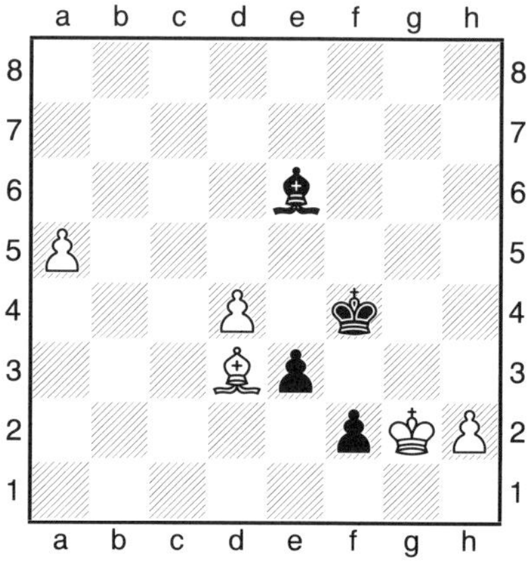

S

133. Tag

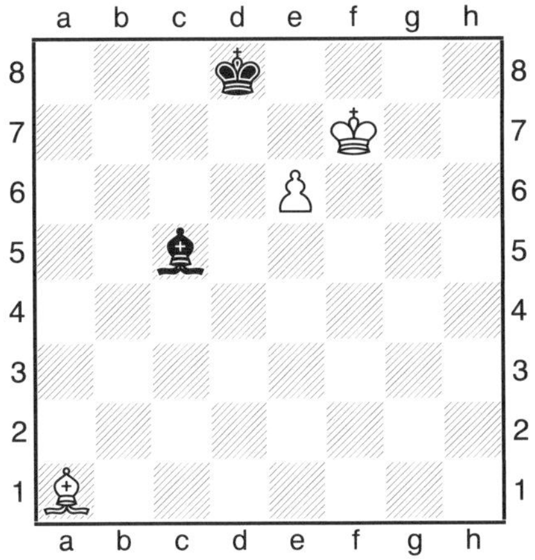

134. Tag

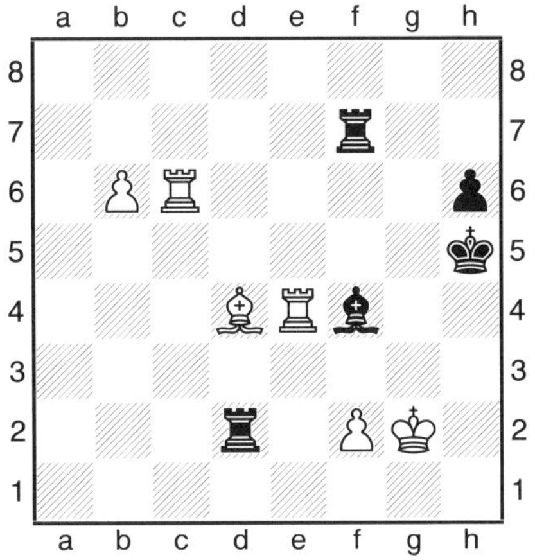

135. Tag

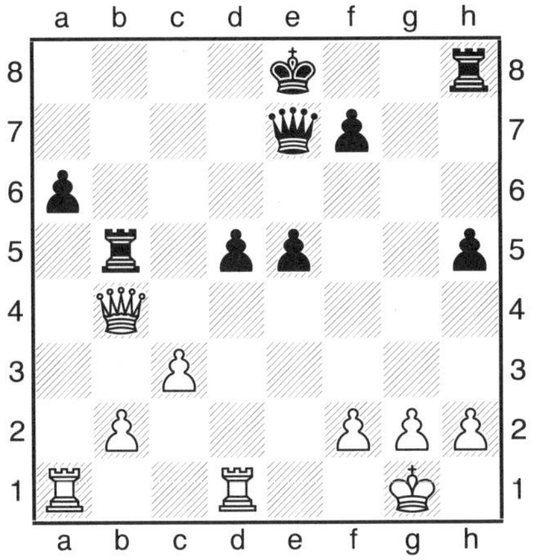

136. Tag

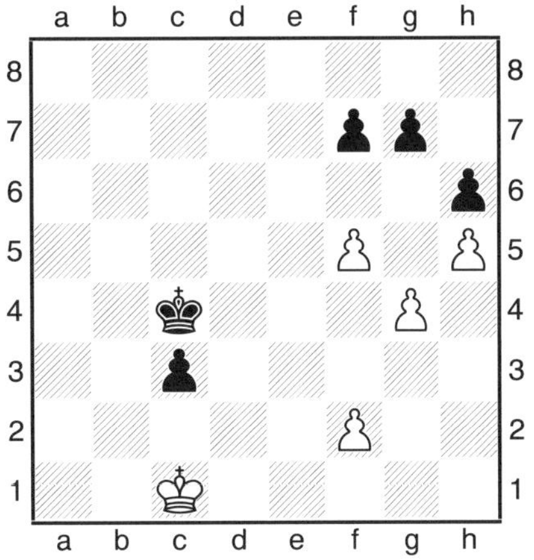

137. Tag

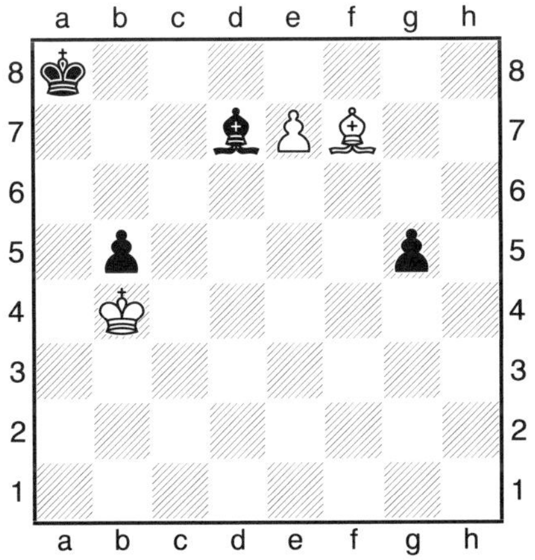

138. Tag

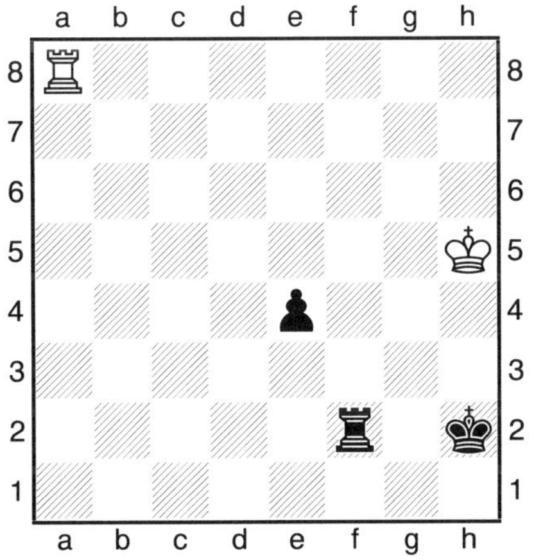

139. Tag

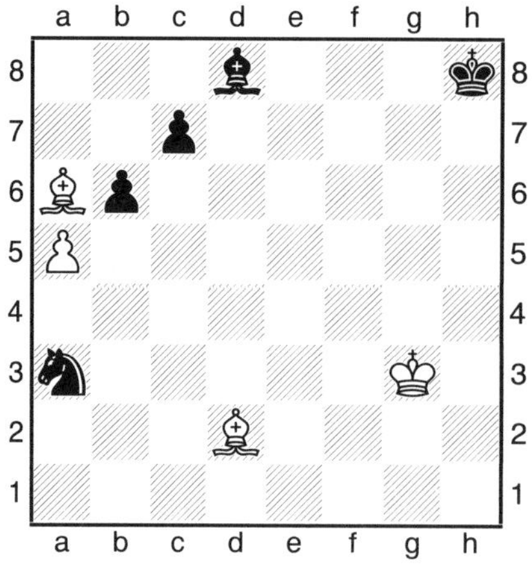

140. Tag

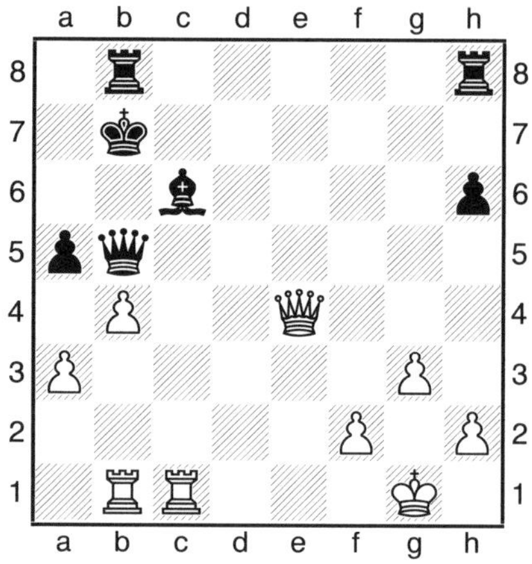

141. Tag

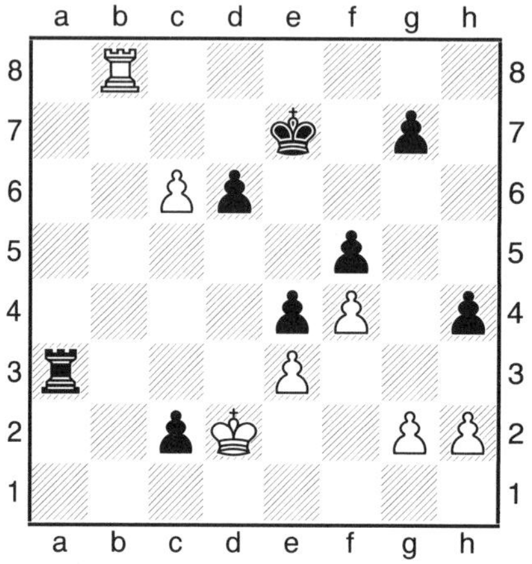

S

142. Tag

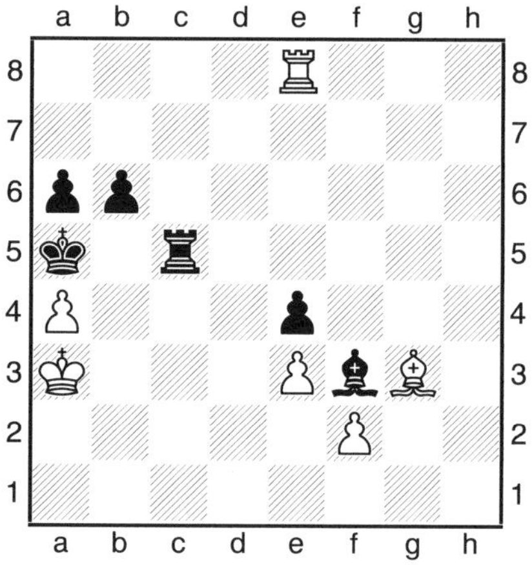

143. Tag

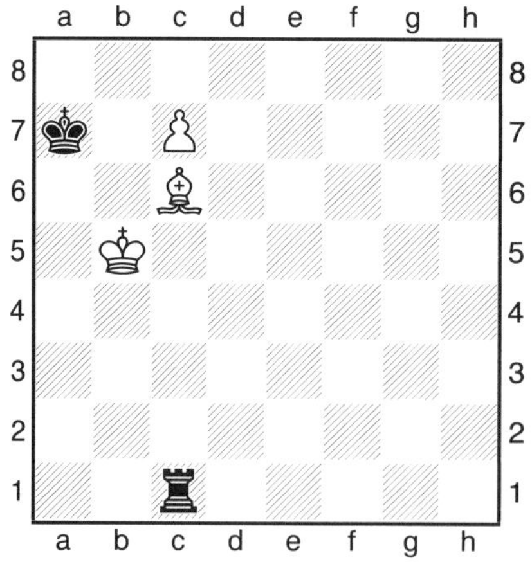

S

144. Tag

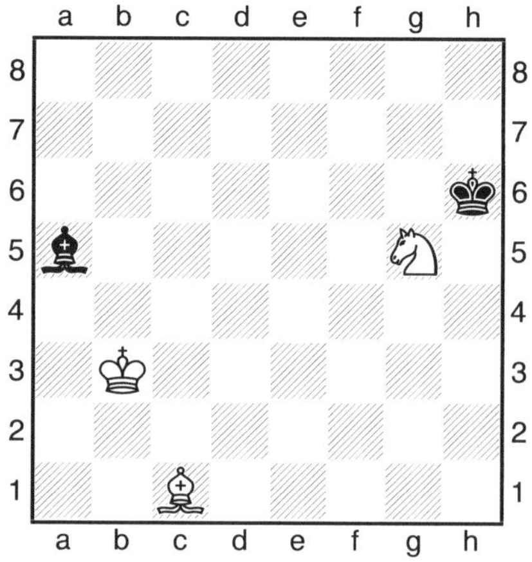

145. Tag

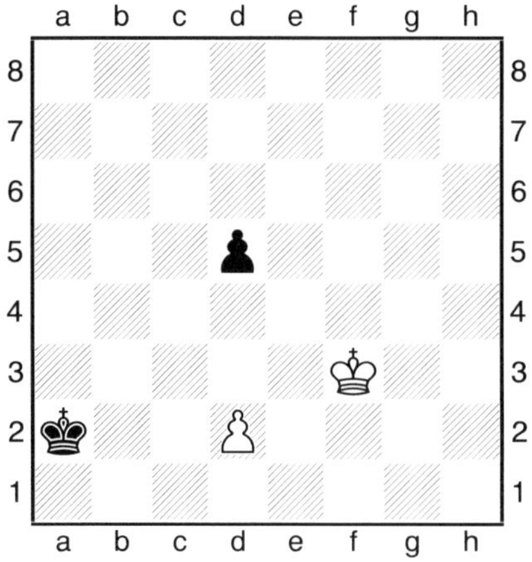

146. Tag

S

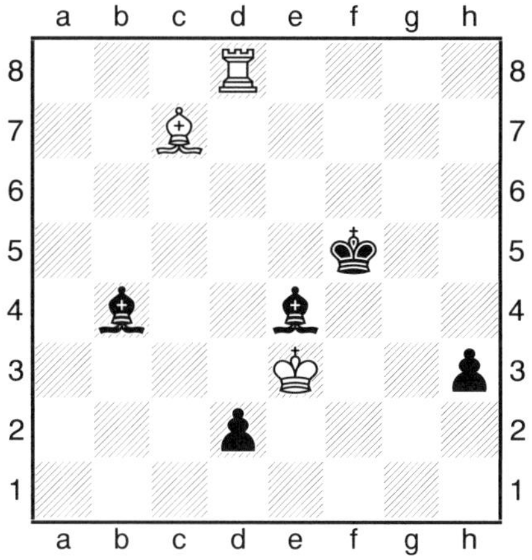

147. Tag

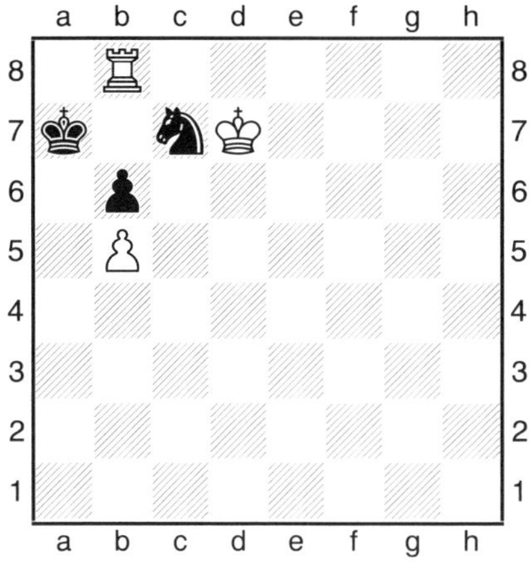

148. Tag

W/ S

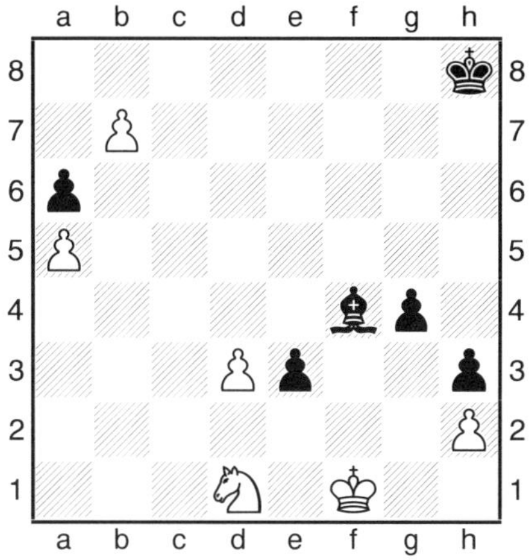

149. Tag

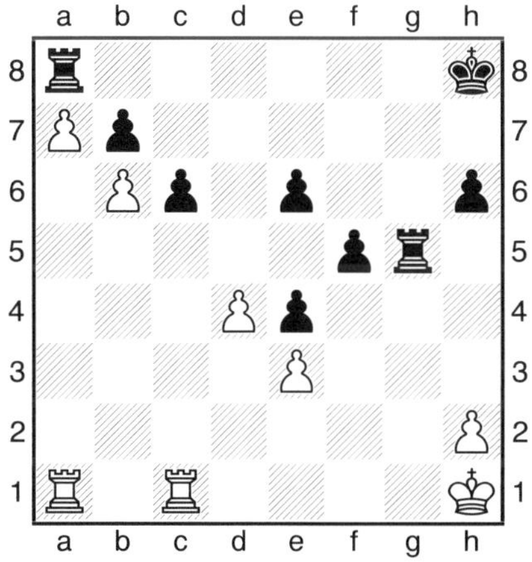

150. Tag

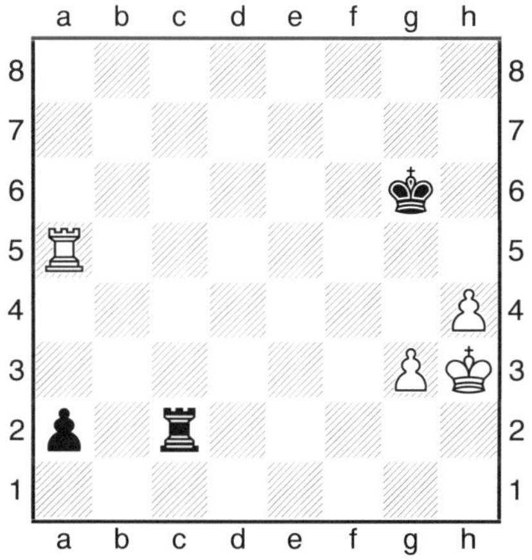

151. Tag

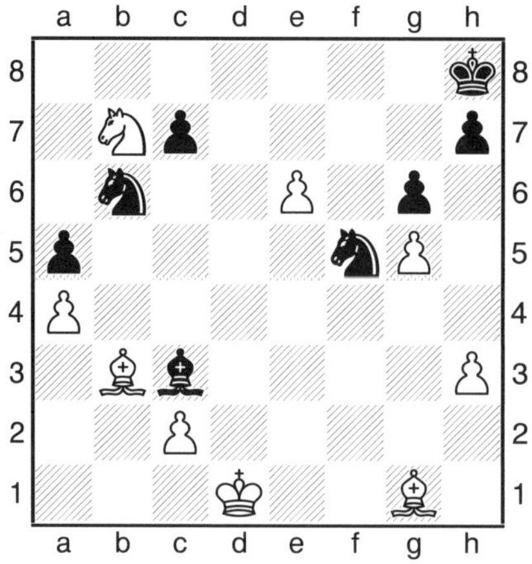

152. Tag

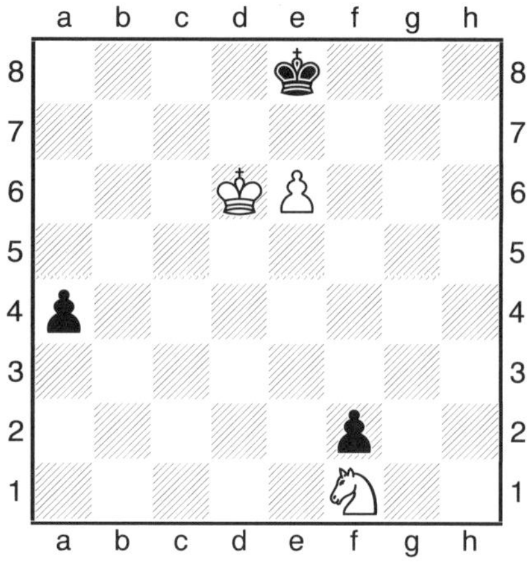

153. Tag

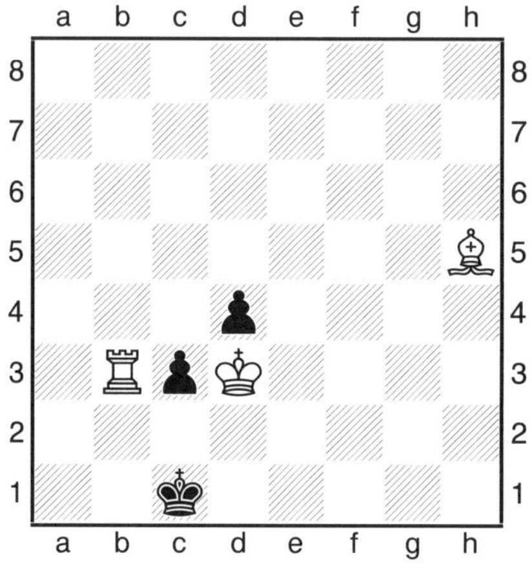

154. Tag

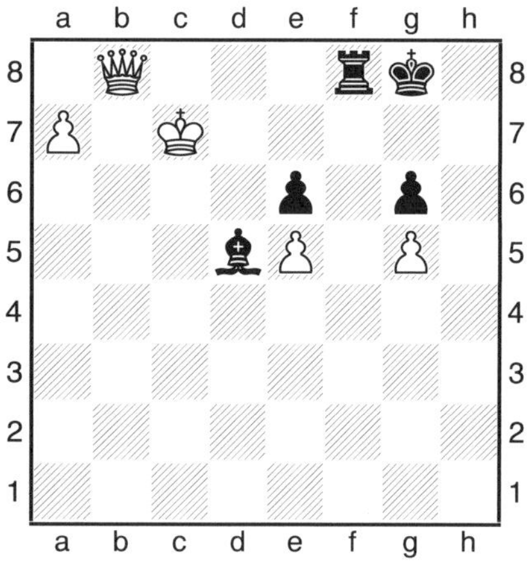

155. Tag

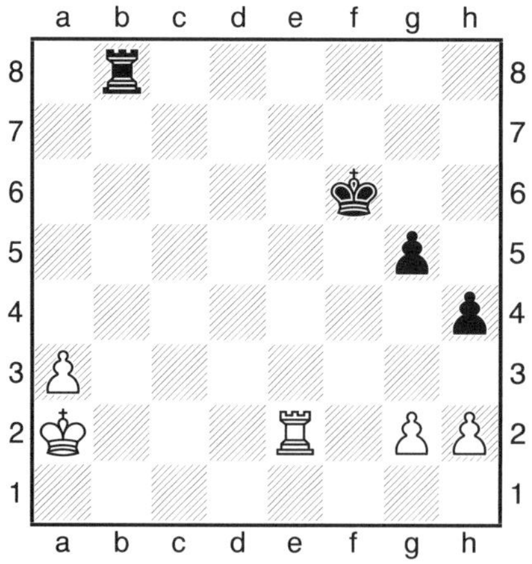

156. Tag

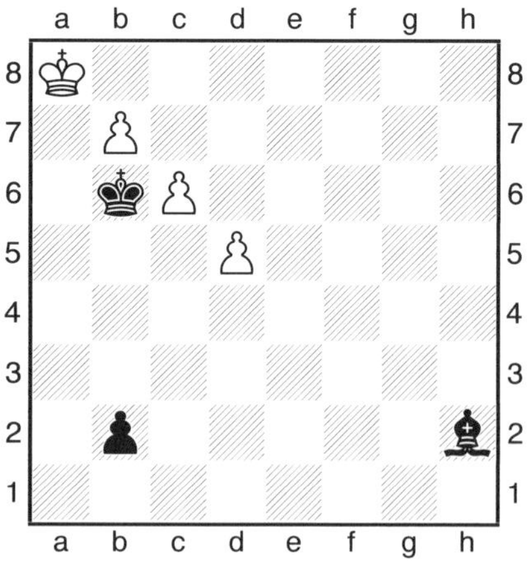

157. Tag

S

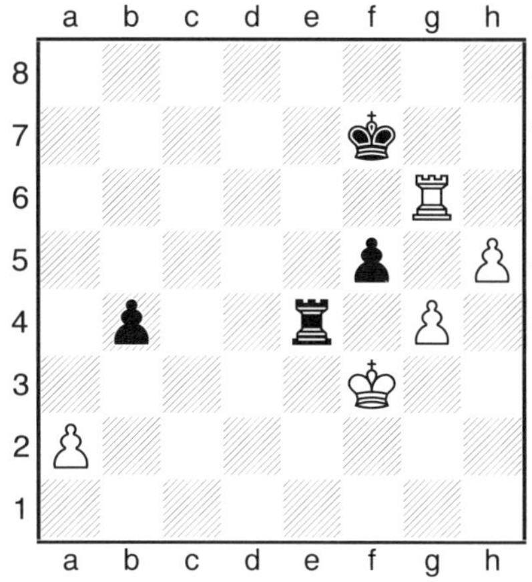

158. Tag

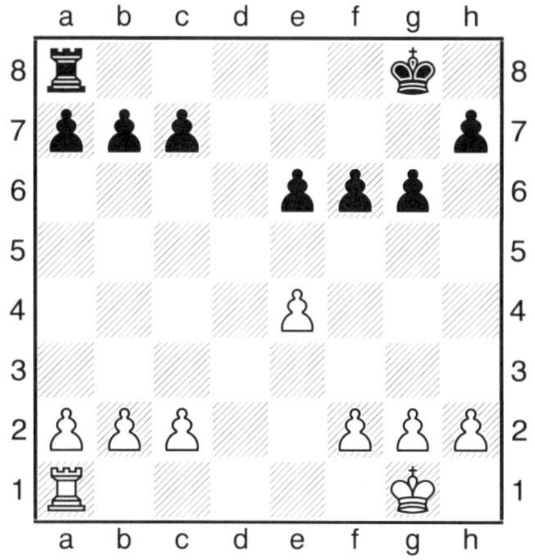

159. Tag

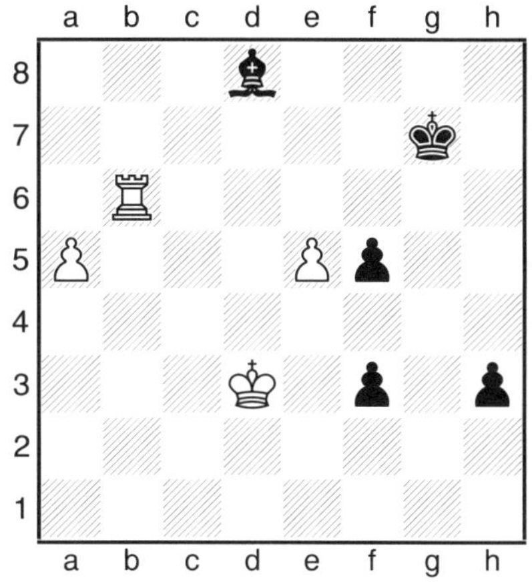

160. Tag

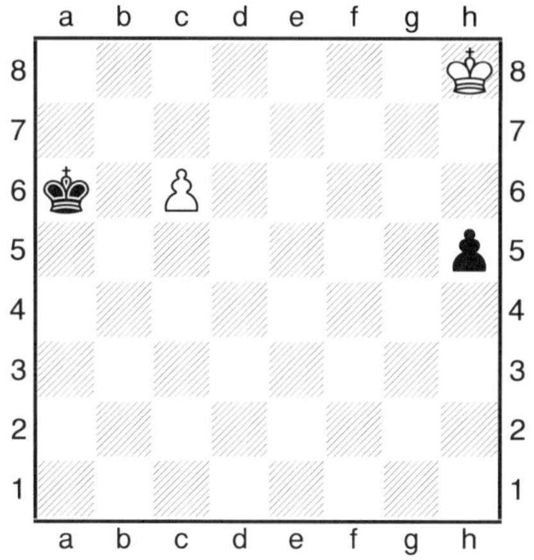

161. Tag

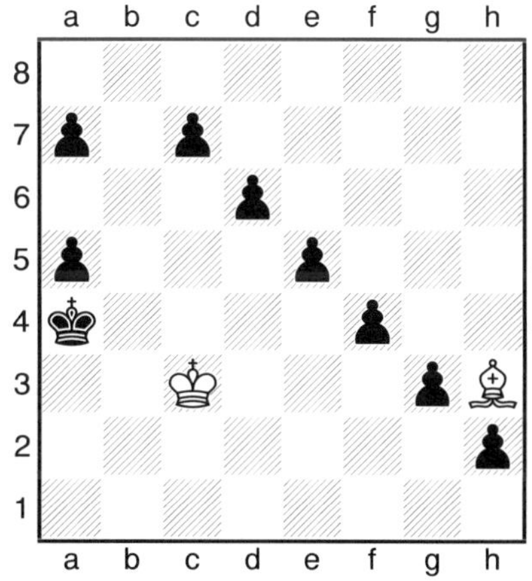

162. Tag

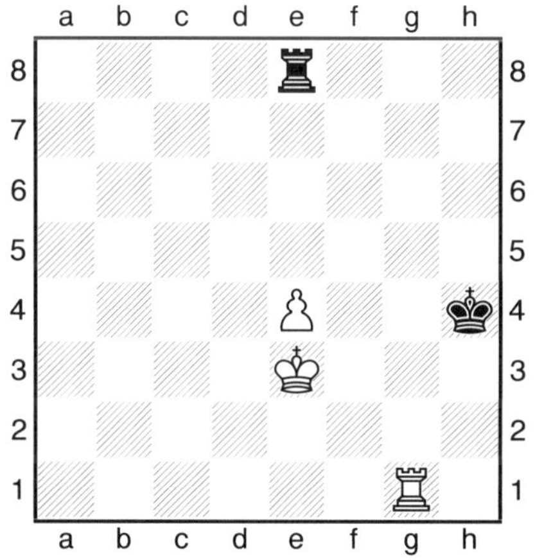

163. Tag

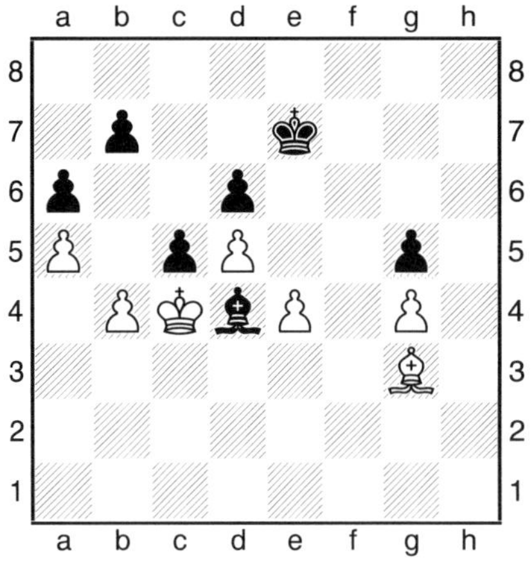

164. Tag

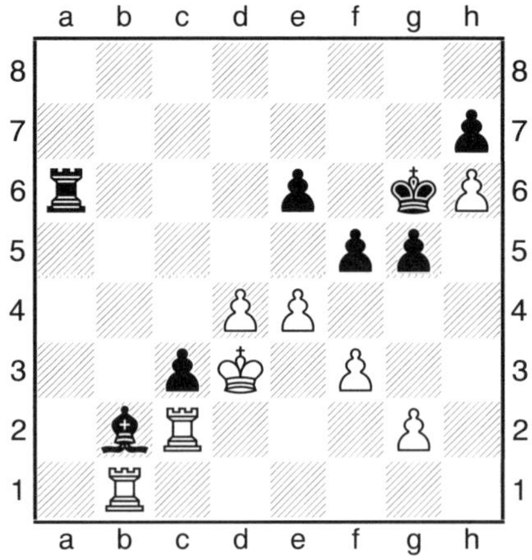

165. Tag

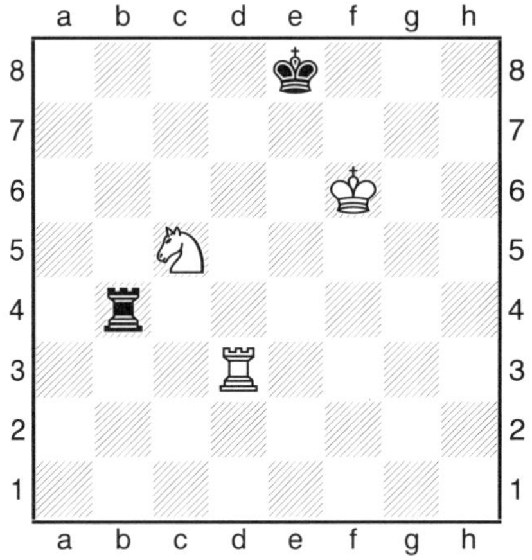

166. Tag

S

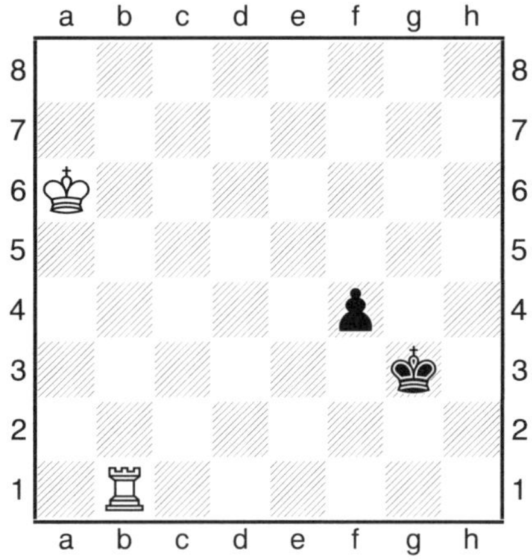

167. Tag

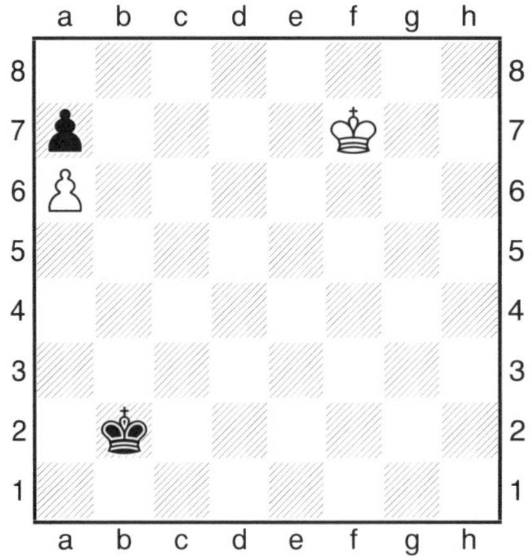

168. Tag

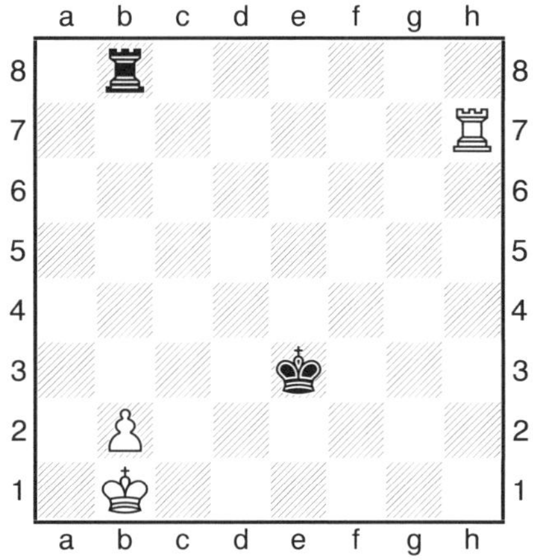

169. Tag

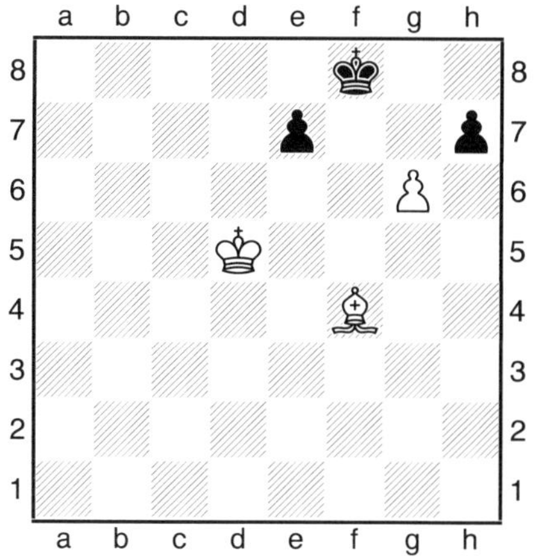

170. Tag

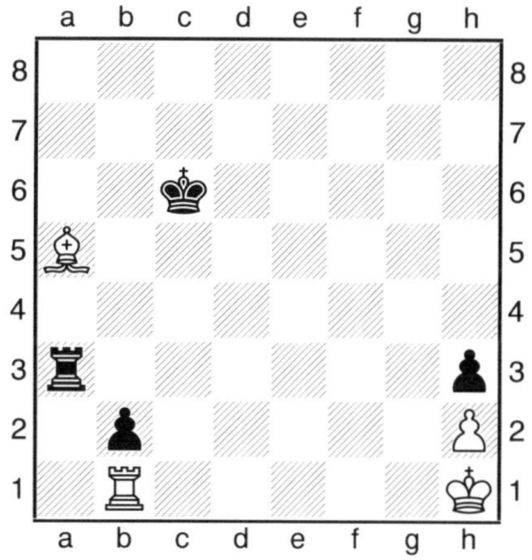

171. Tag

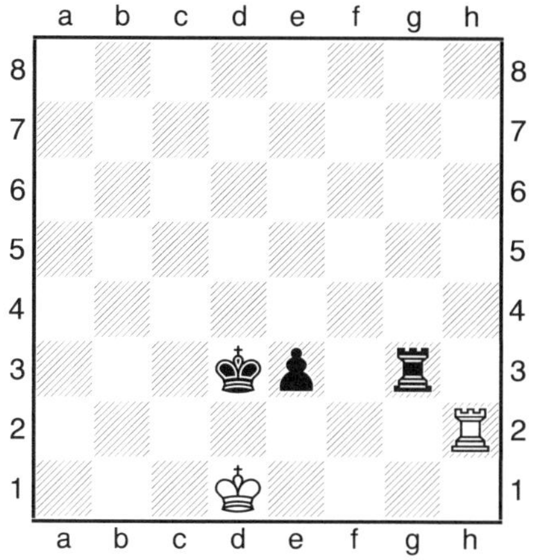

172. Tag

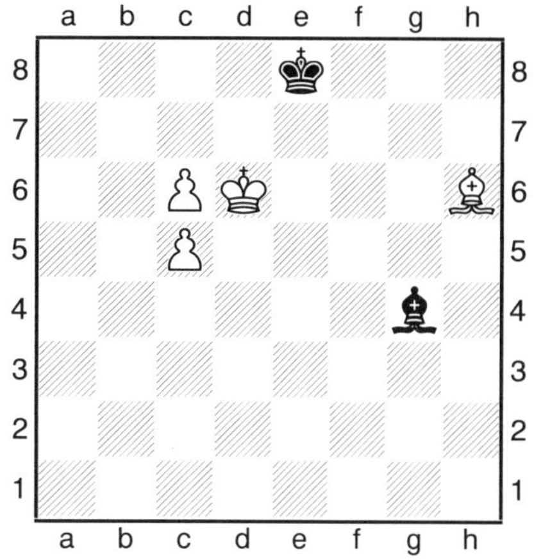

173. Tag

S

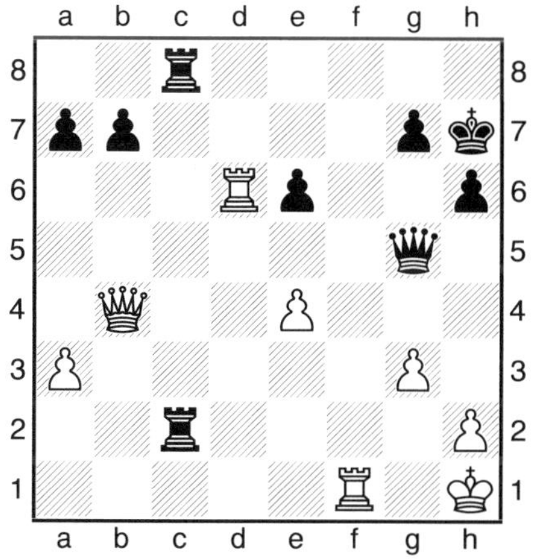

174. Tag

S

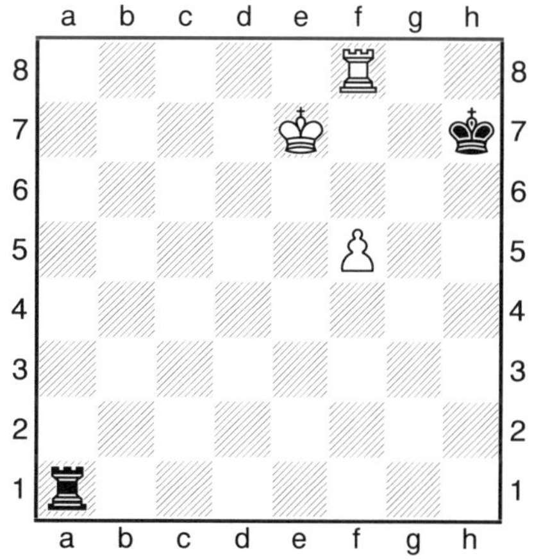

175. Tag

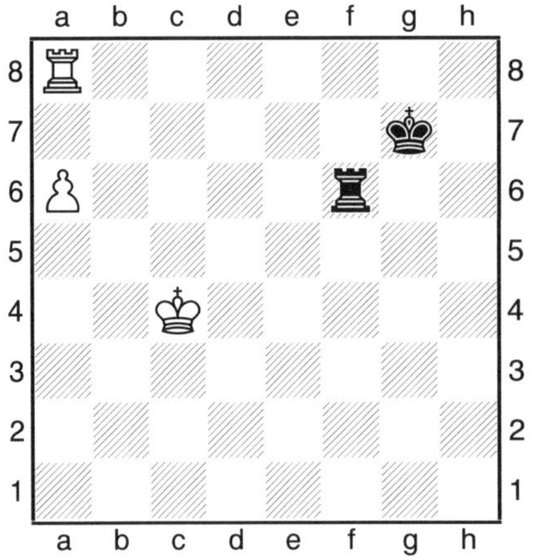

176. Tag

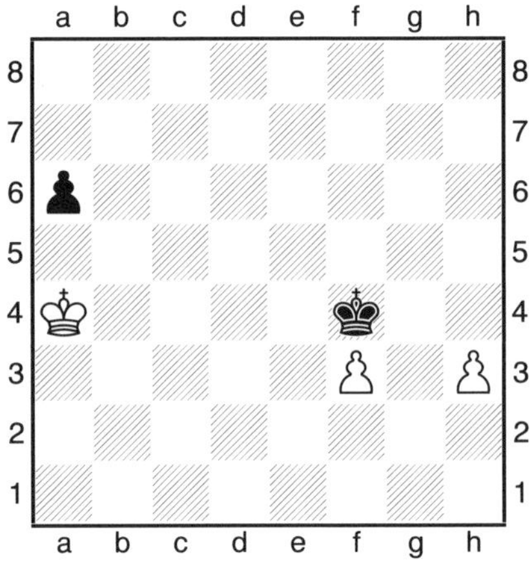

177. Tag

S

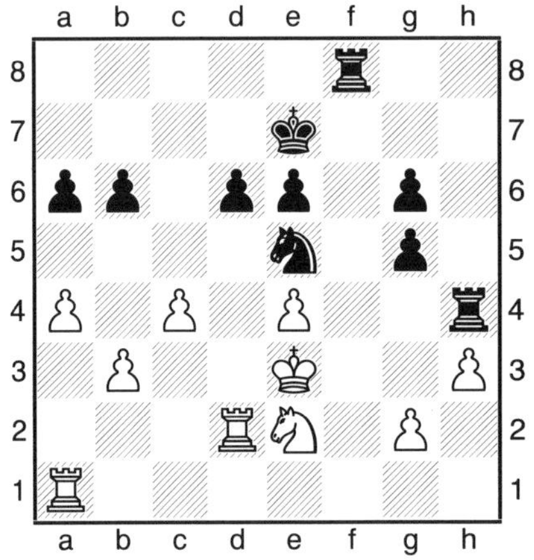

178. Tag

S

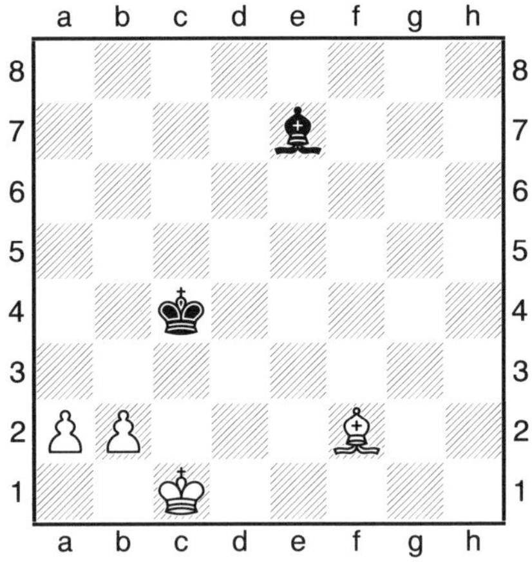

179. Tag

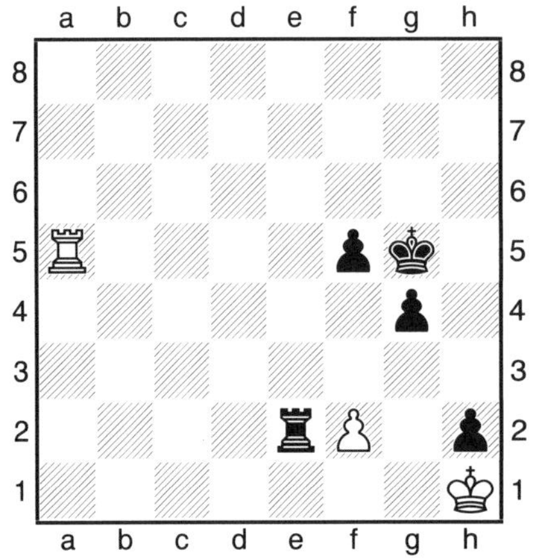

180. Tag

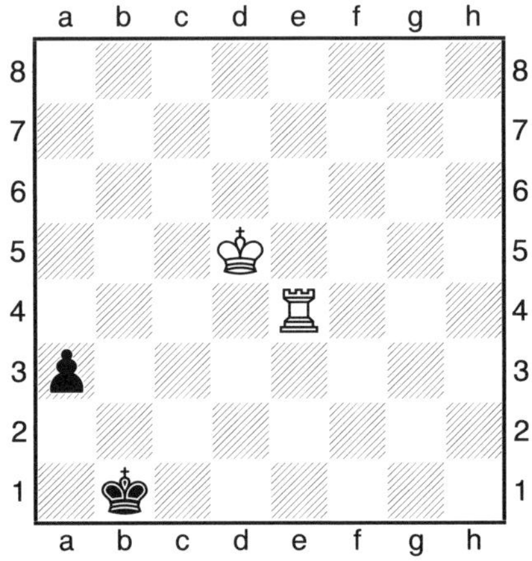

181. Tag

S

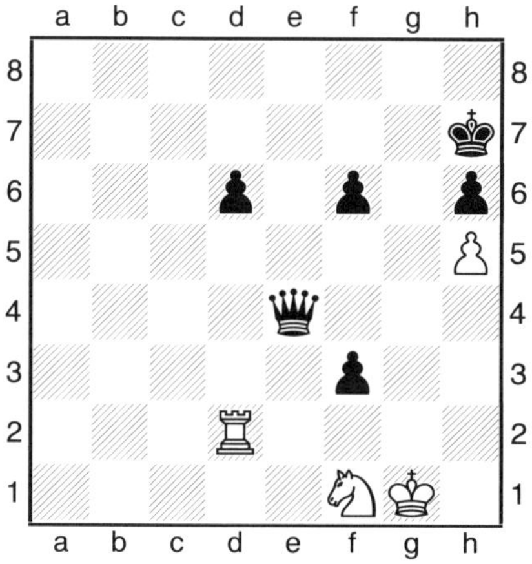

182. Tag

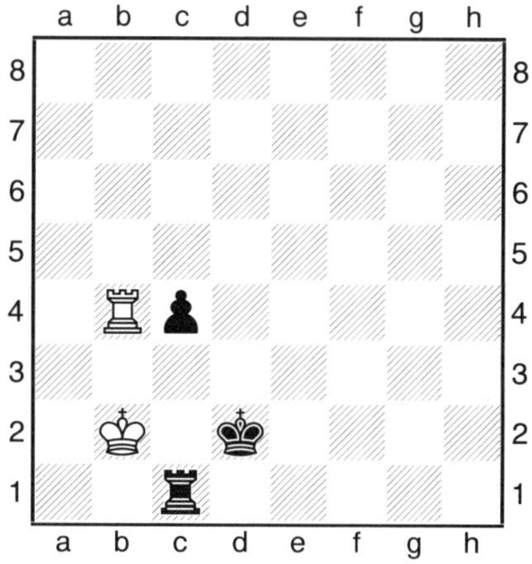

183. Tag

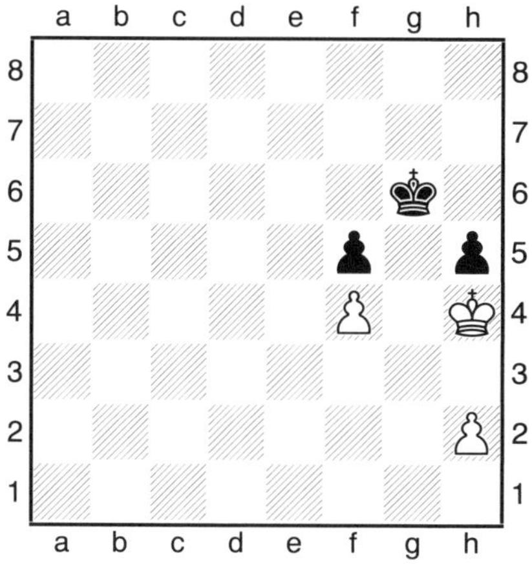

184. Tag

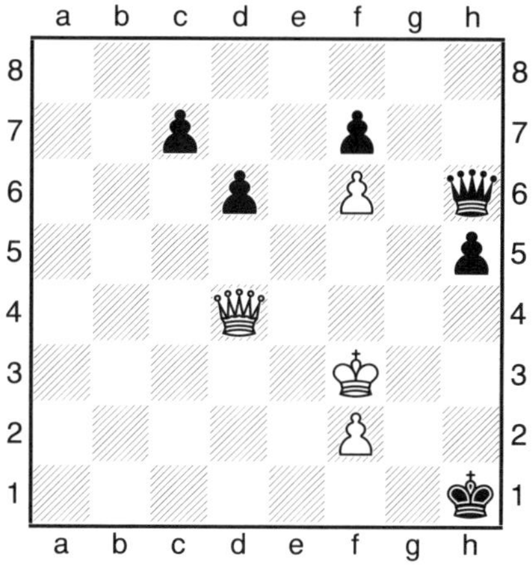

185. Tag

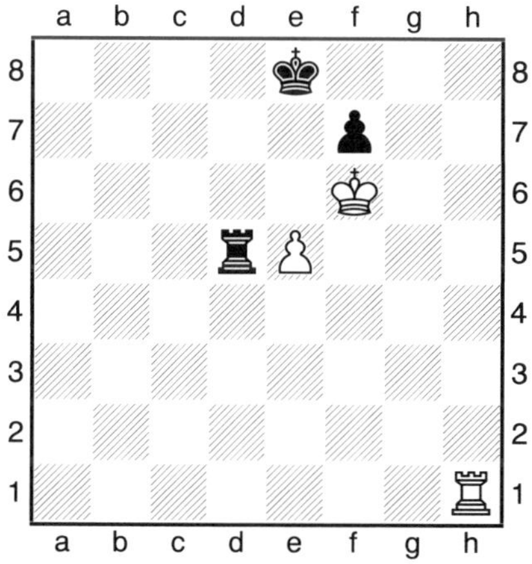

186. Tag

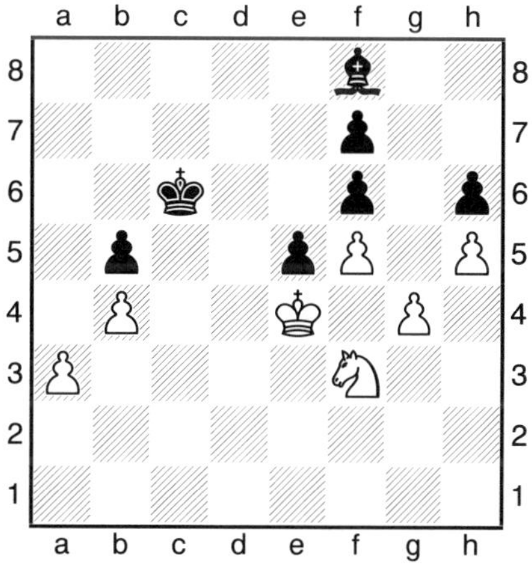

187. Tag

S

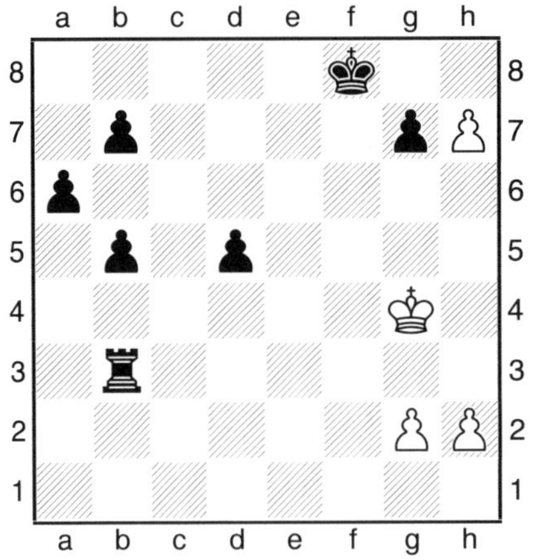

188. Tag

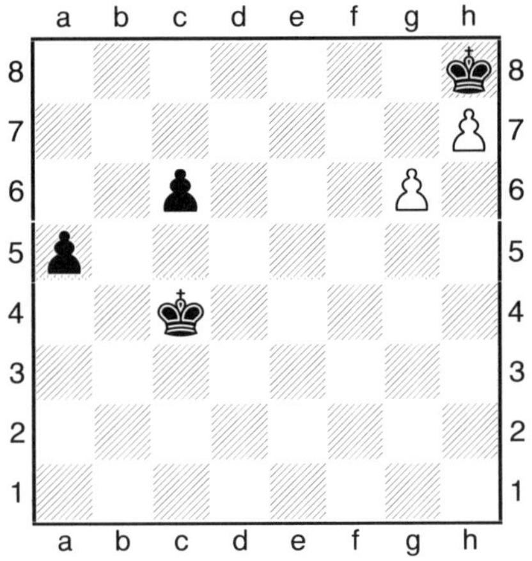

189. Tag

S

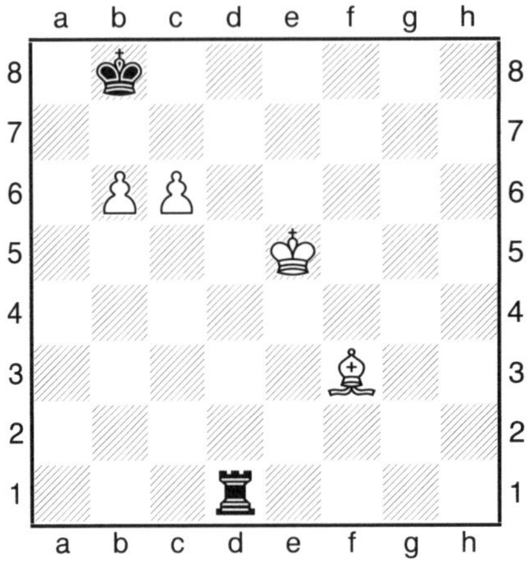

190. Tag

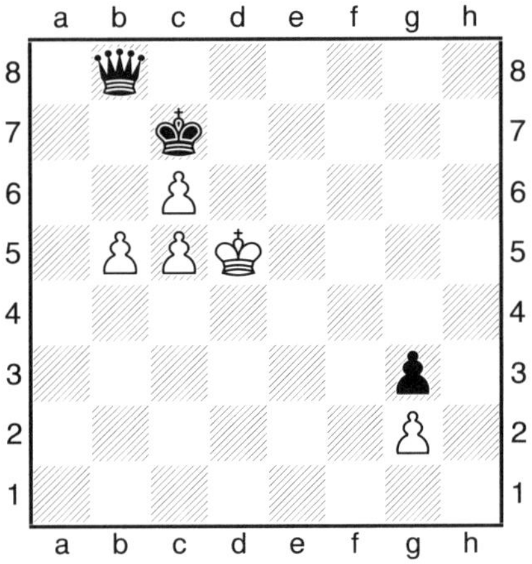

191. Tag

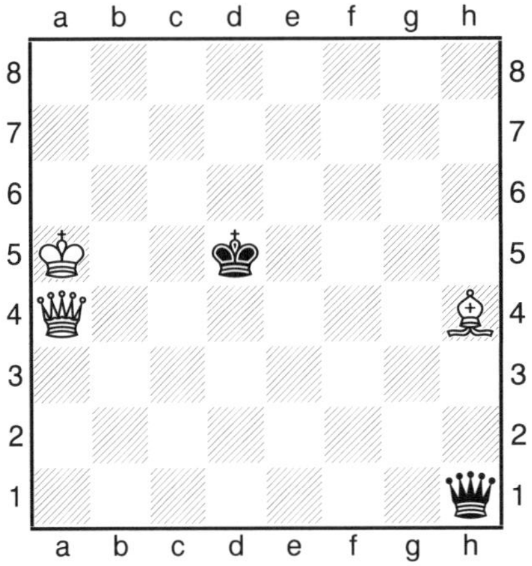

192. Tag

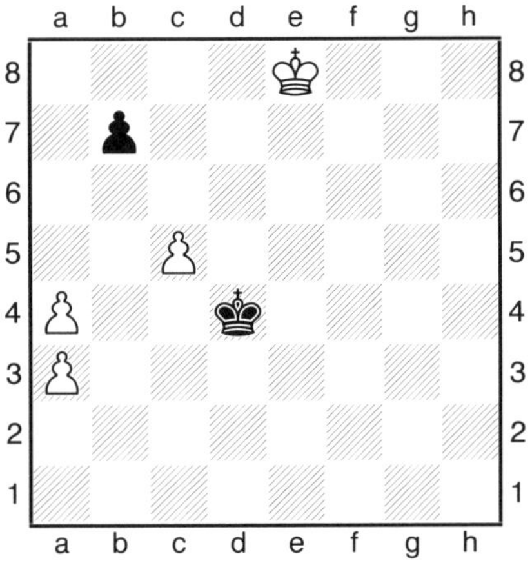

193. Tag

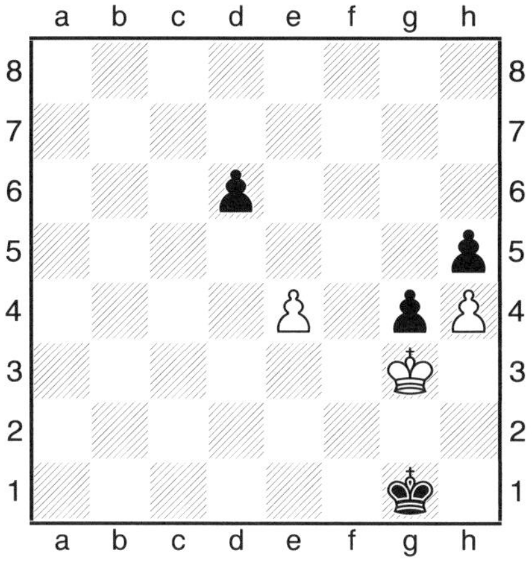

194. Tag

S

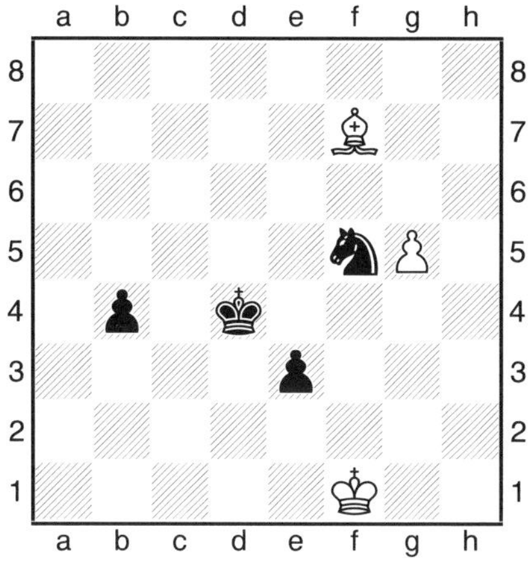

195. Tag

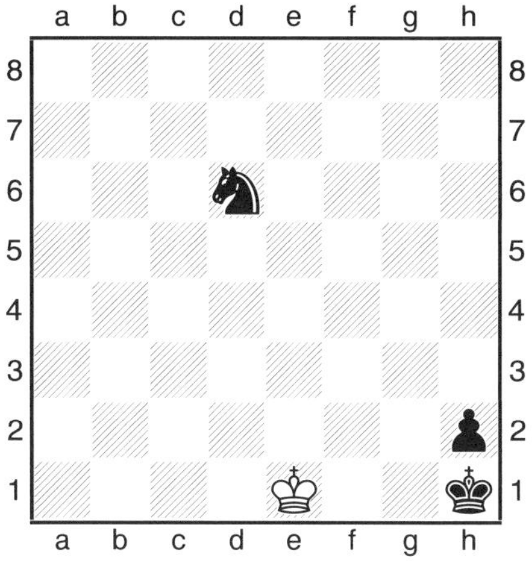

196. Tag

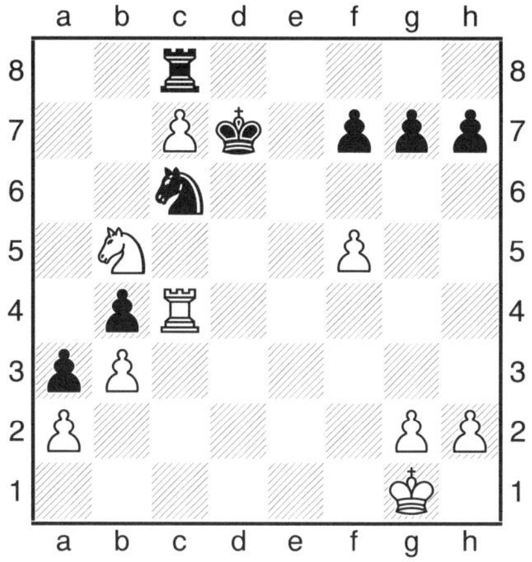

197. Tag

S

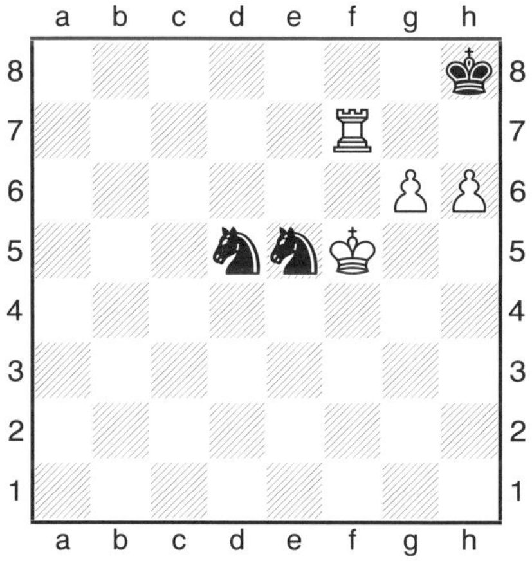

198. Tag

S

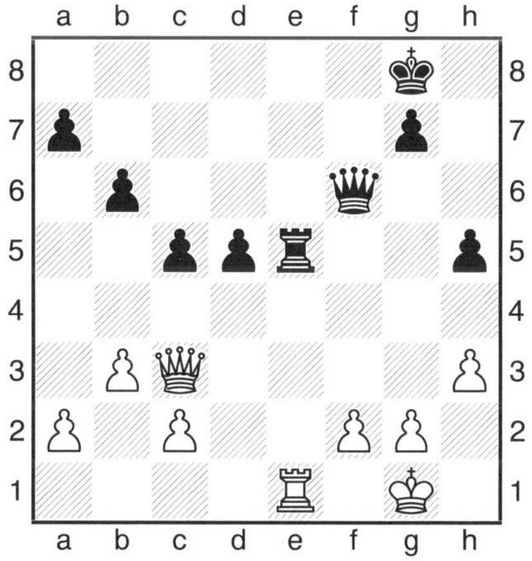

199. Tag

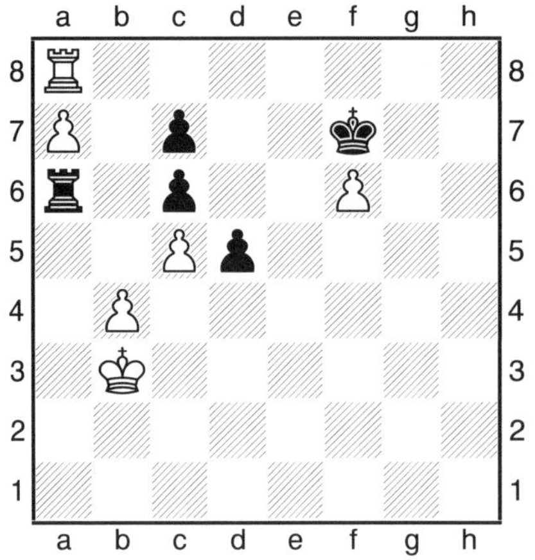

200. Tag

S

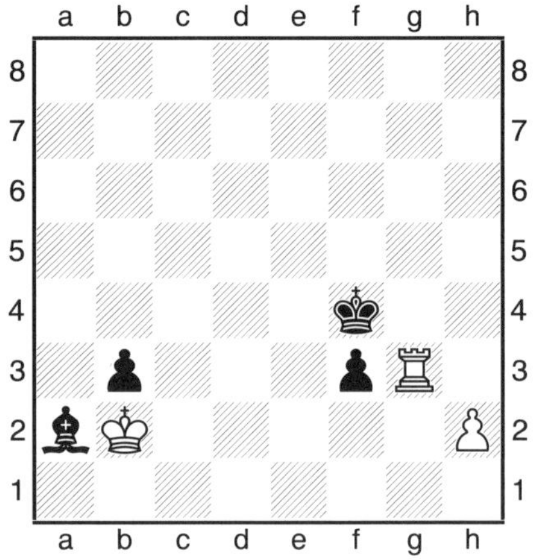

201. Tag

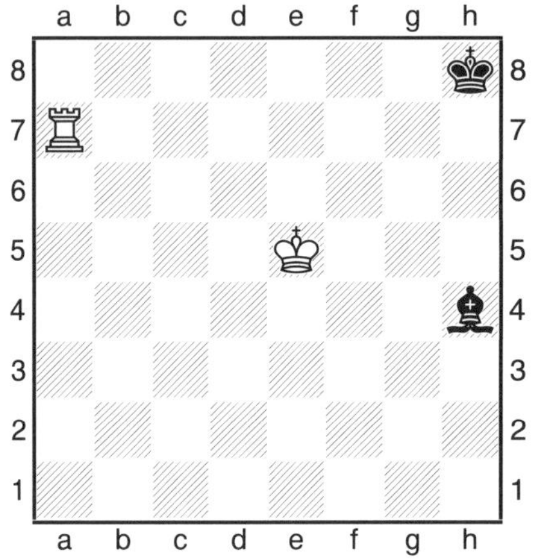

202. Tag

S

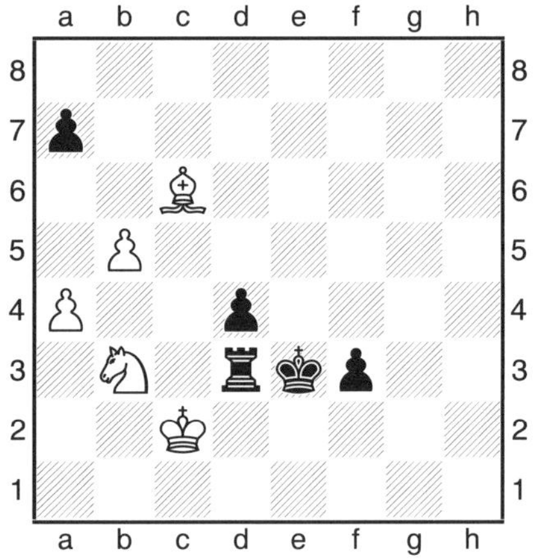

203. Tag

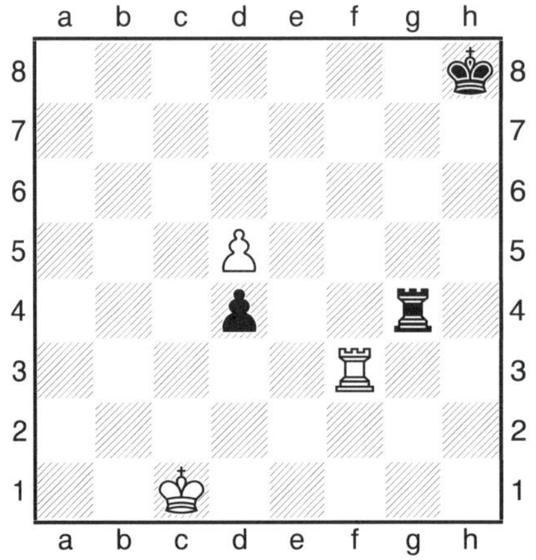

204. Tag

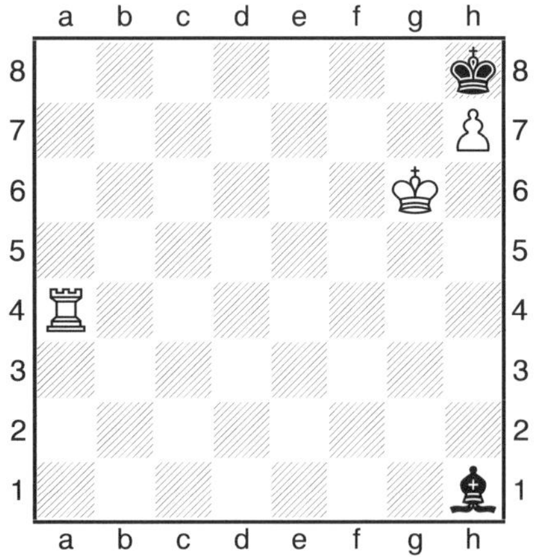

205. Tag

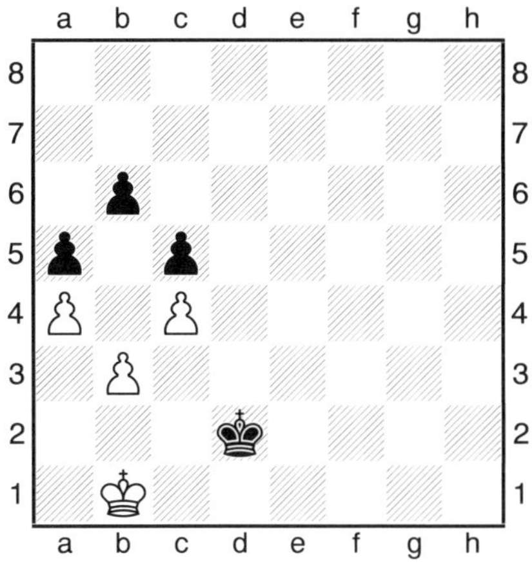

S

206. Tag

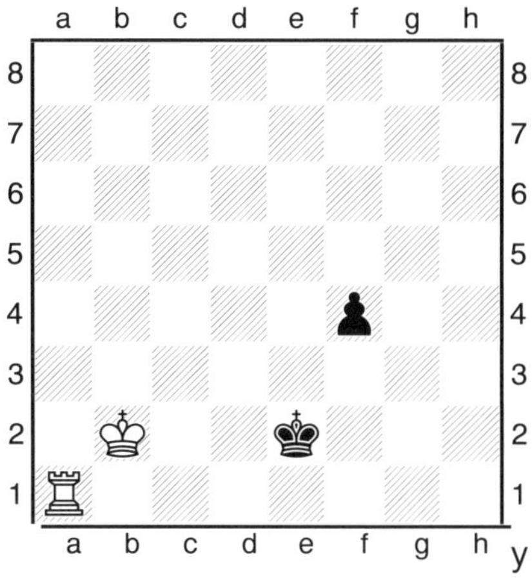

207. Tag

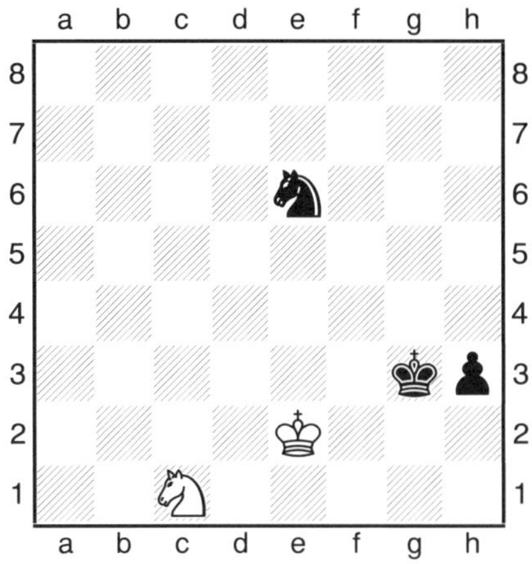

208. Tag

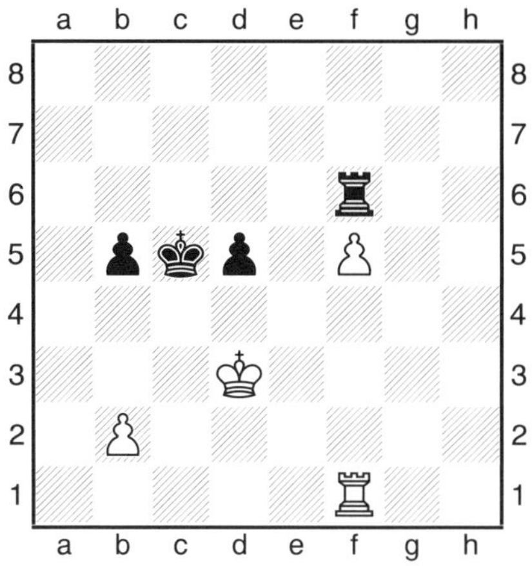

209. Tag

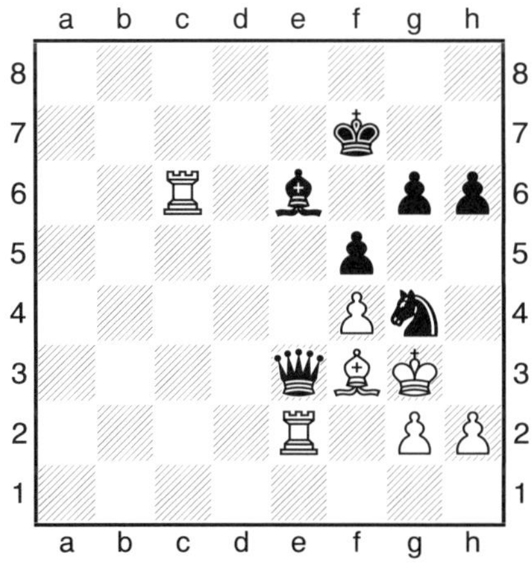

S

210. Tag

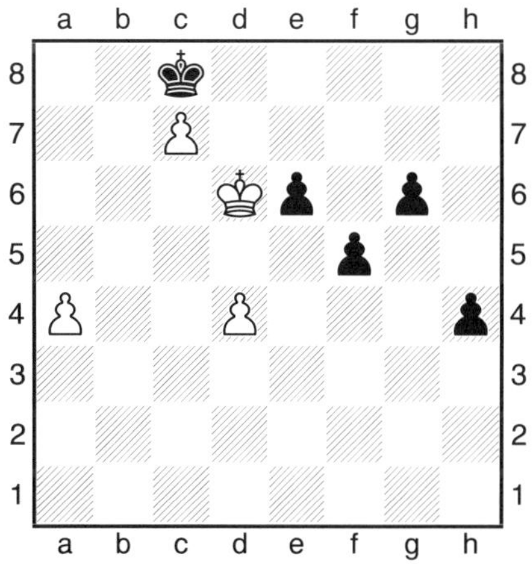

211. Tag

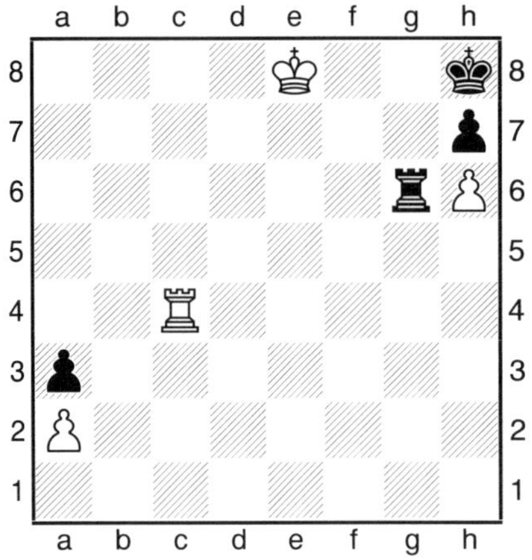

212. Tag

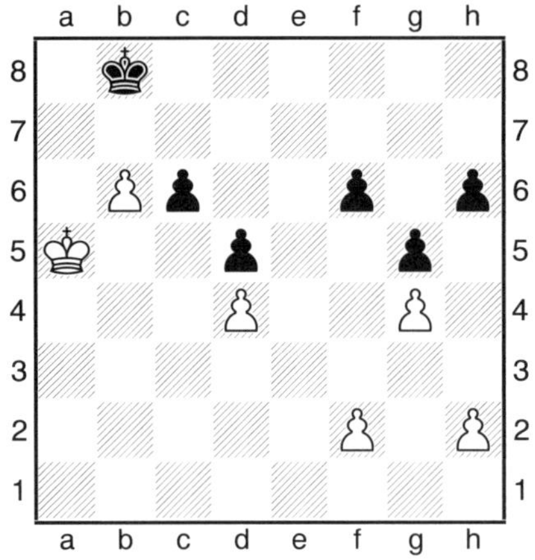

213. Tag

S

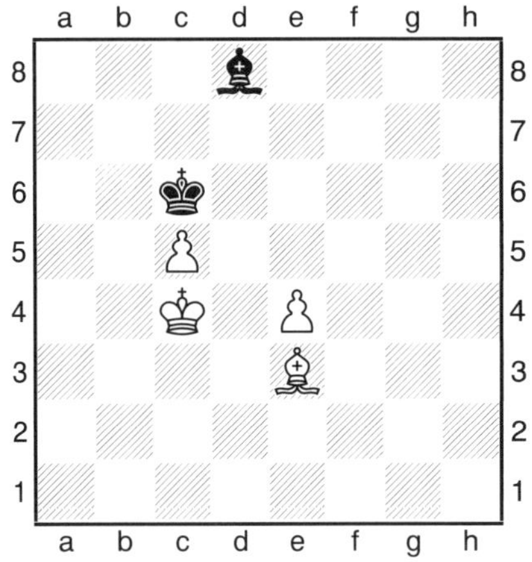

214. Tag

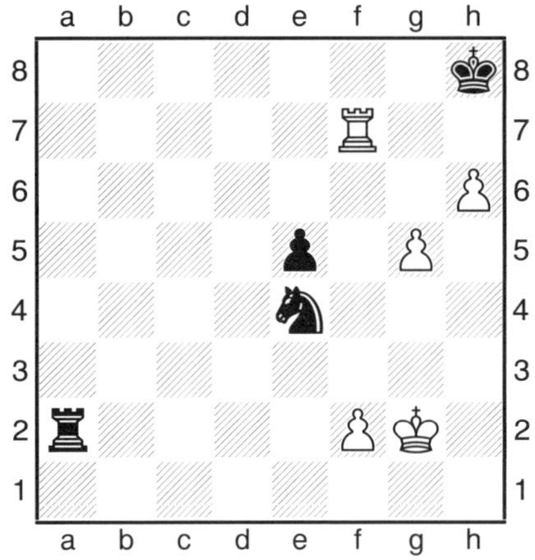

215. Tag

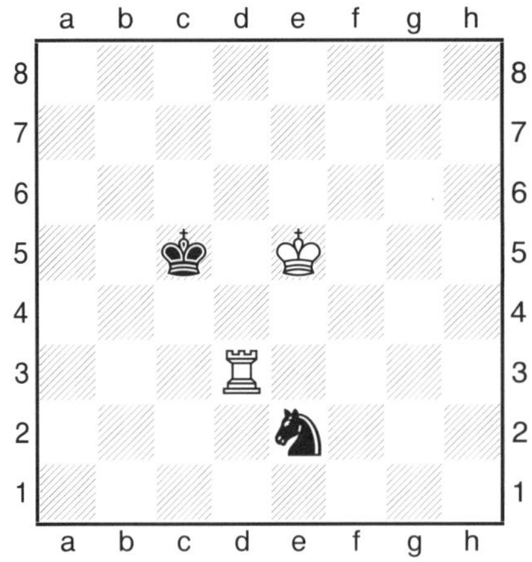

216. Tag

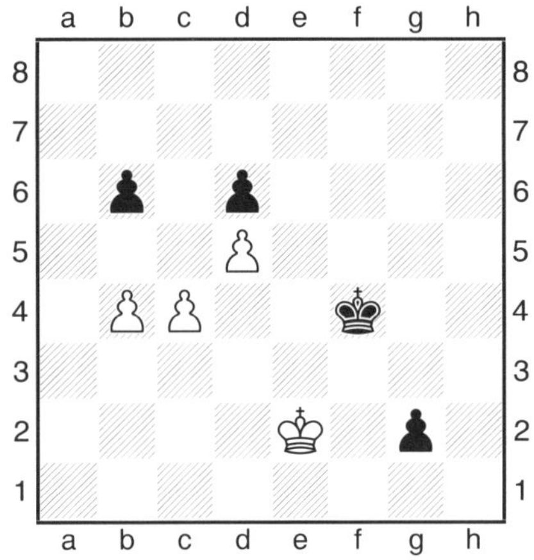

217. Tag

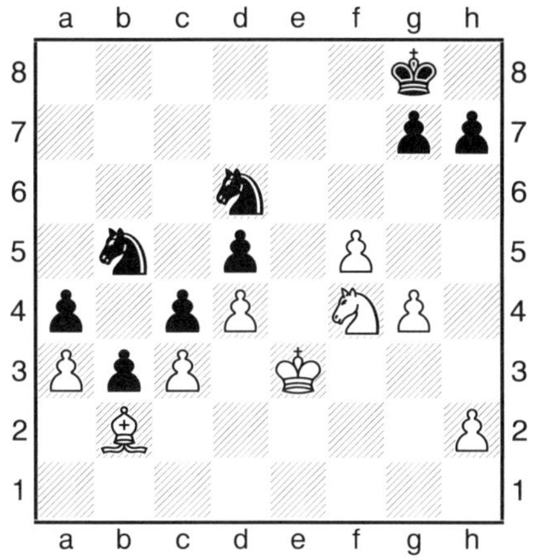

S

218. Tag

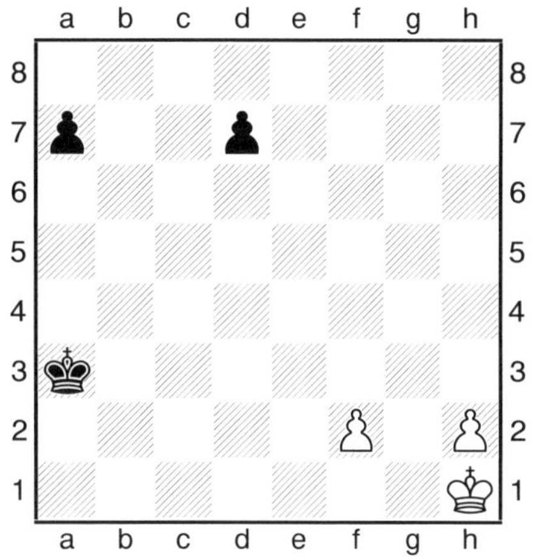

219. Tag

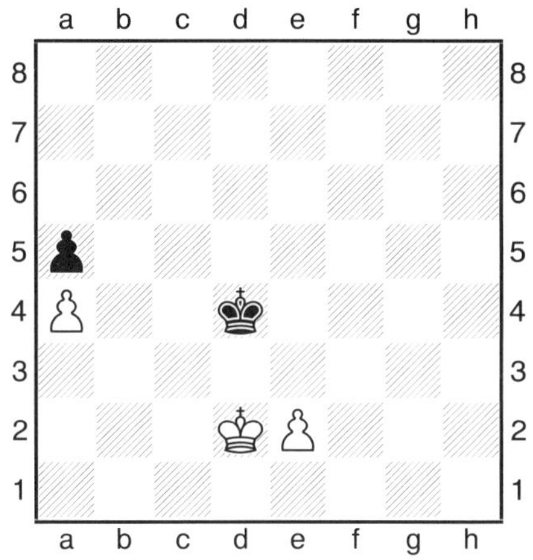

220. Tag

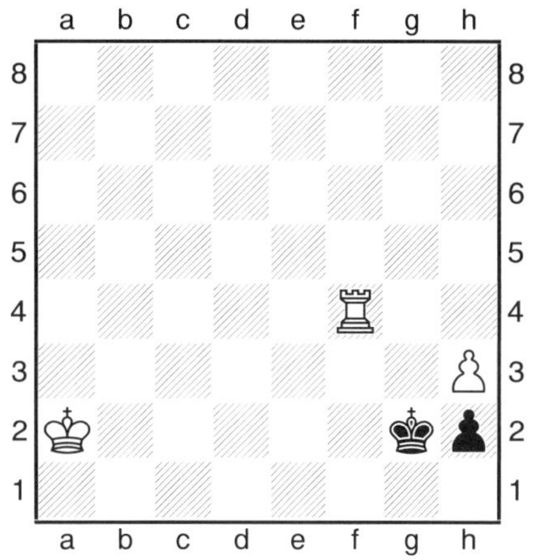

221. Tag

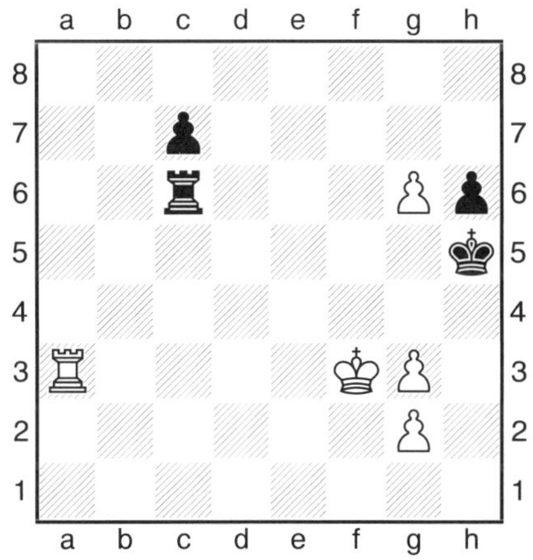

222. Tag

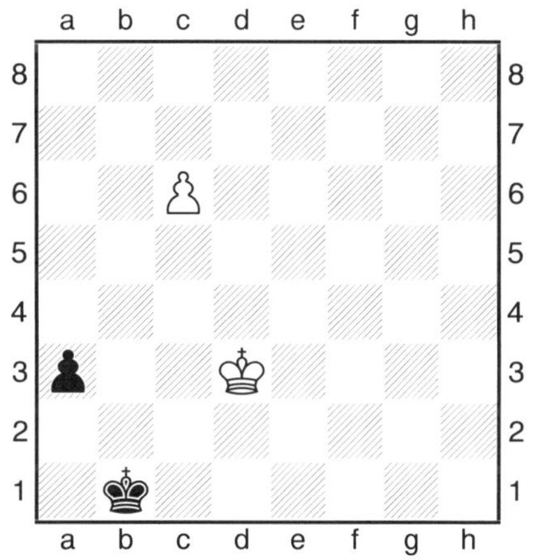

223.
Tag

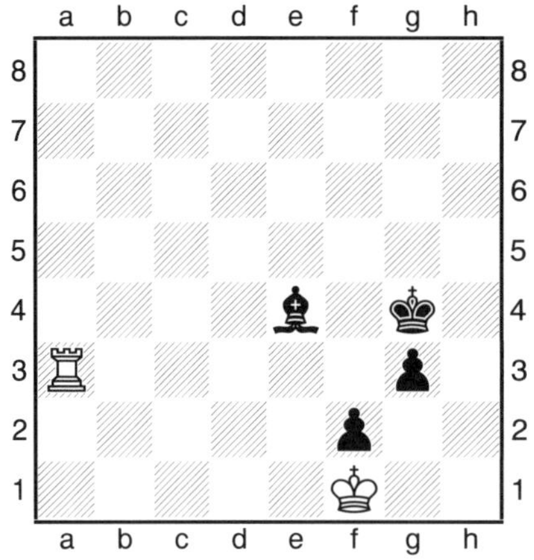

224.
Tag

S

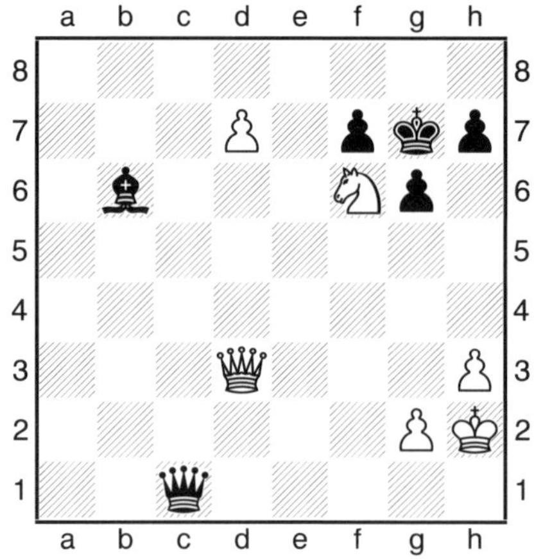

225.
Tag

S

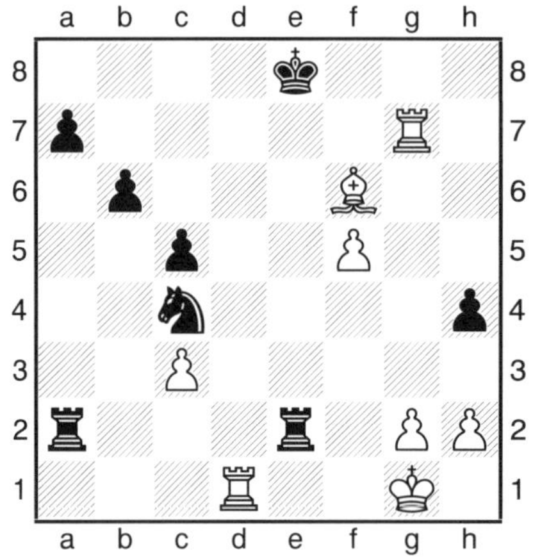

226.
Tag

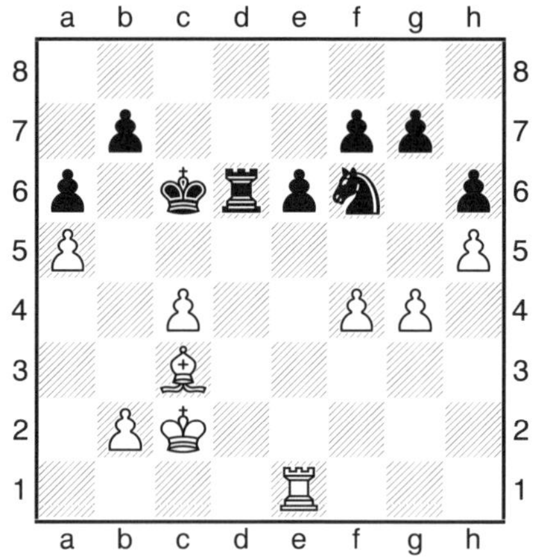

227.
Tag

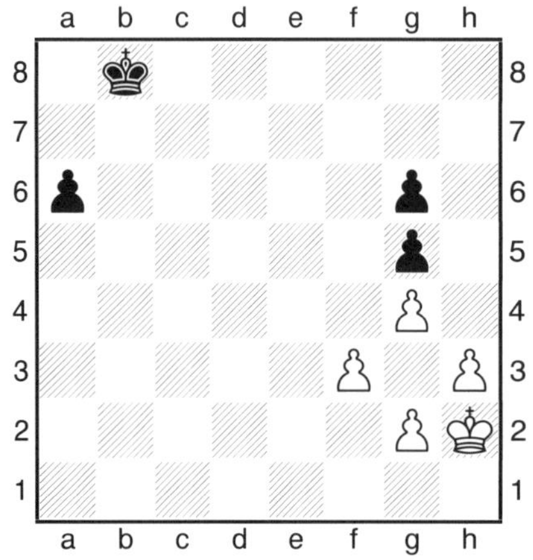

228.
Tag

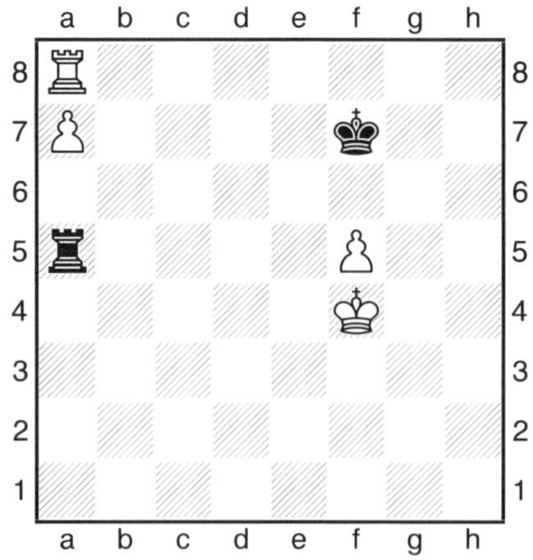

229. Tag

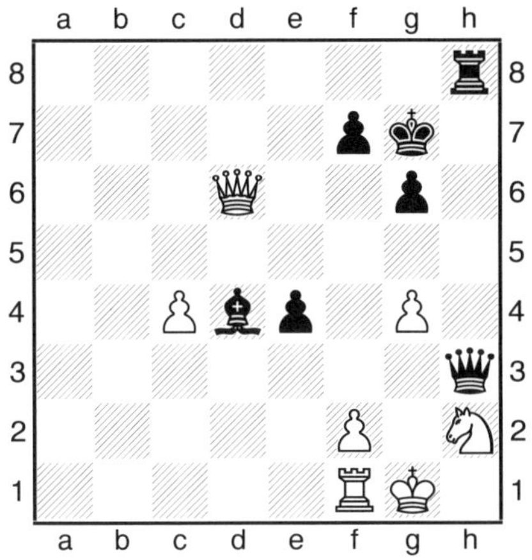

S

230. Tag

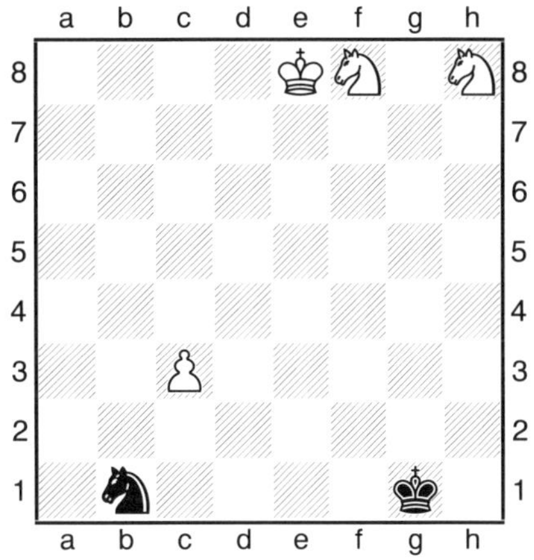

231. Tag

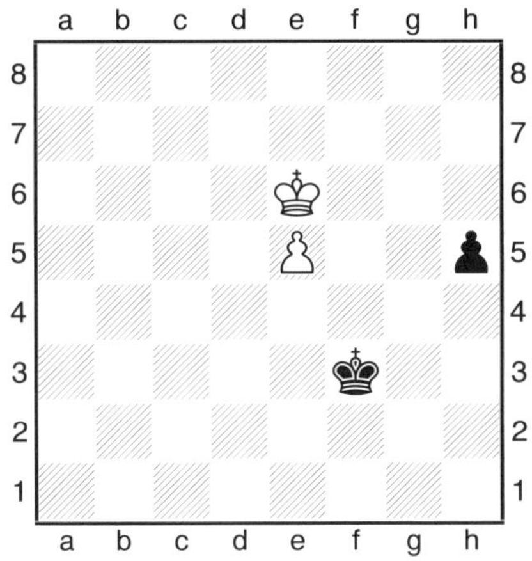

232. Tag

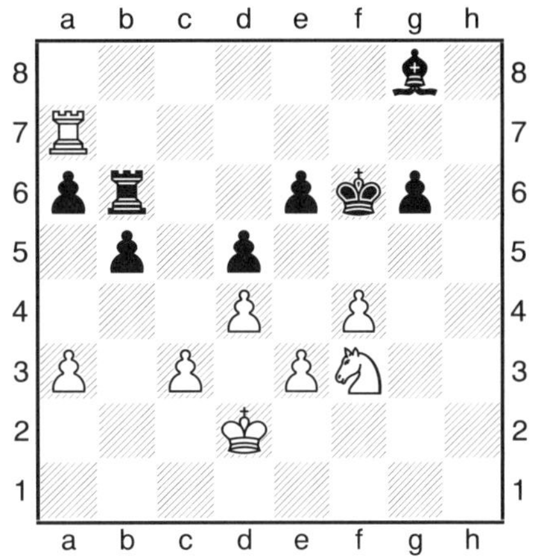

233. Tag

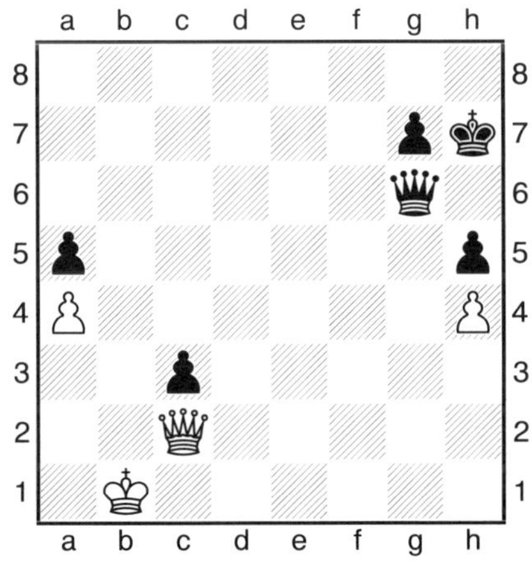

234. Tag

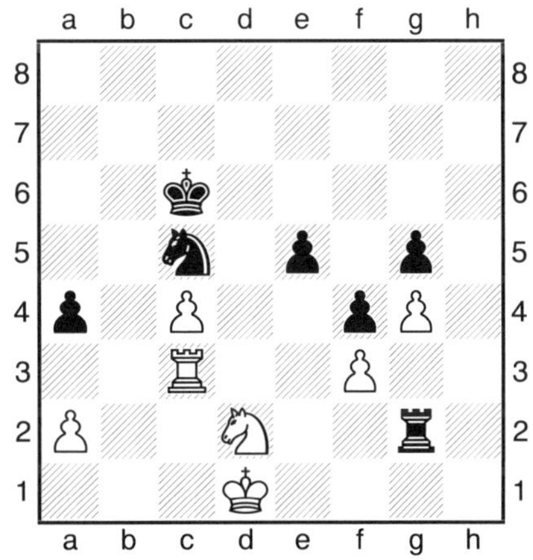

S

235. Tag

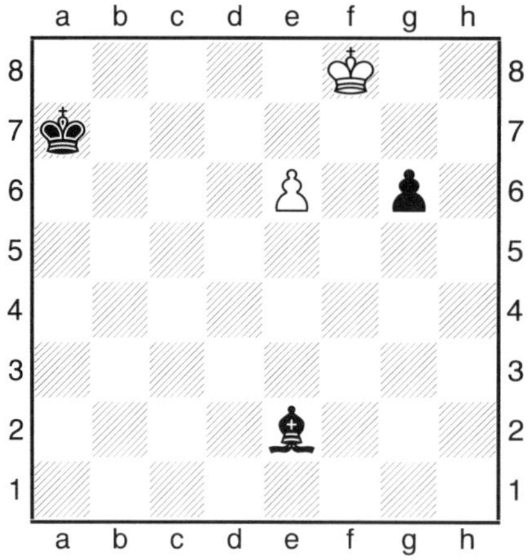

236. Tag

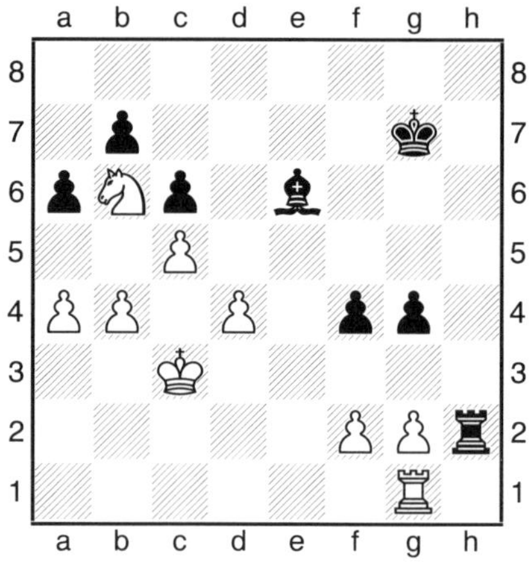

237. Tag

S

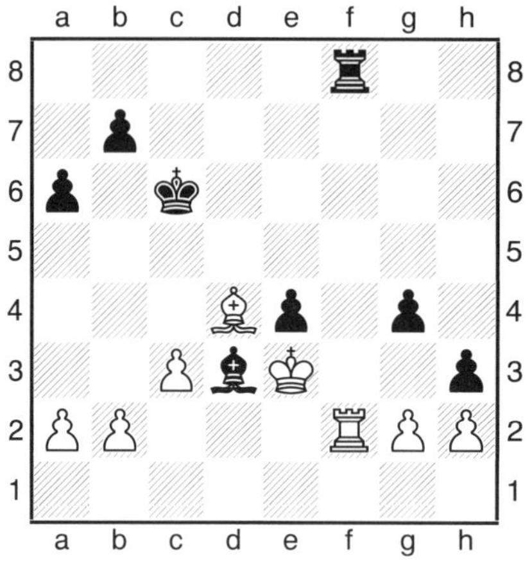

238. Tag

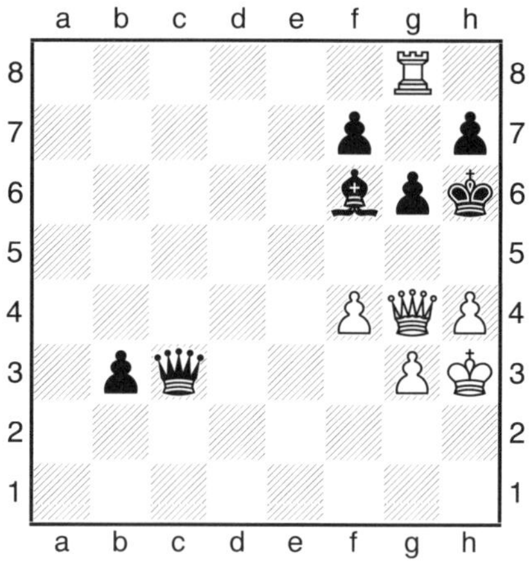

239. Tag

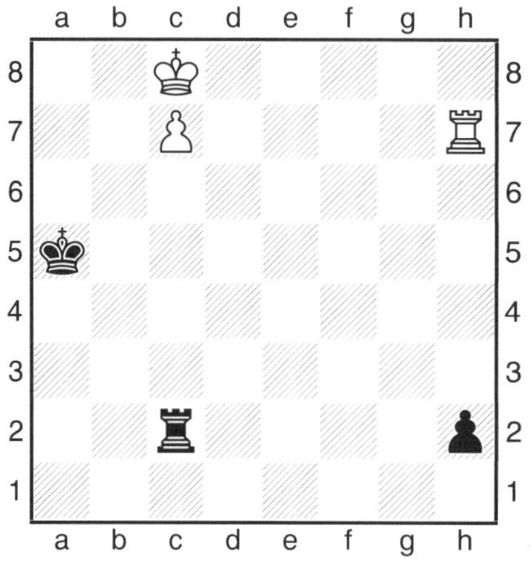

240. Tag

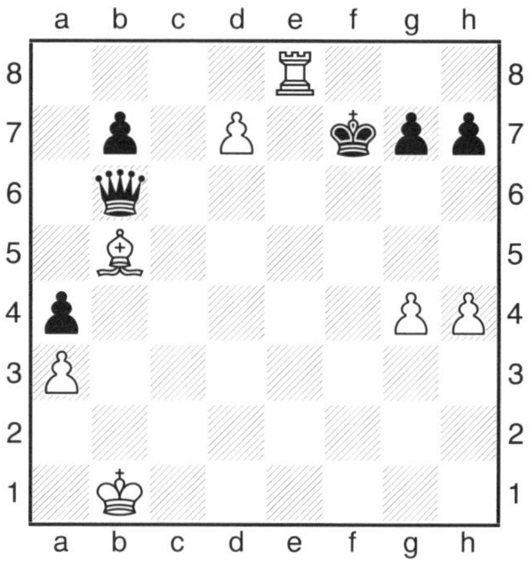

241. Tag

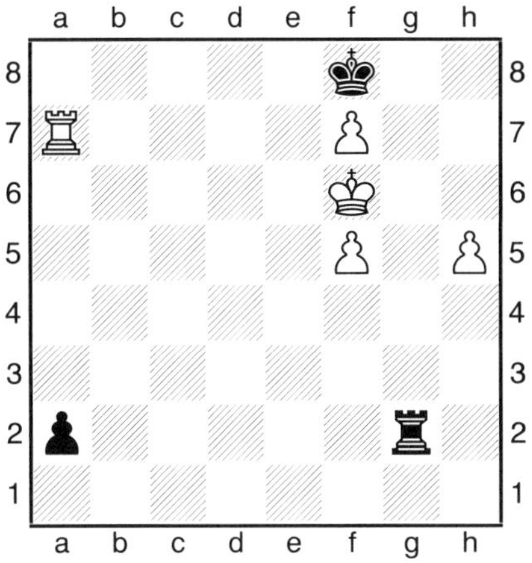

S

242. Tag

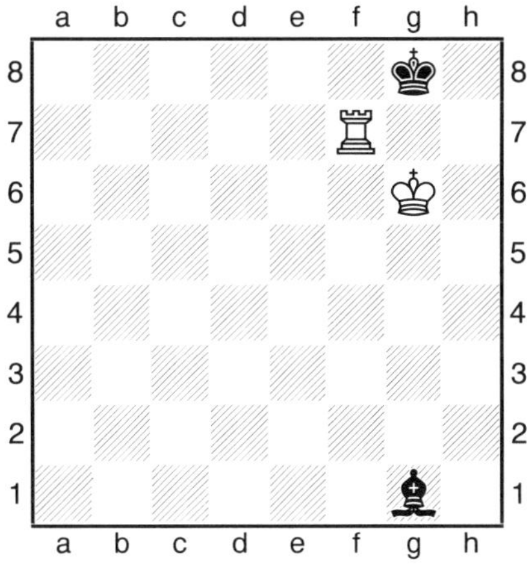

243. Tag

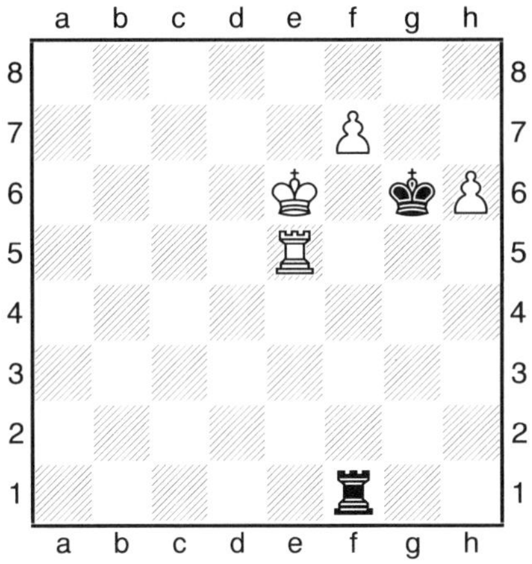

244. Tag

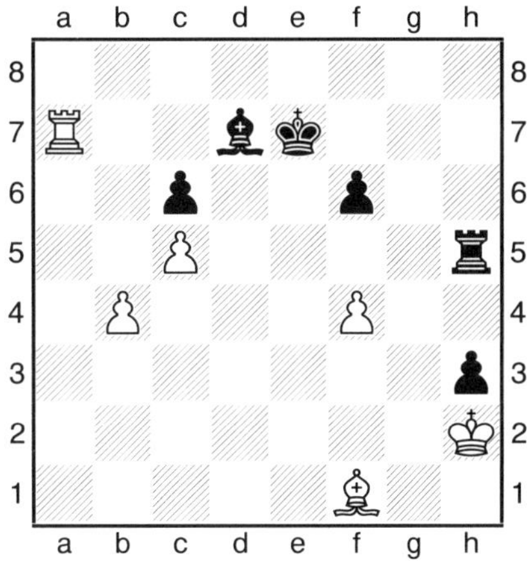

245. Tag

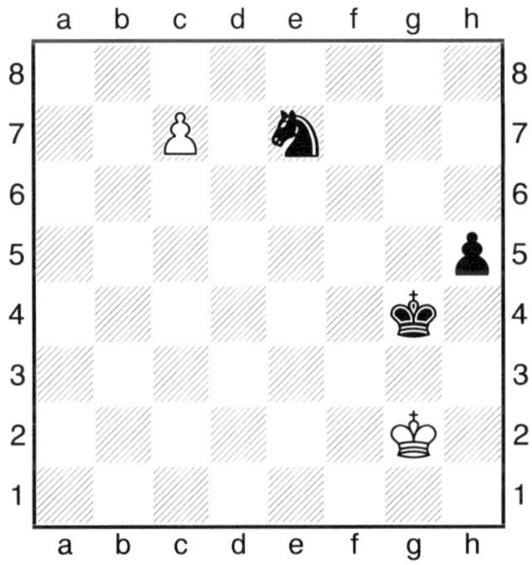

S

246. Tag

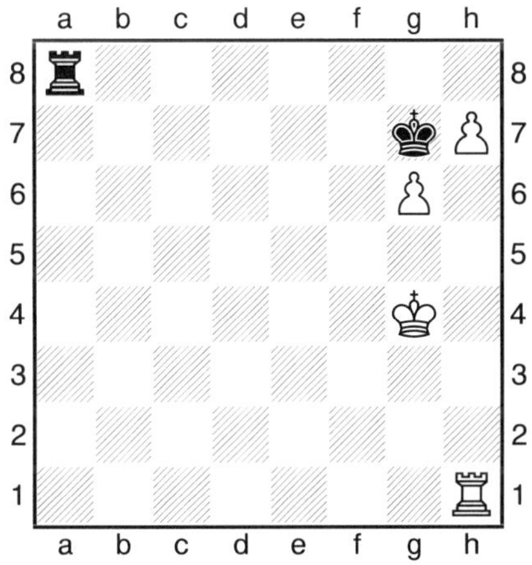

247. Tag

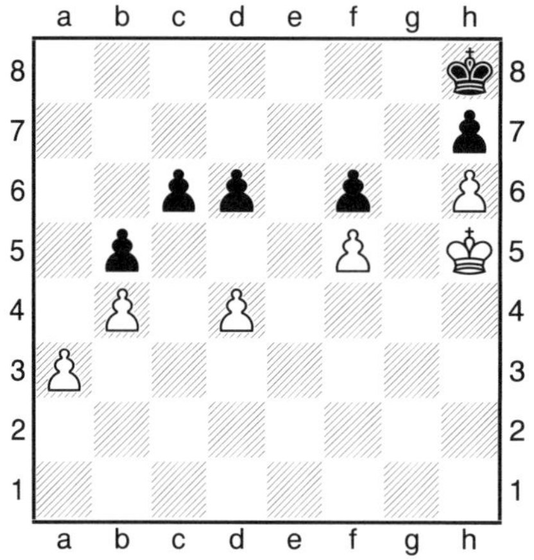

248. Tag

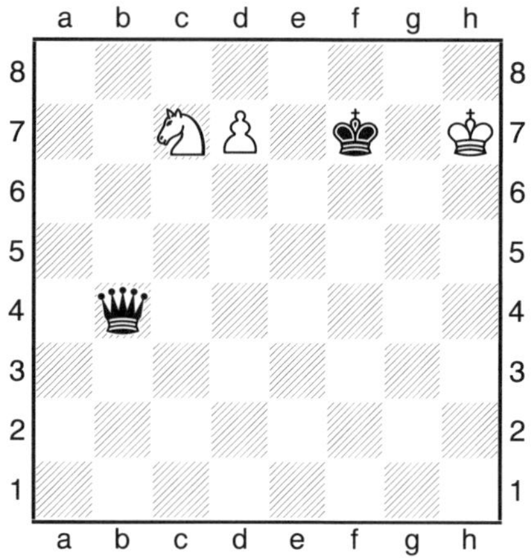

249. Tag

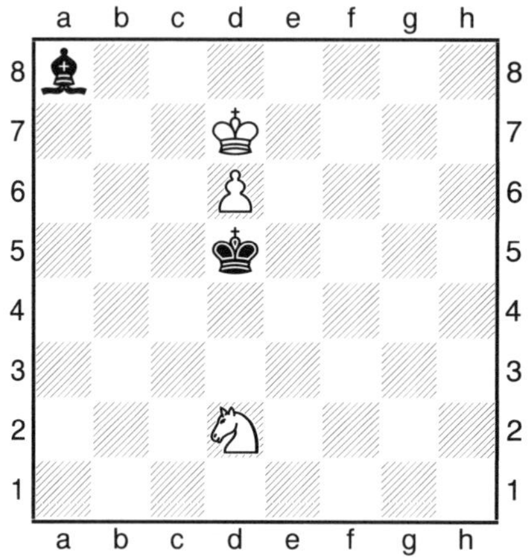

250. Tag

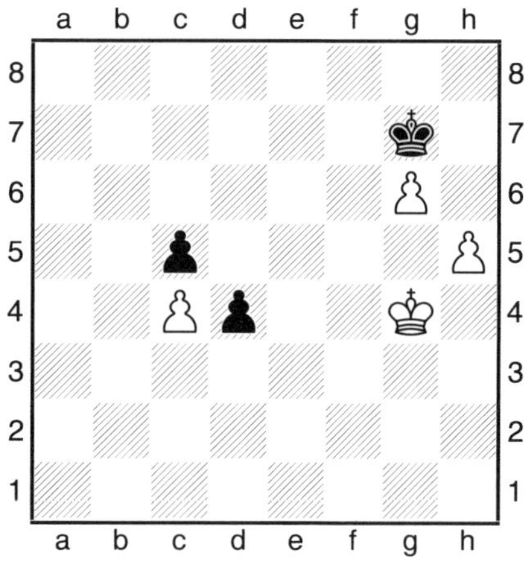

251. Tag

S

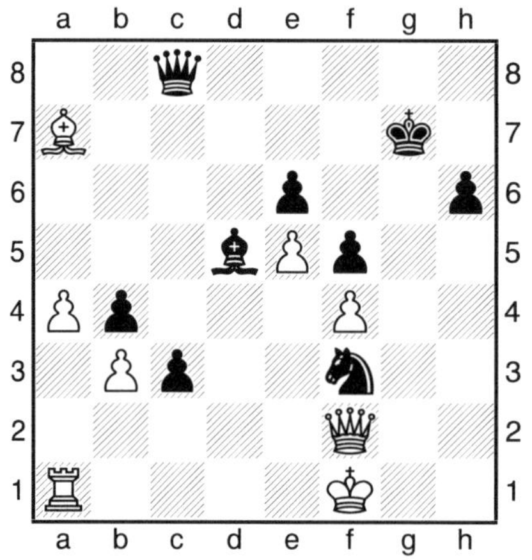

252. Tag

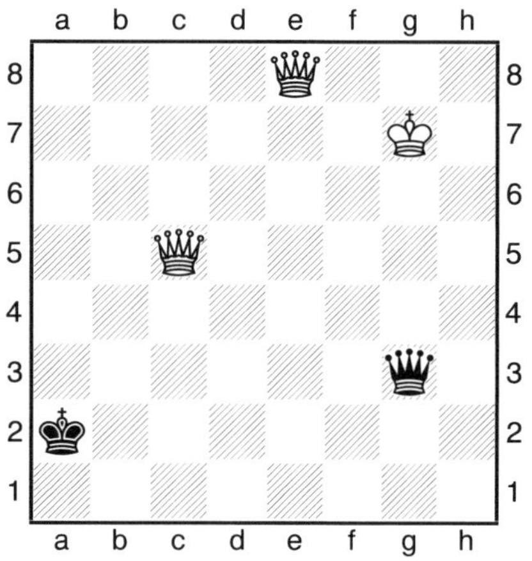

253. Tag

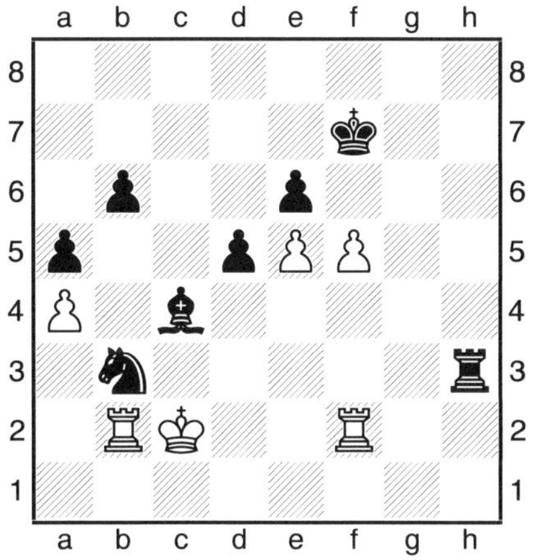

S

254. Tag

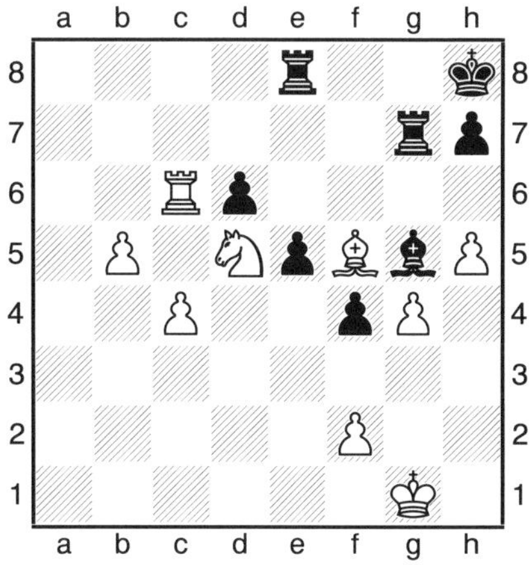

255. Tag

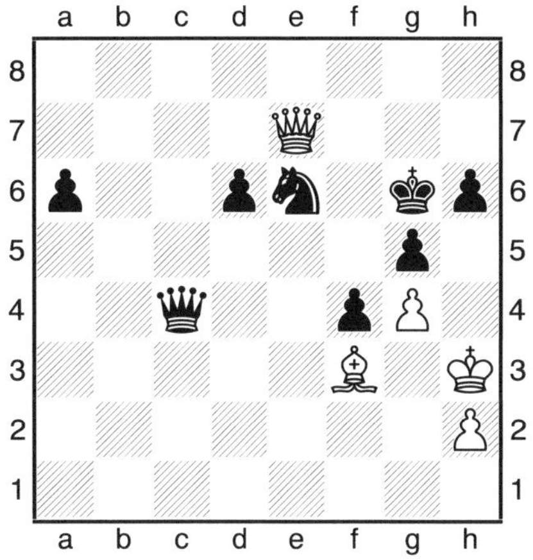

256. Tag

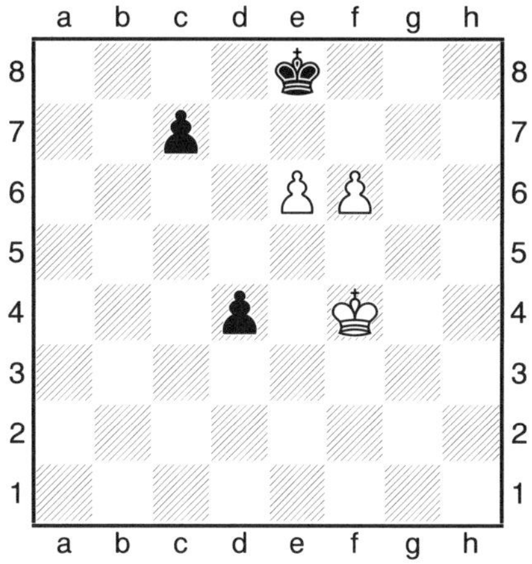

257. Tag

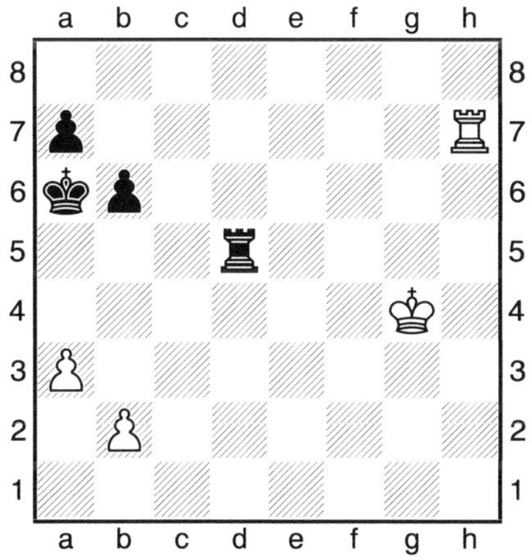

S

258. Tag

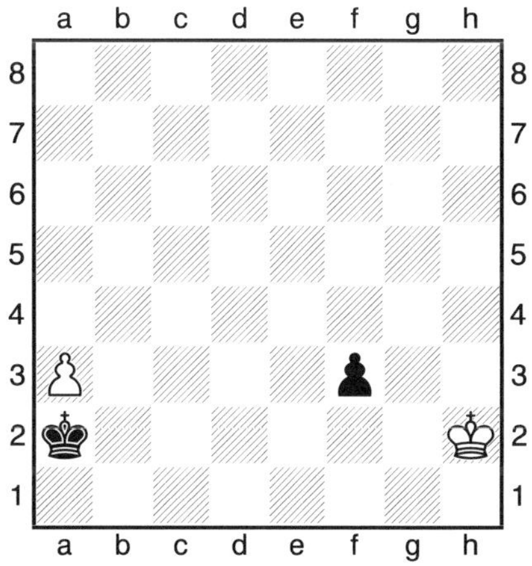

259. Tag

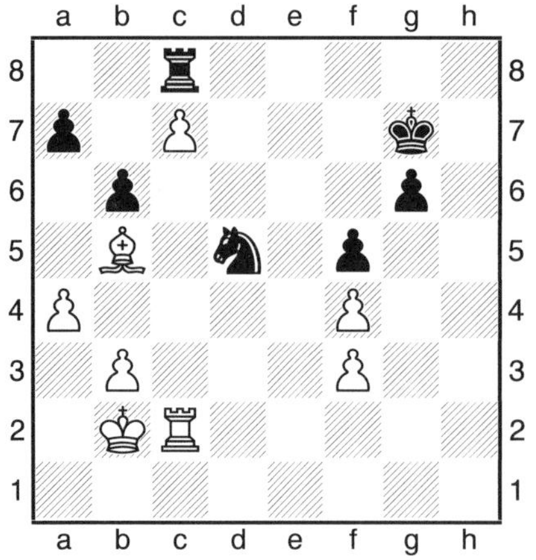

260. Tag

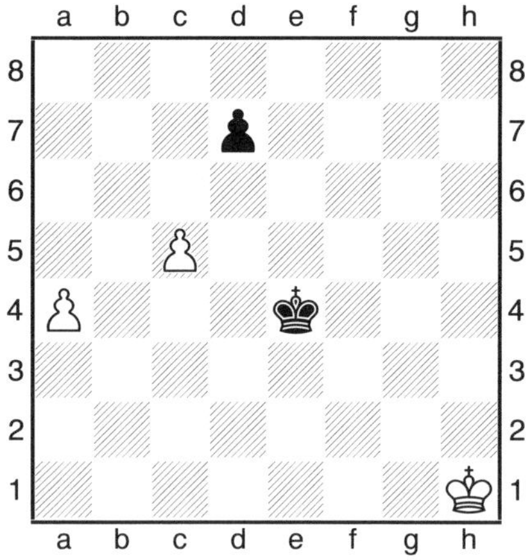

261. Tag

S

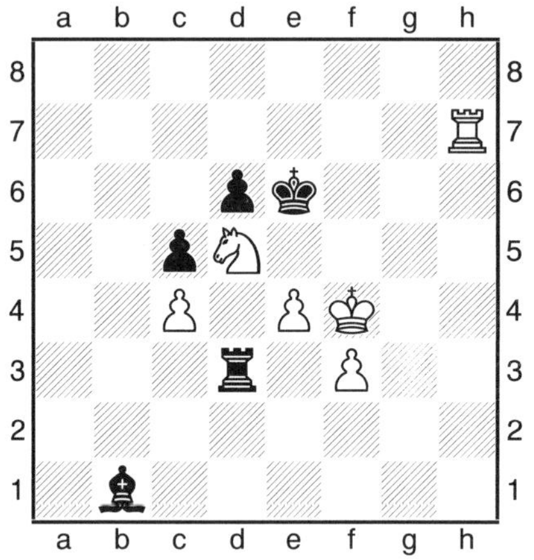

262. Tag

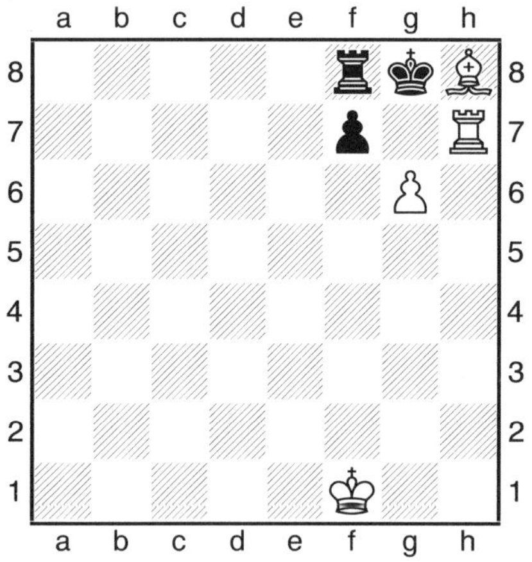

263. Tag

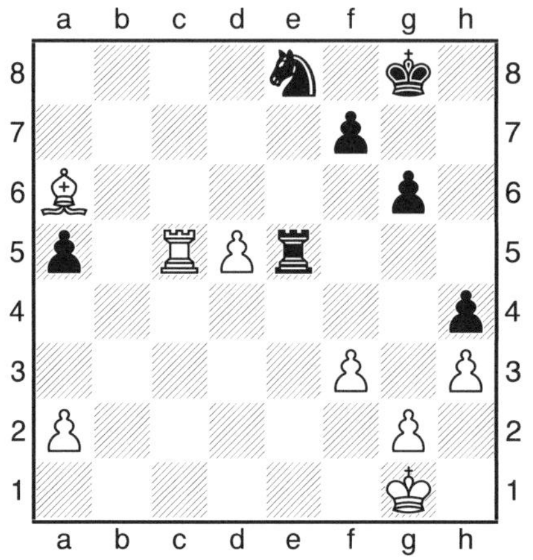

264. Tag

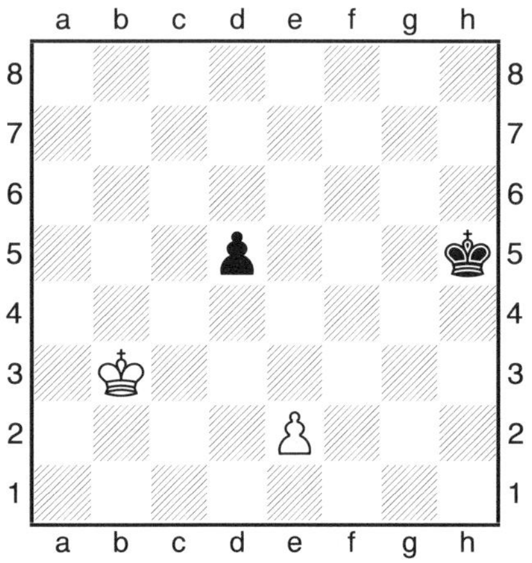

265. Tag

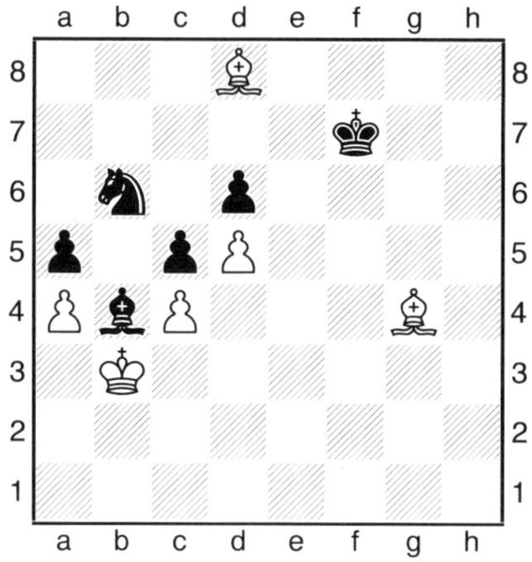

S

266. Tag

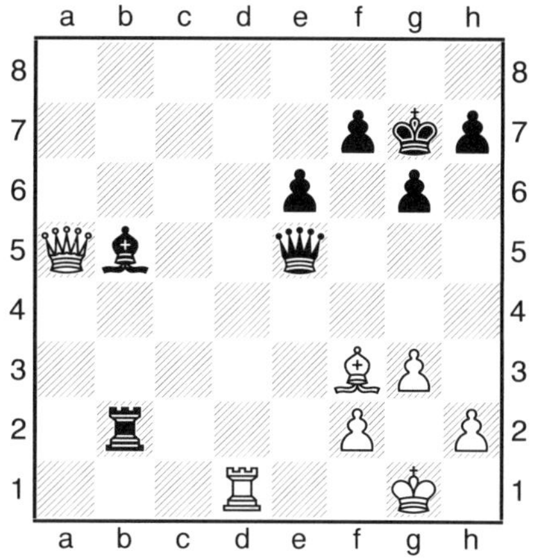

S

267. Tag

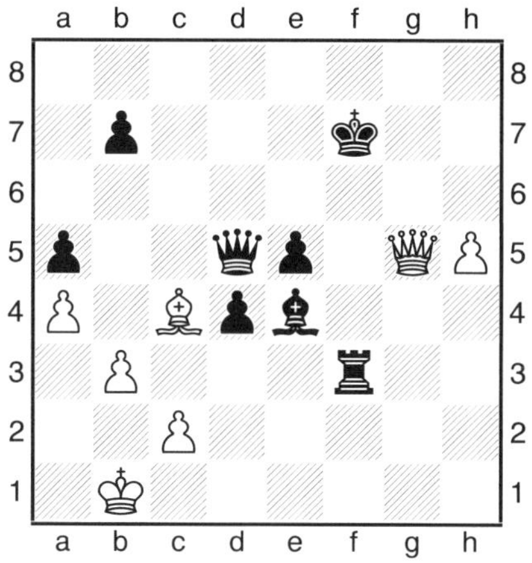

S

268. Tag

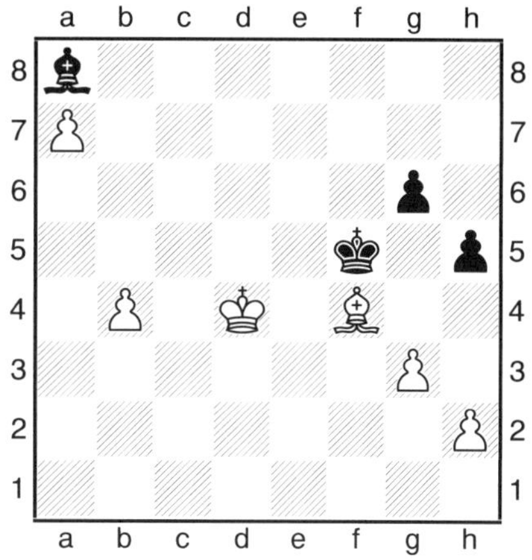

S

269. Tag

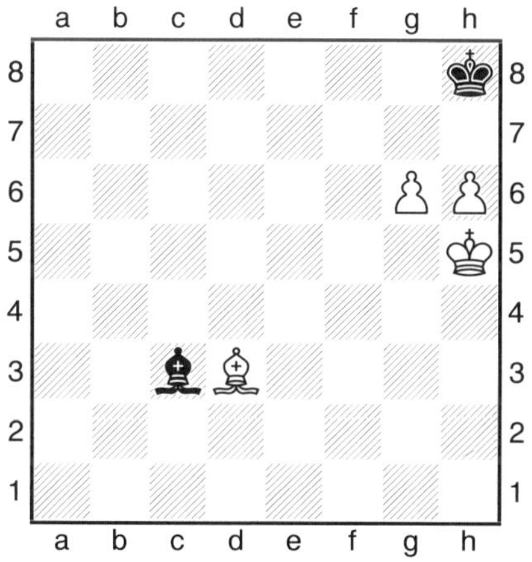

S

270. Tag

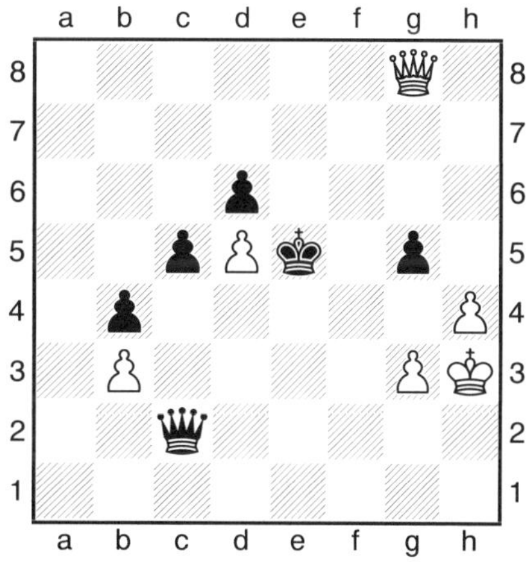

S

271. Tag

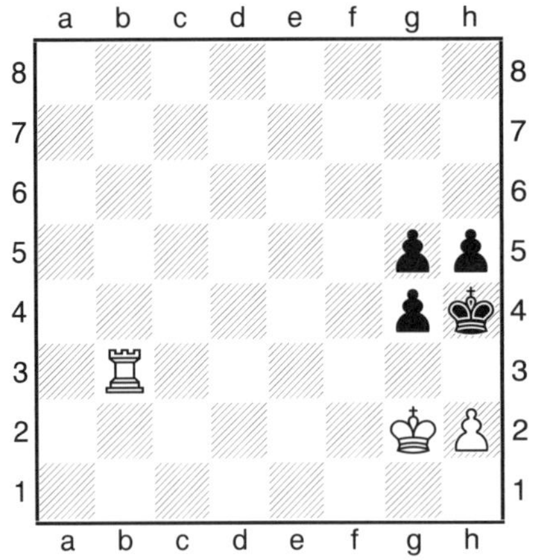

272. Tag

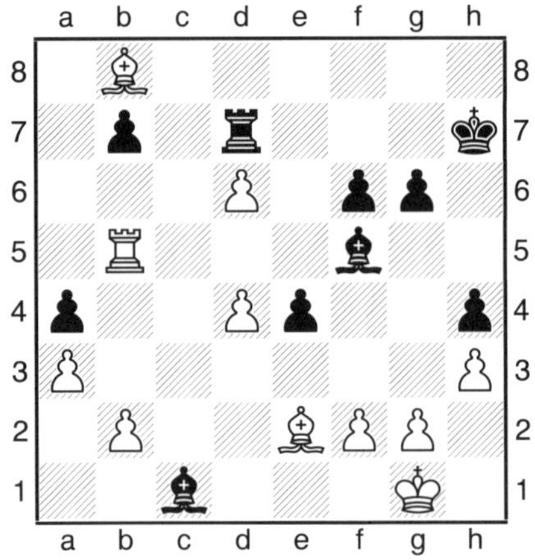

273. Tag

S

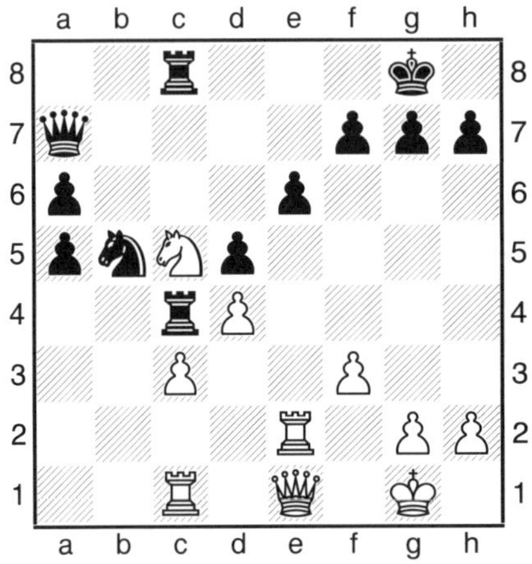

274. Tag

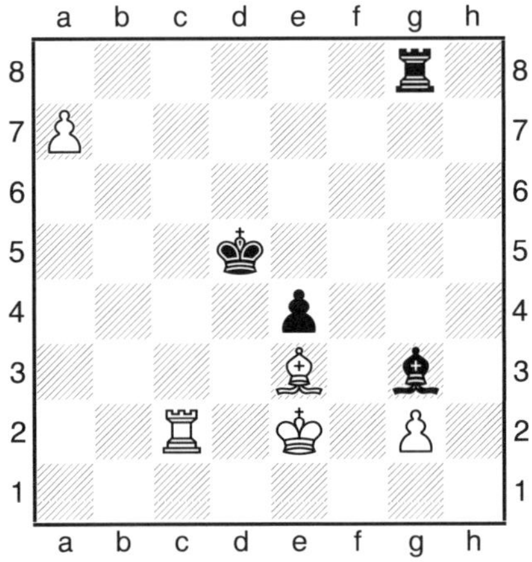

275. Tag

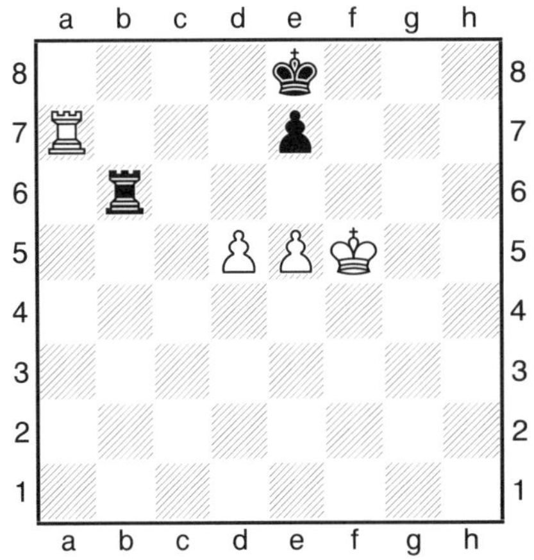

276. Tag

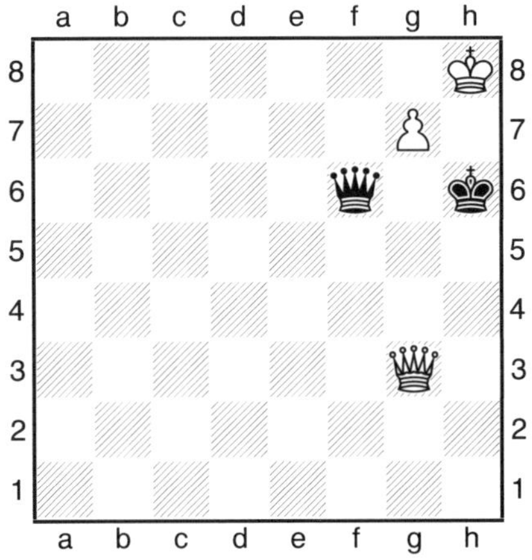

277. Tag

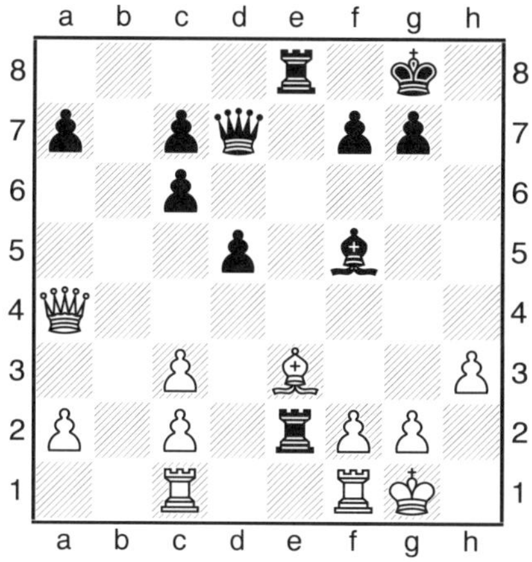

S

278. Tag

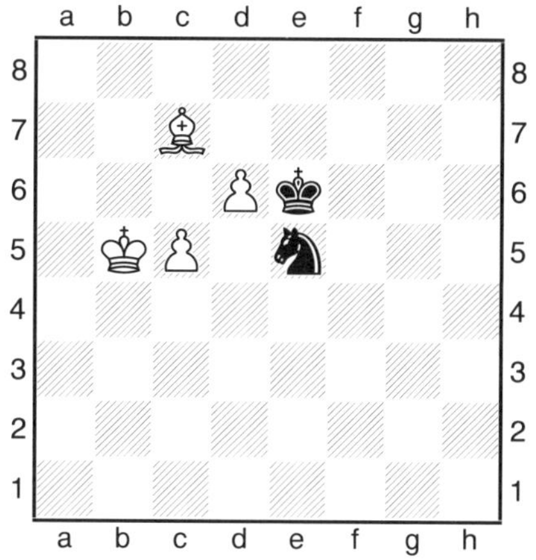

279. Tag

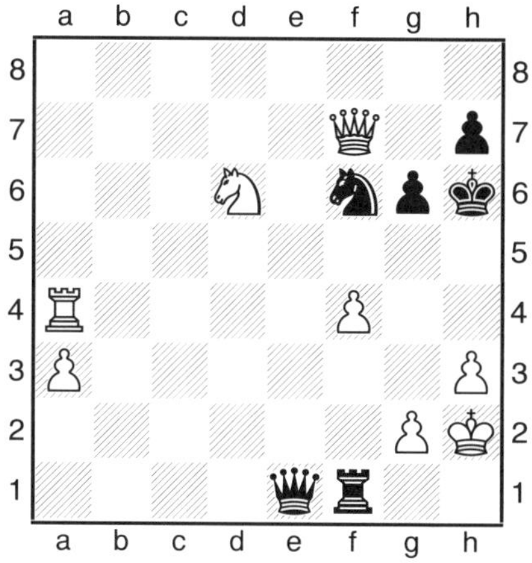

280. Tag

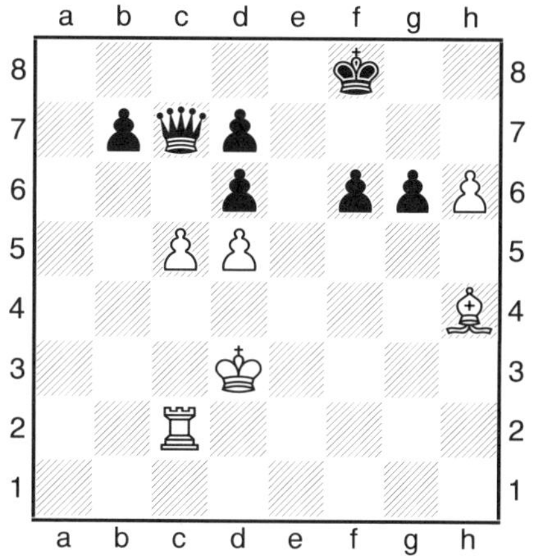

281. Tag

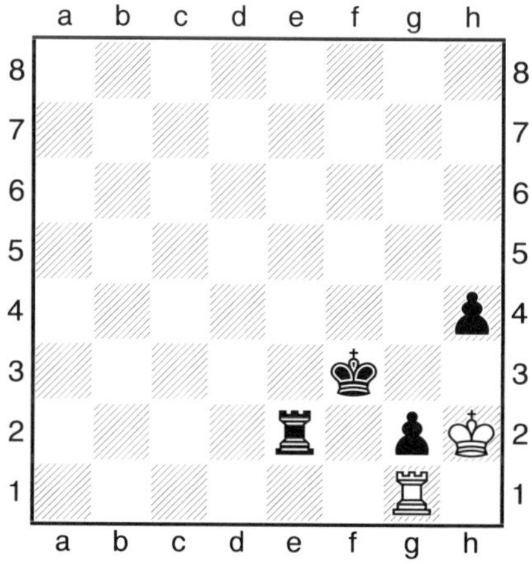

S

282. Tag

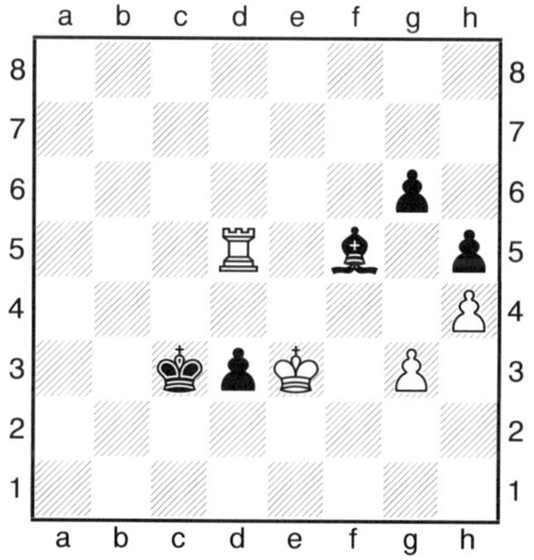

283.
Tag

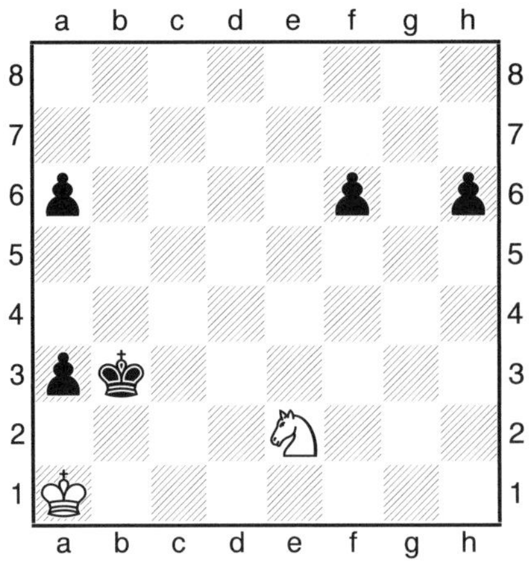

284.
Tag

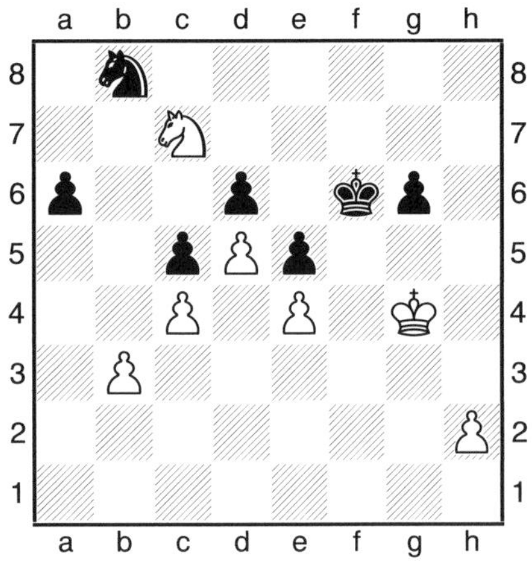

285.
Tag

S

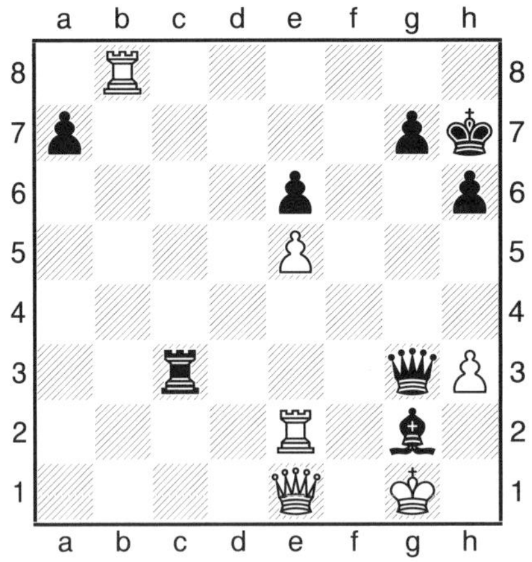

286.
Tag

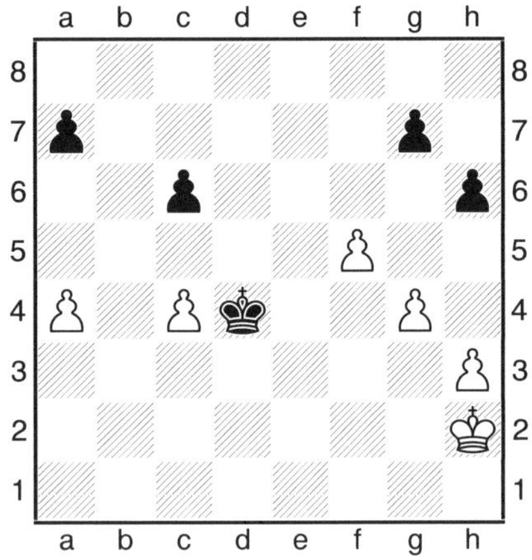

287.
Tag

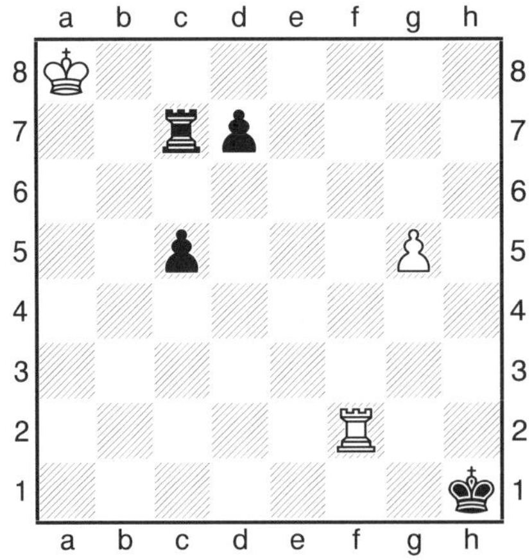

288.
Tag

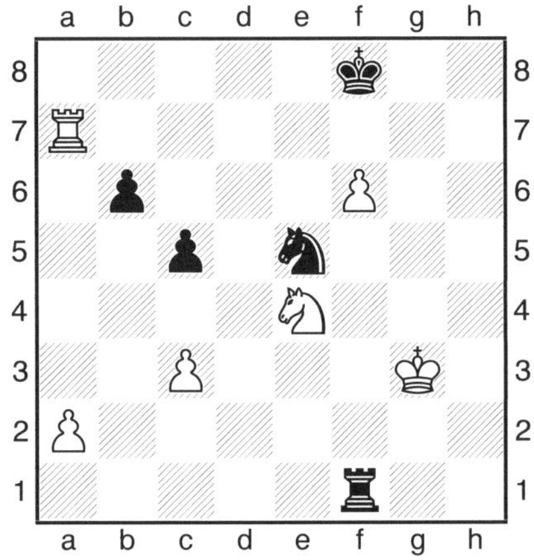

289. Tag

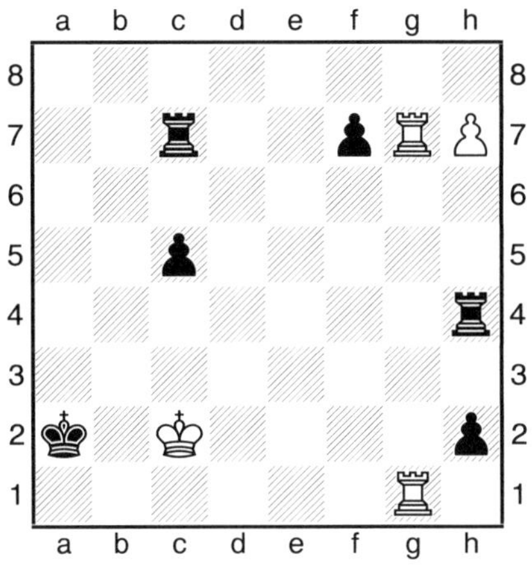

290. Tag

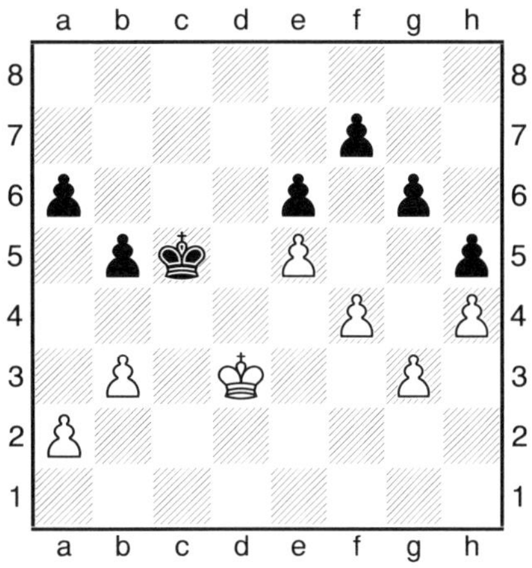

S

291. Tag

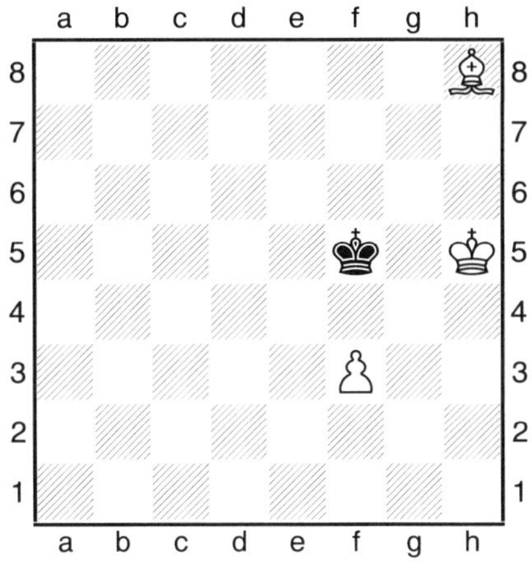

292. Tag

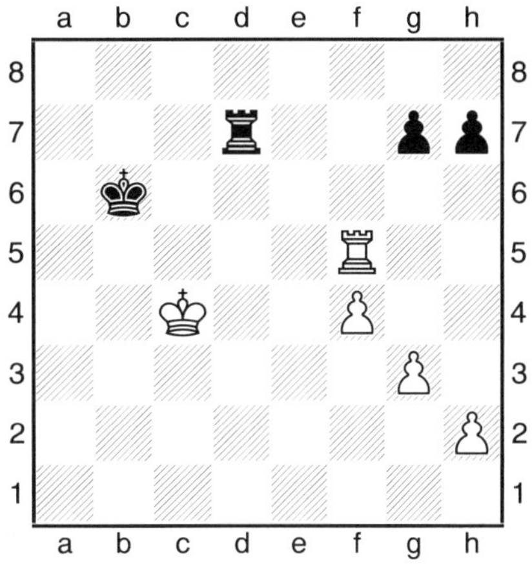

293. Tag

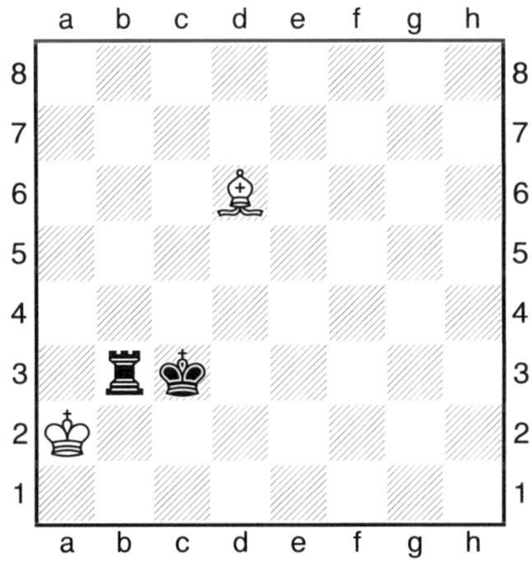

S

294. Tag

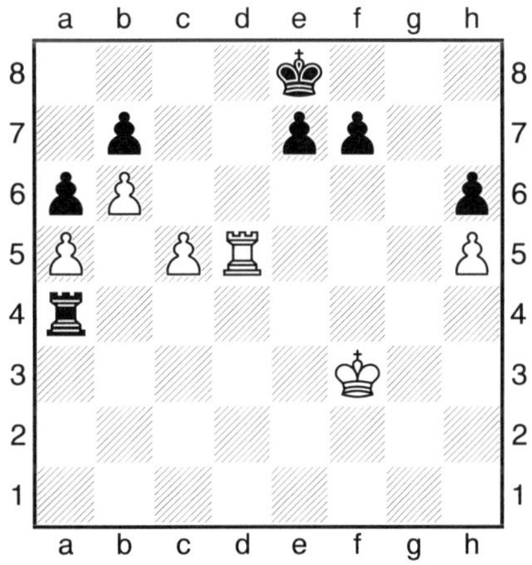

295.
Tag

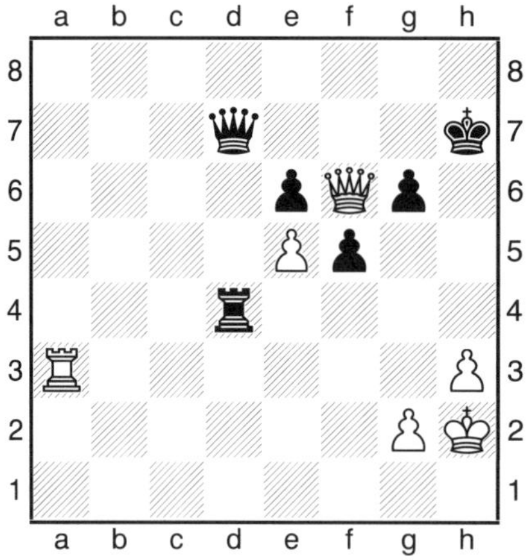

296.
Tag

S

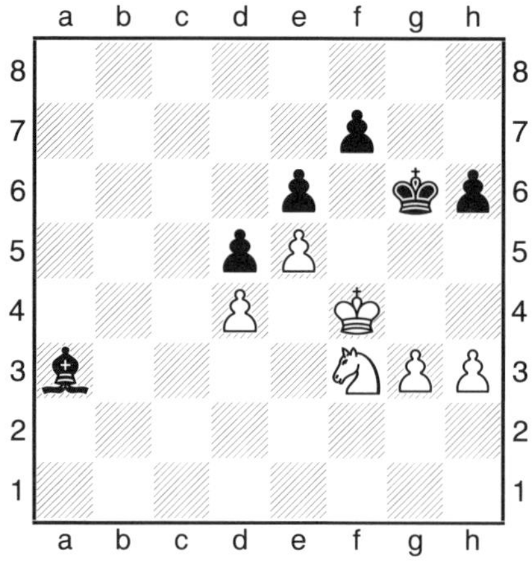

297.
Tag

S

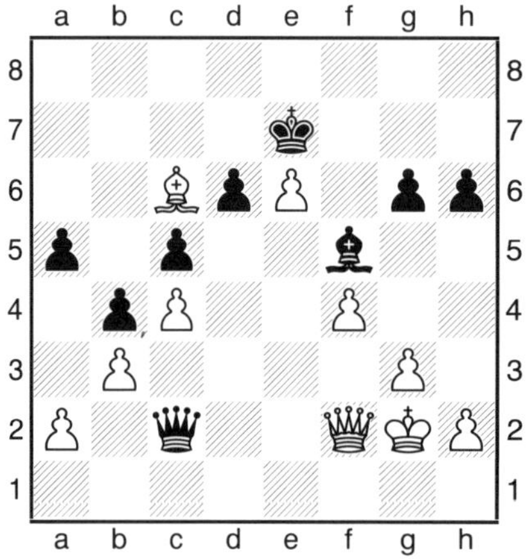

298.
Tag

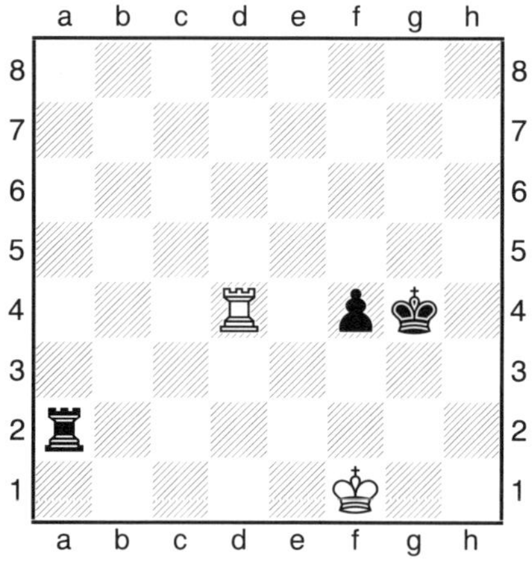

299.
Tag

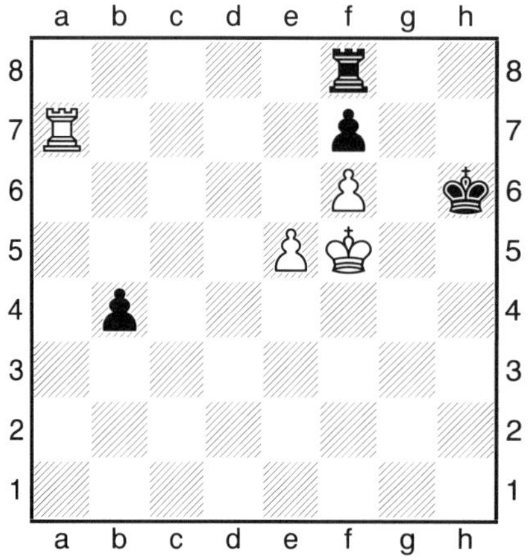

300.
Tag

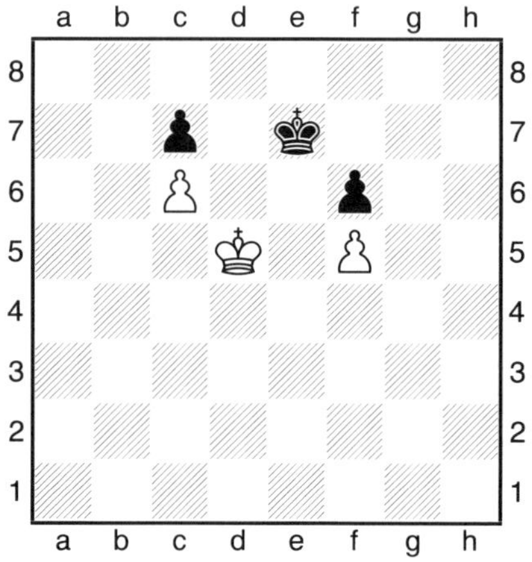

301. Tag

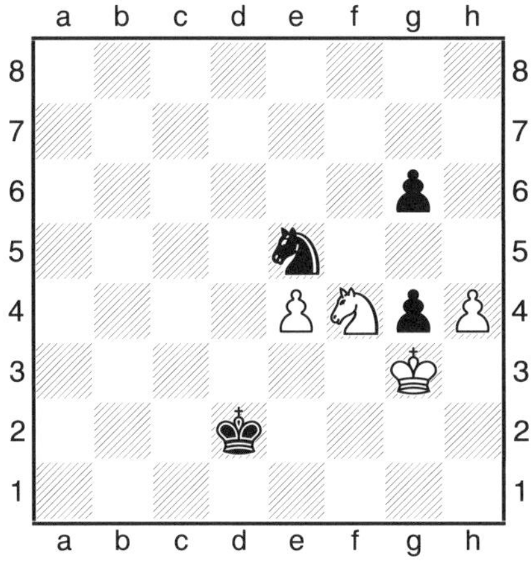

302. Tag

S

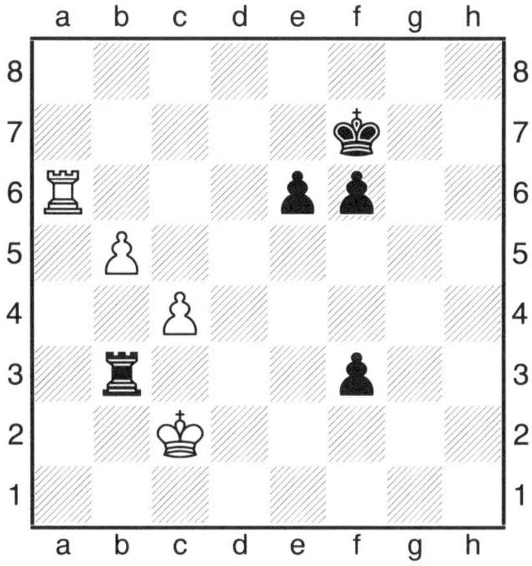

303. Tag

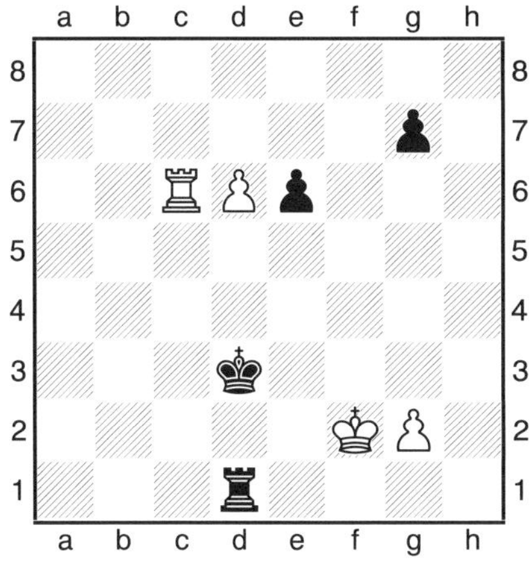

304. Tag

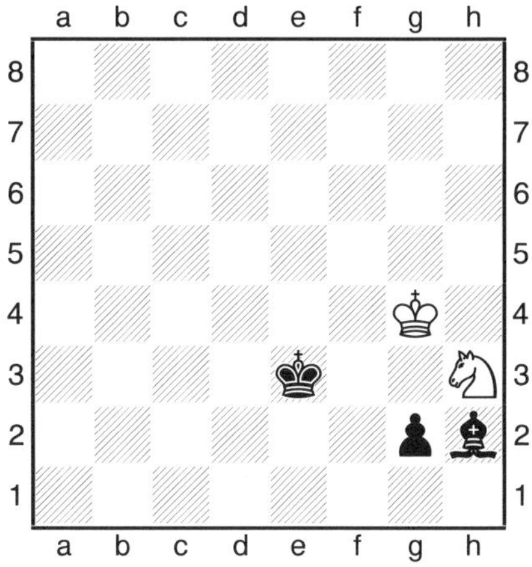

305. Tag

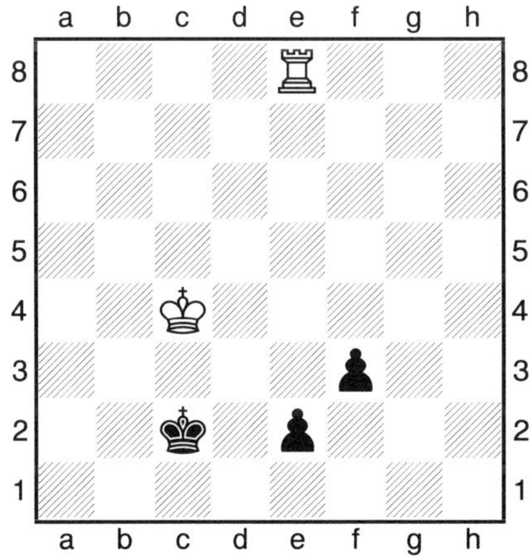

306. Tag

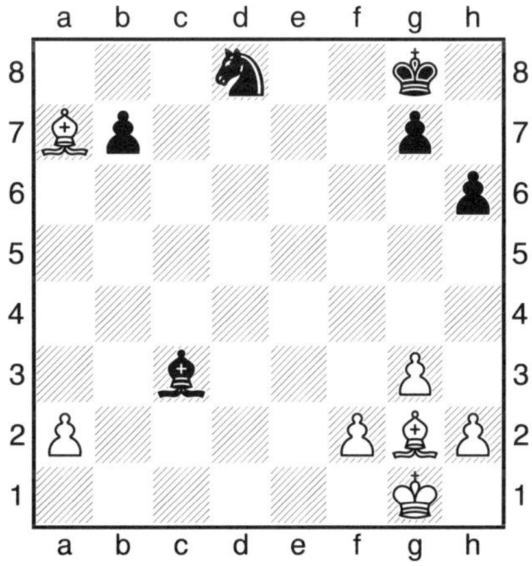

307. Tag

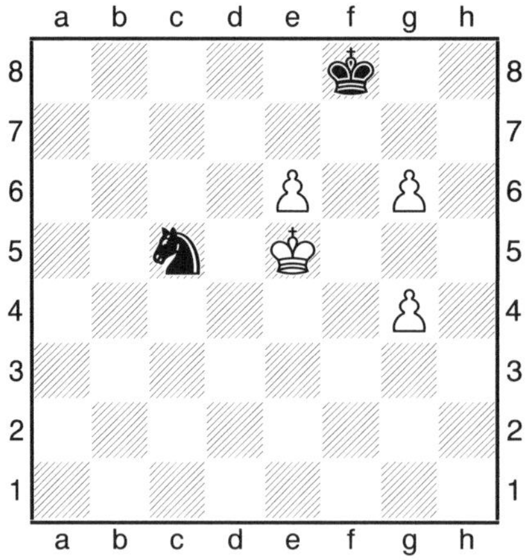

308. Tag

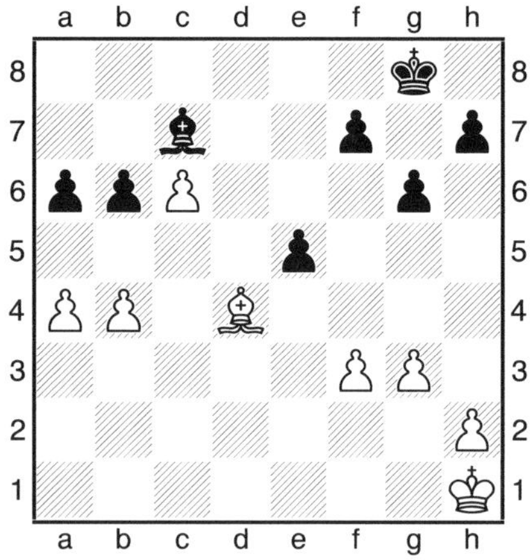

309. Tag

S

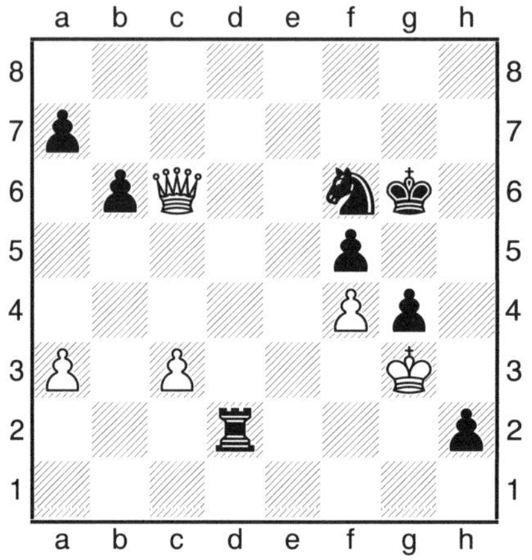

310. Tag

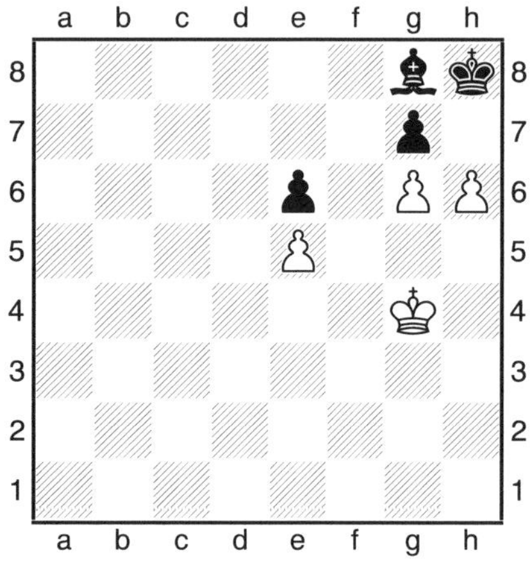

311. Tag

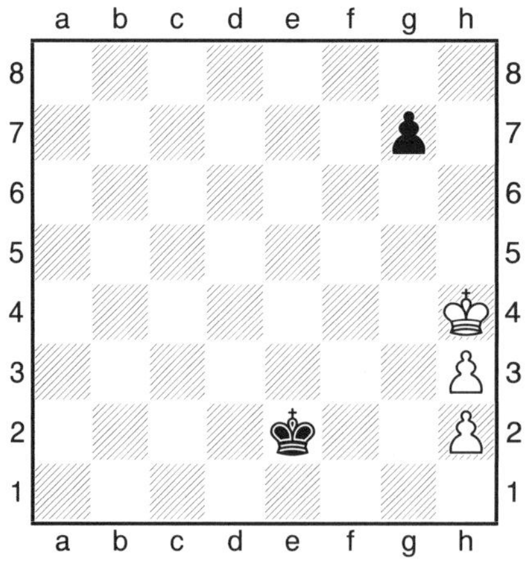

312. Tag

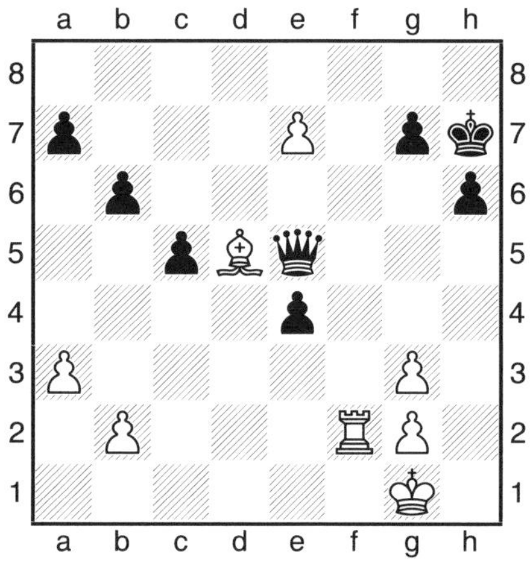

313. Tag

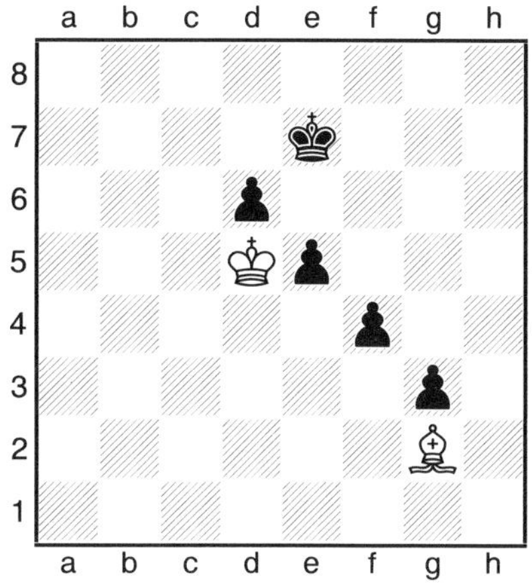

S

314. Tag

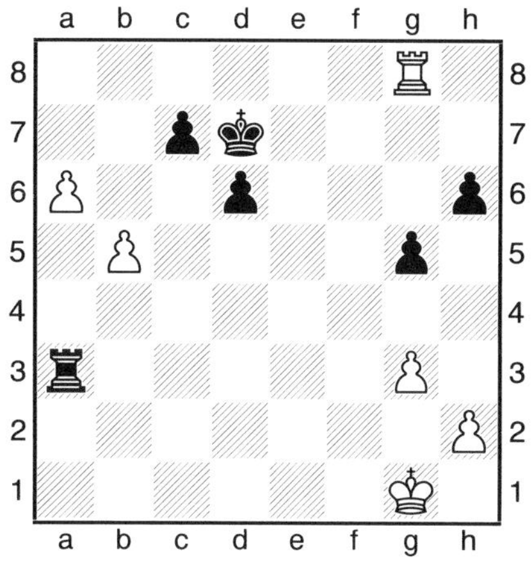

315. Tag

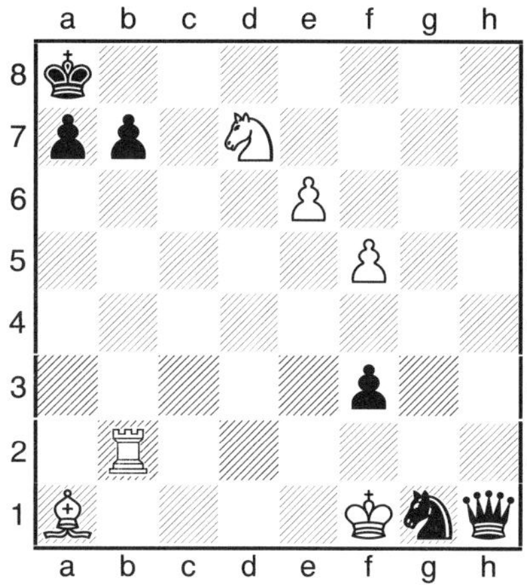

316. Tag

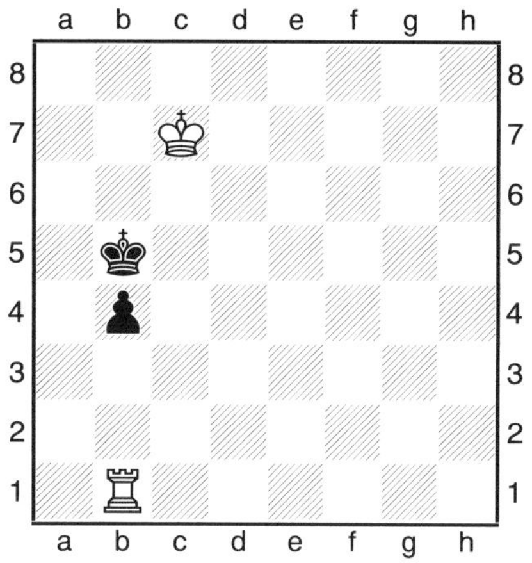

W/
S

317. Tag

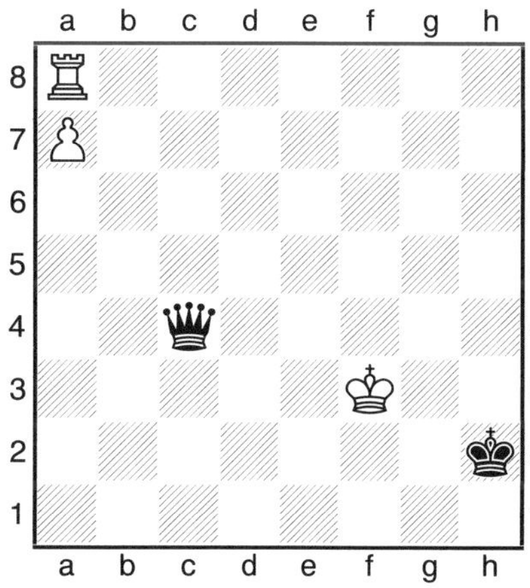

318. Tag

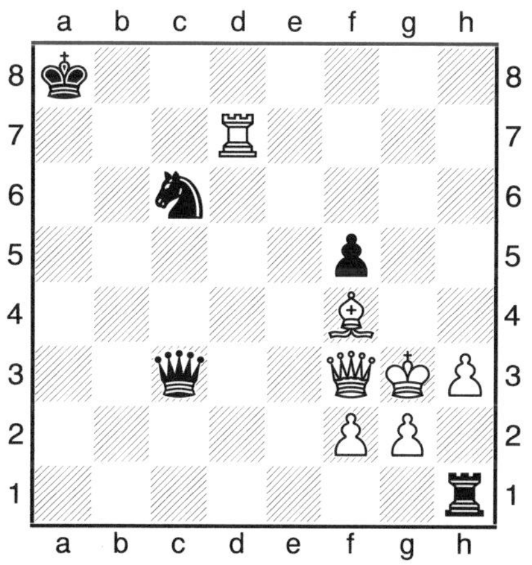

S

319. Tag

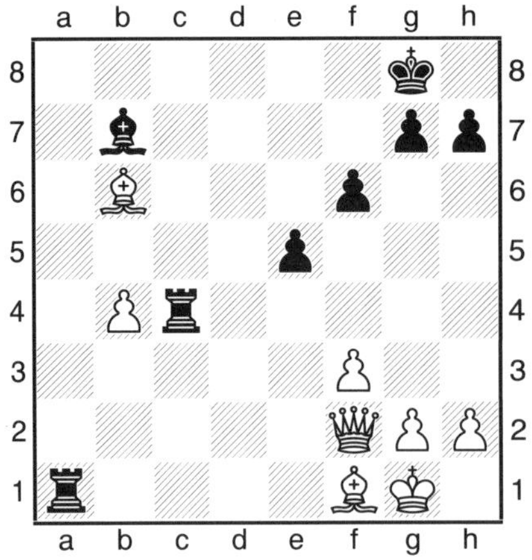

320. Tag

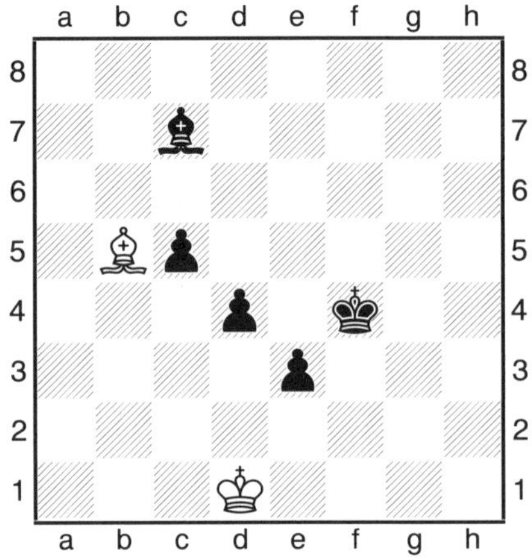

321. Tag

S

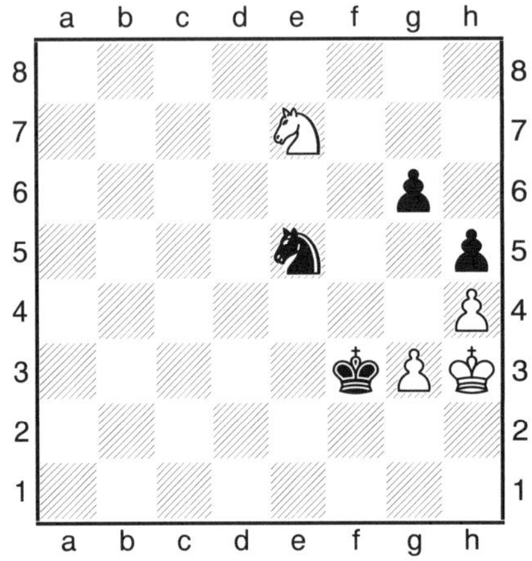

322. Tag

S

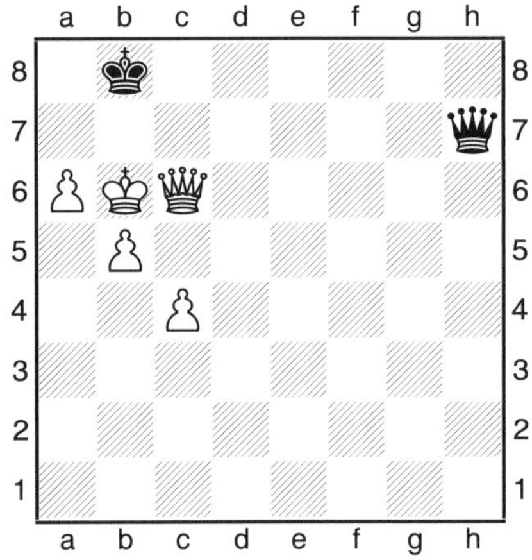

323. Tag

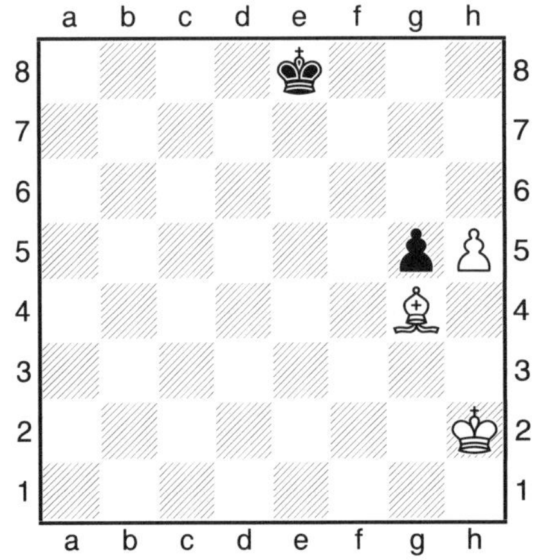

324. Tag

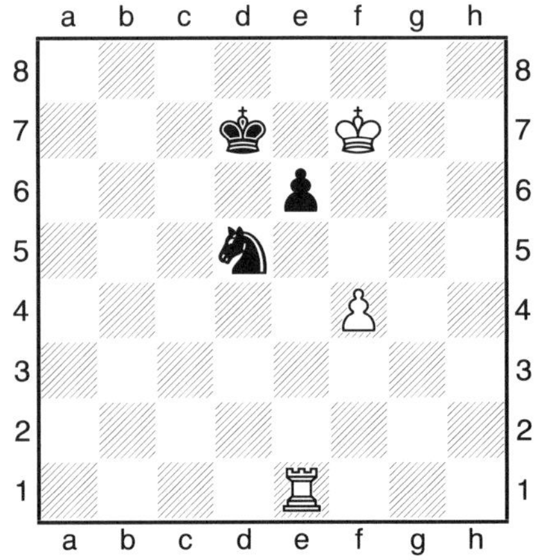

325. Tag

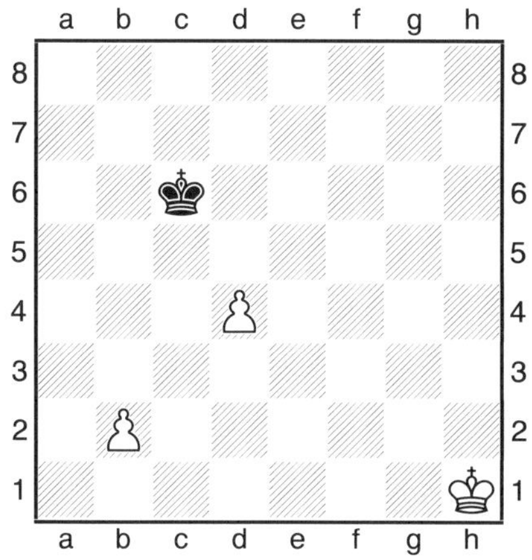

326. Tag

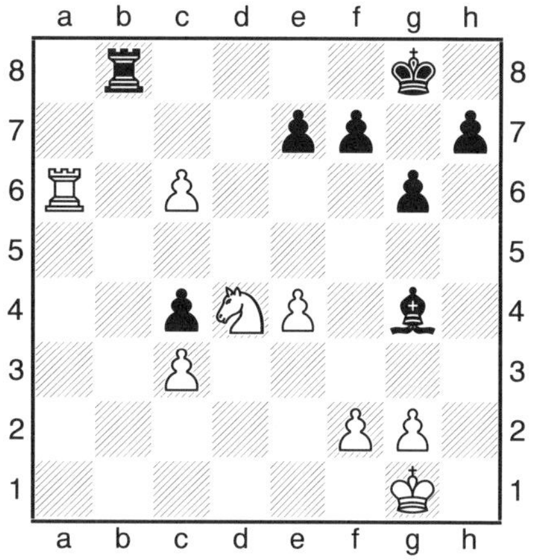

327. Tag

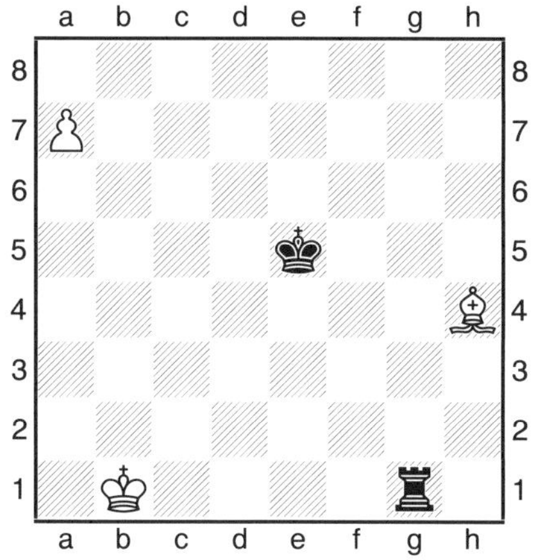

328. Tag

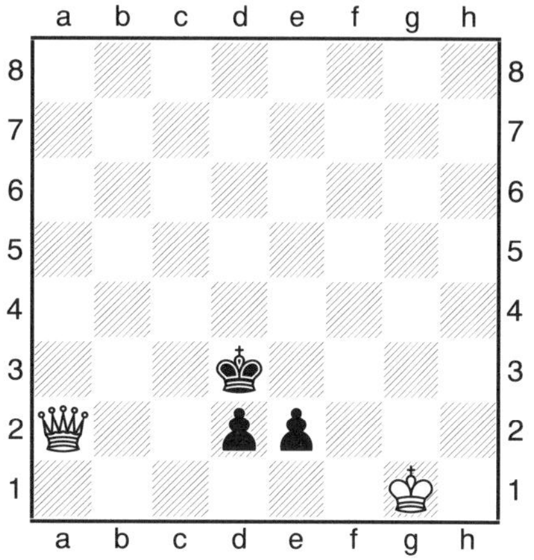

329. Tag

S

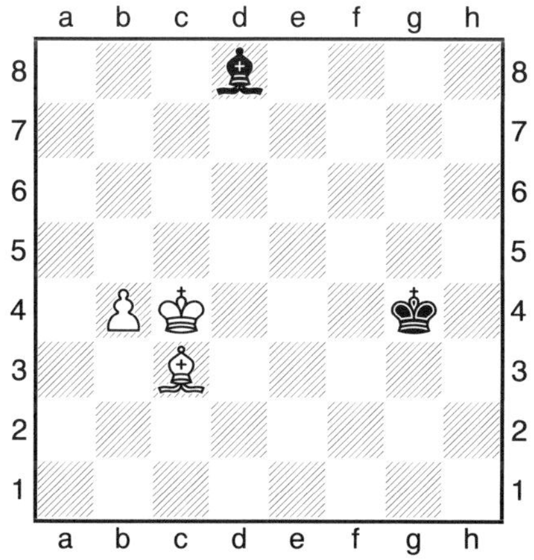

330. Tag

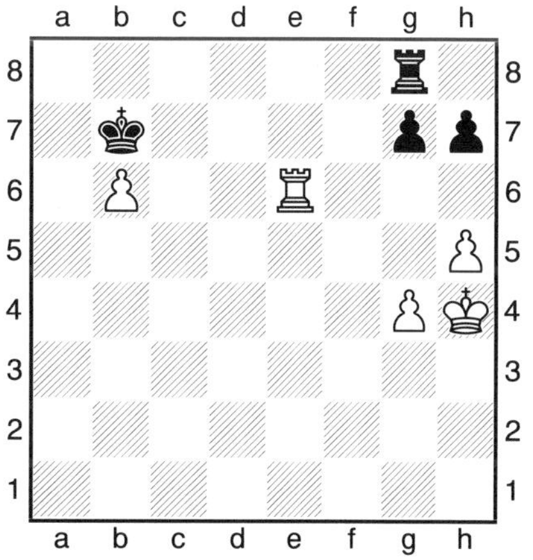

331. Tag

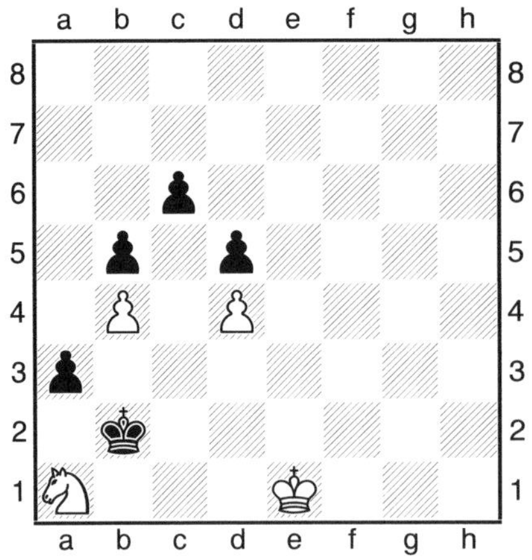

332. Tag

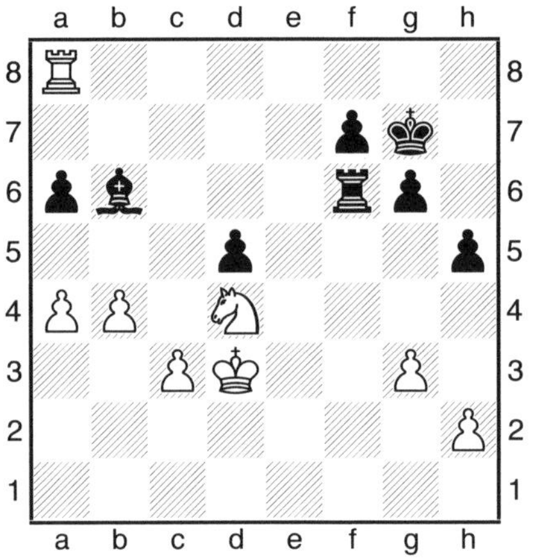

333. Tag

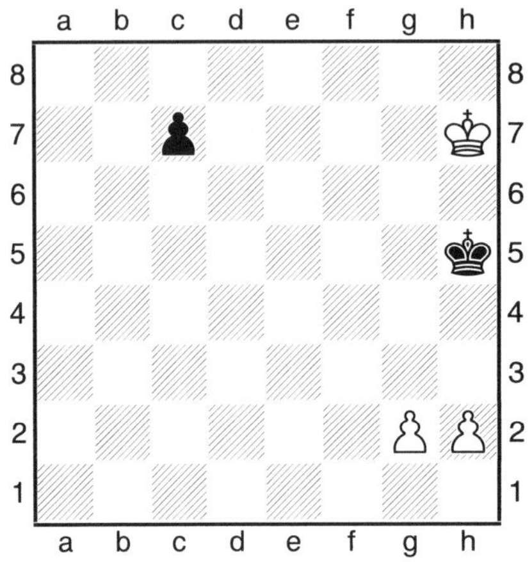

334. Tag

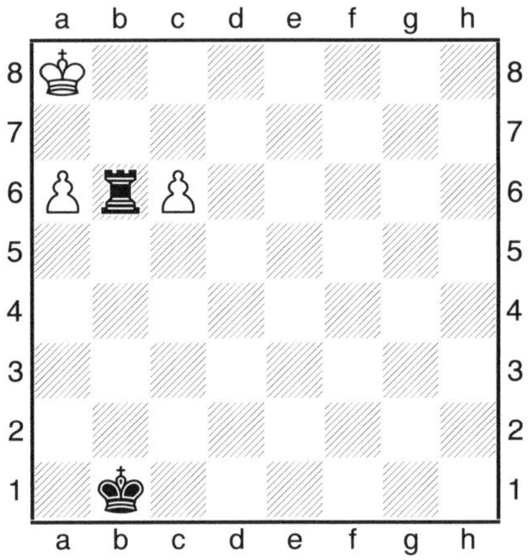

335. Tag

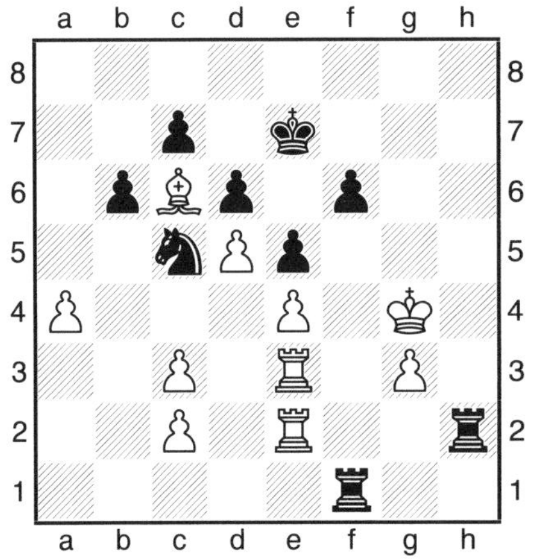

S

336. Tag

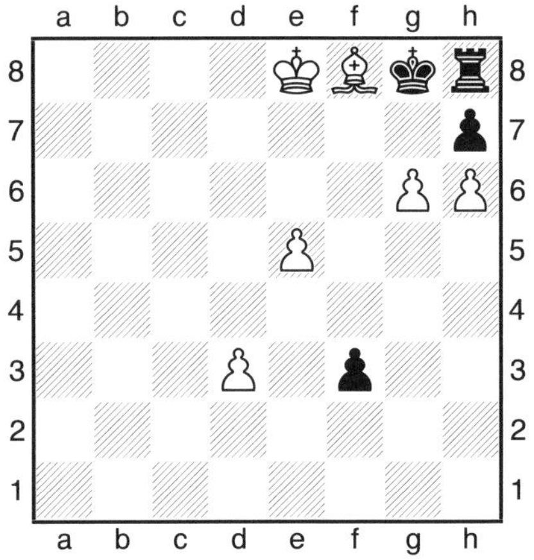

337. Tag

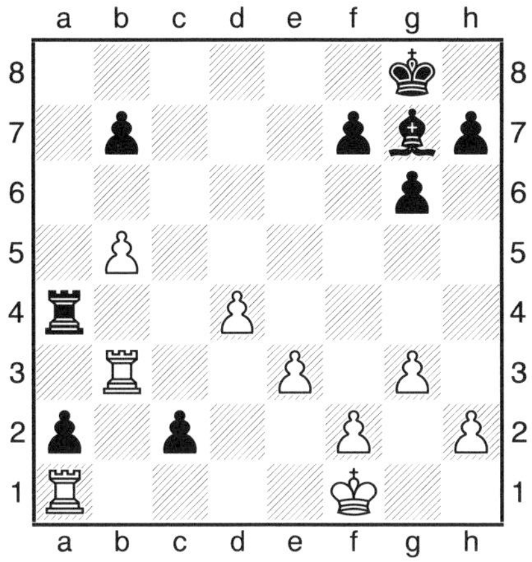

S

338. Tag

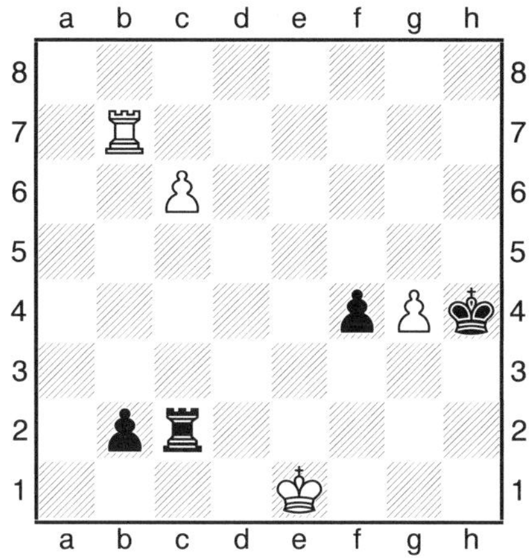

S

339. Tag

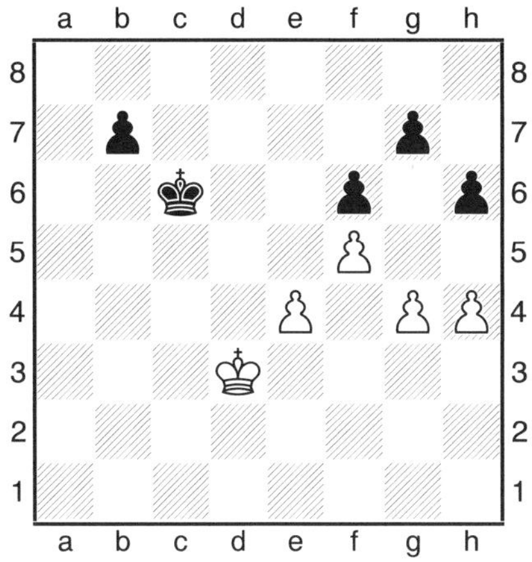

340. Tag

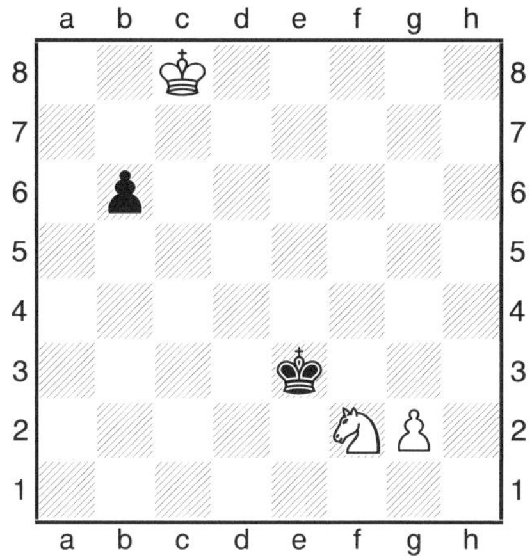

341. Tag

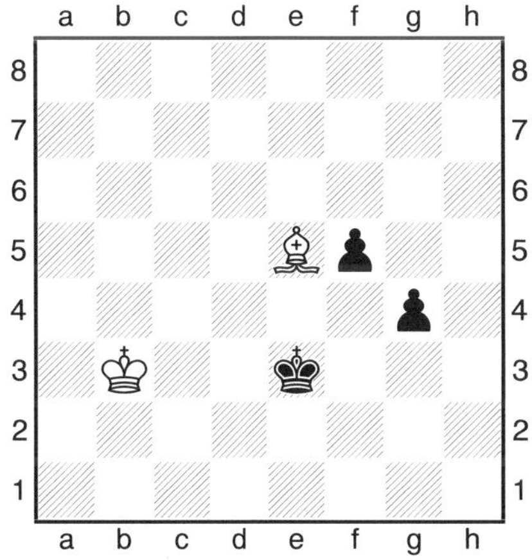

342. Tag

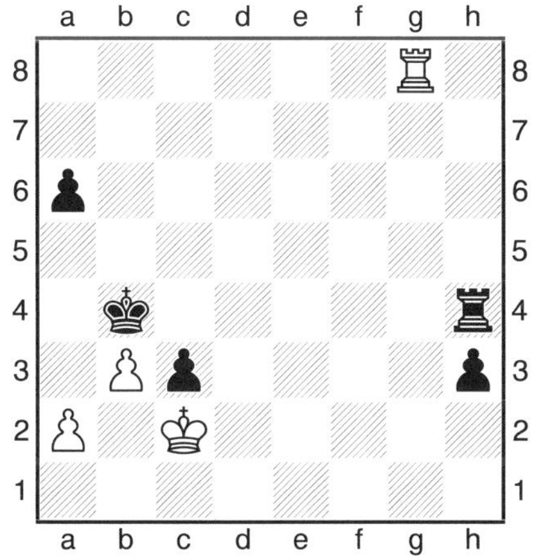

343. Tag

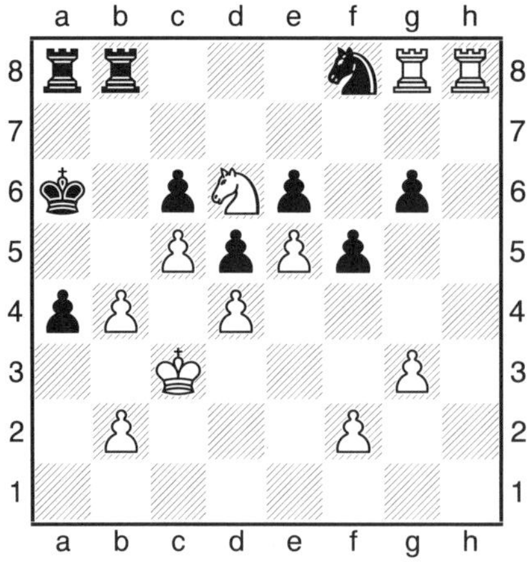

344. Tag

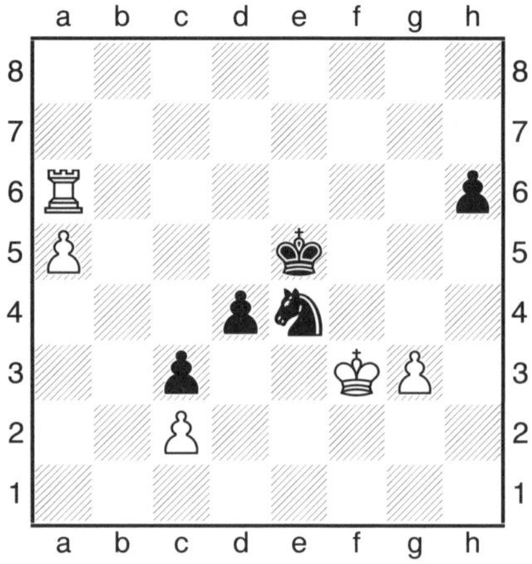

345. Tag

S

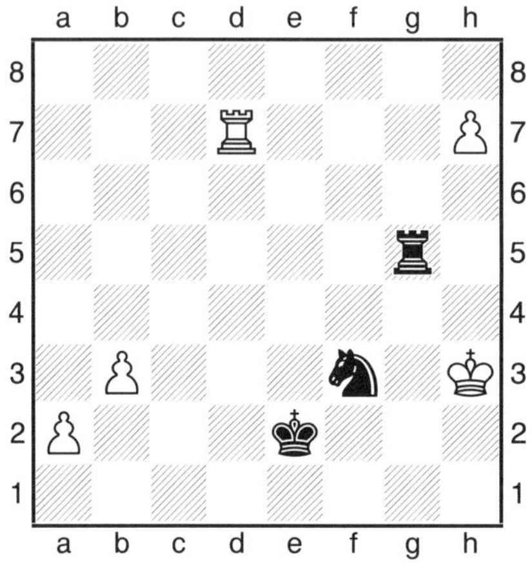

346. Tag

S

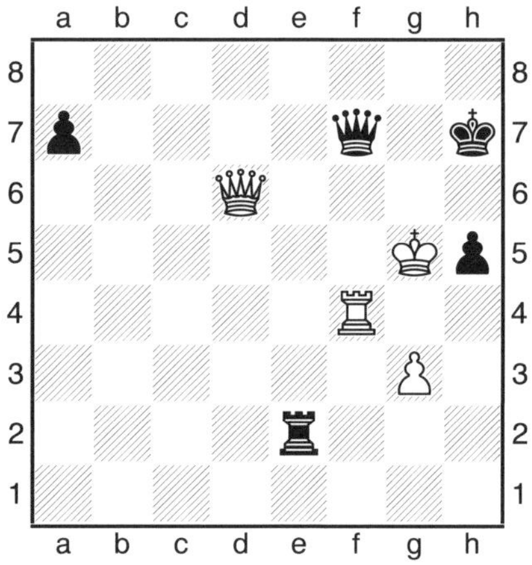

347. Tag

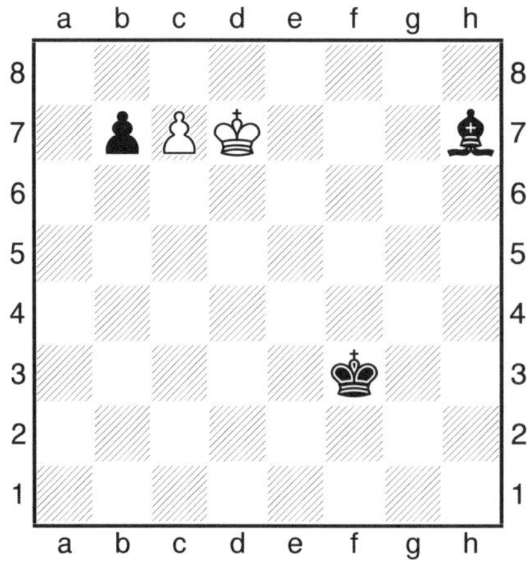

348. Tag

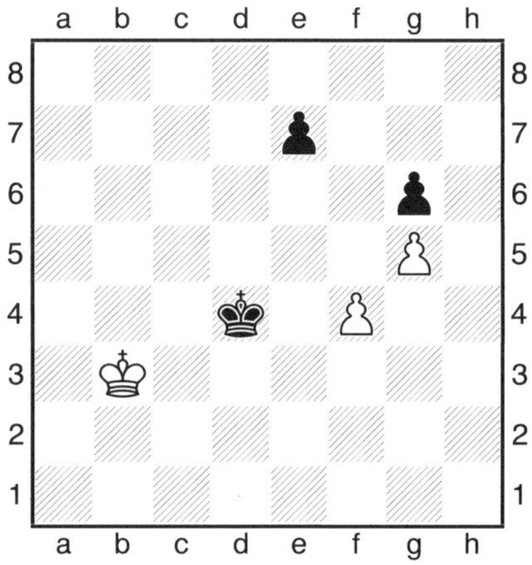

349. Tag

S

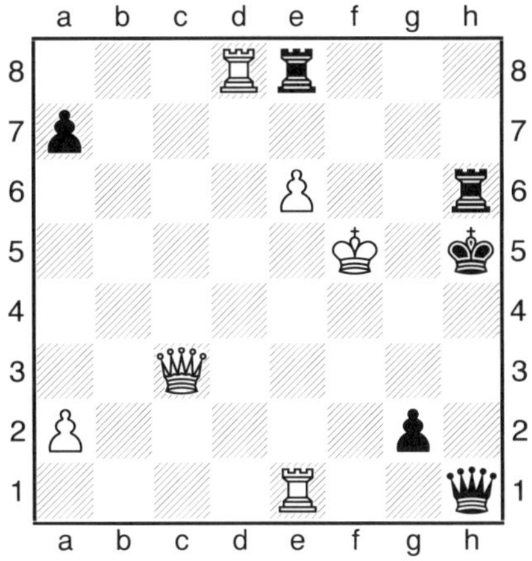

350. Tag

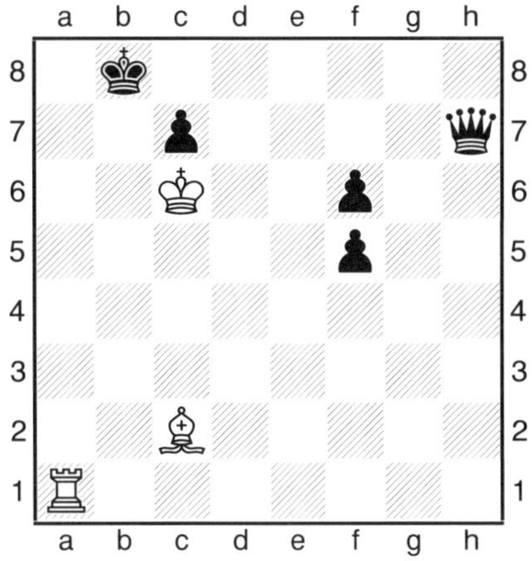

351. Tag

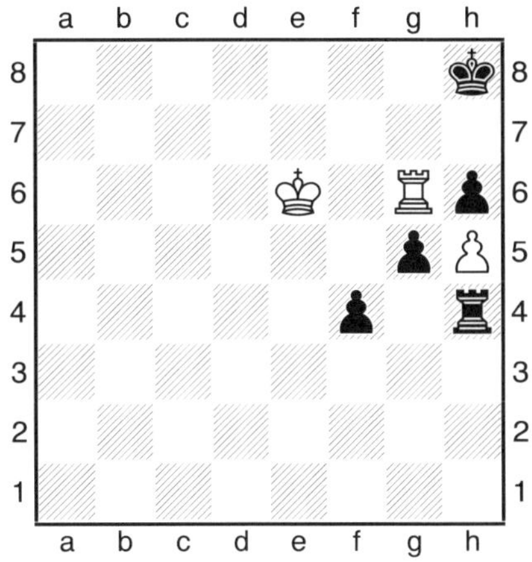

352. Tag

S

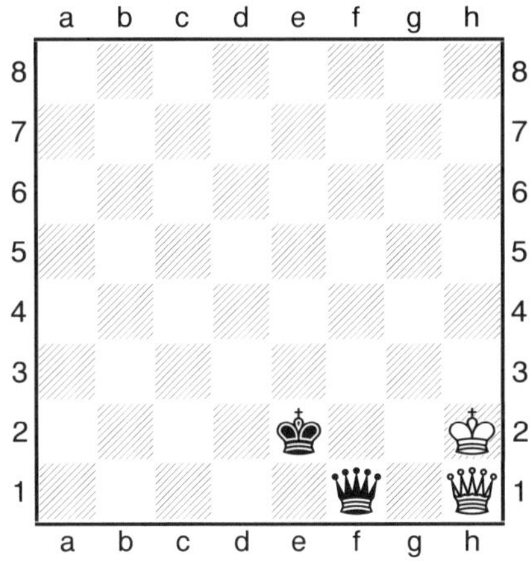

353. Tag

S

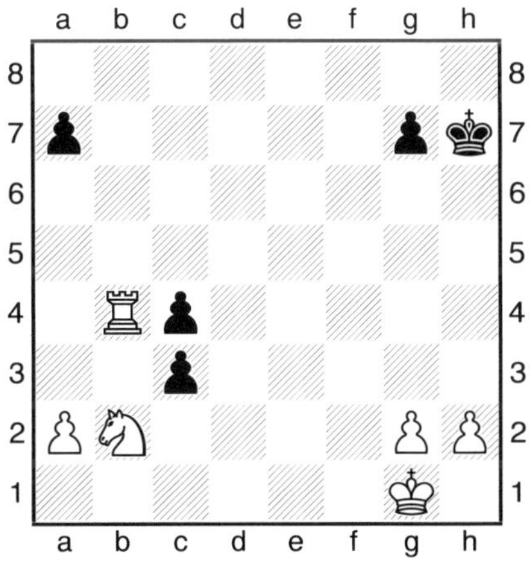

354. Tag

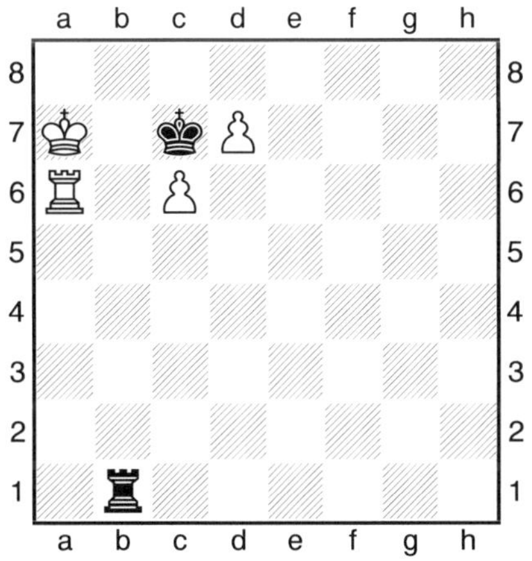

355. Tag

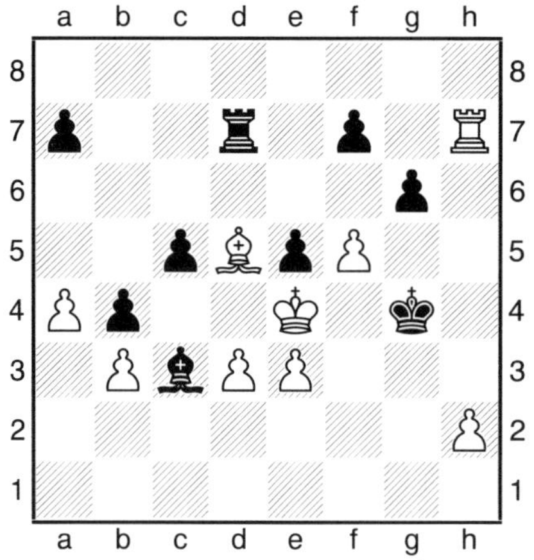

356. Tag

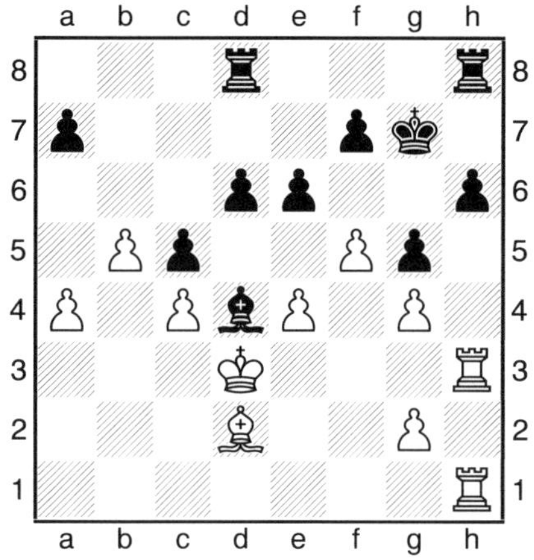

357. Tag

S

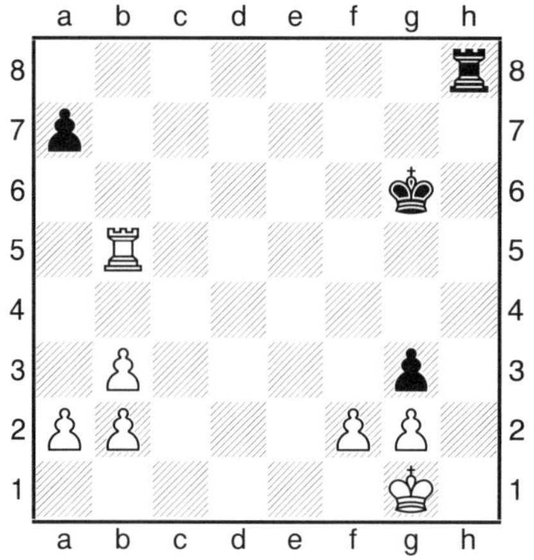

358. Tag

S

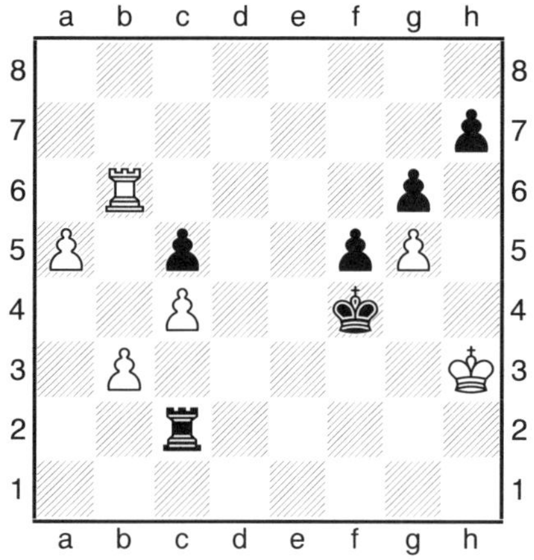

359. Tag

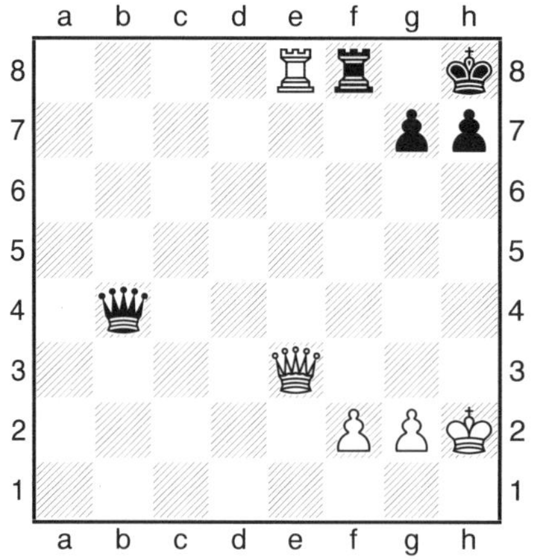

360. Tag

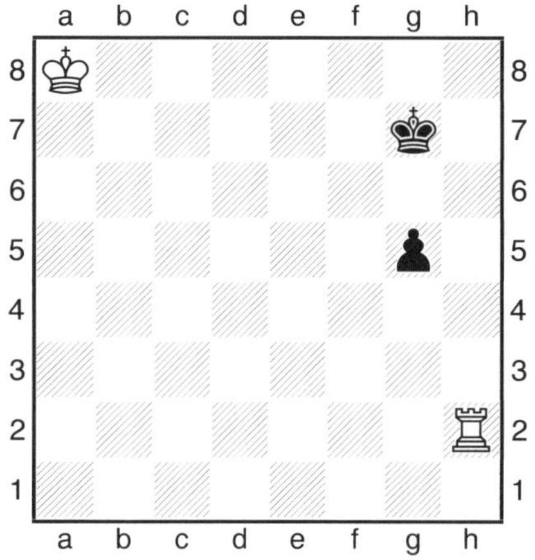

361. Tag

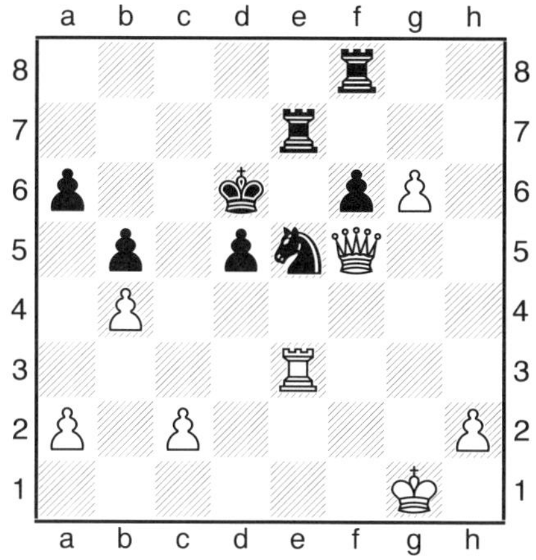

362. Tag

S

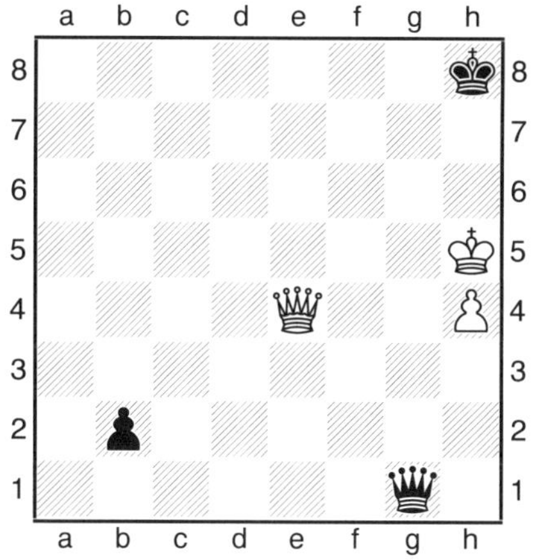

363. Tag

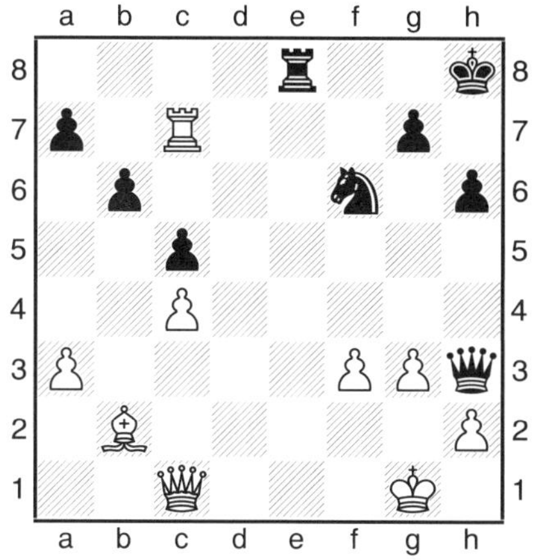

364. Tag

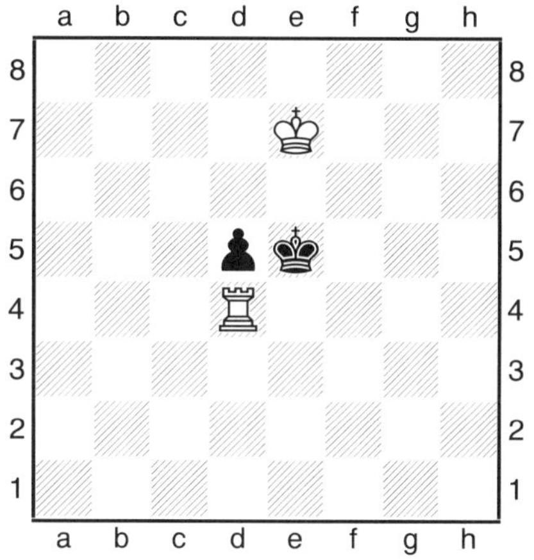

365. Tag !!!

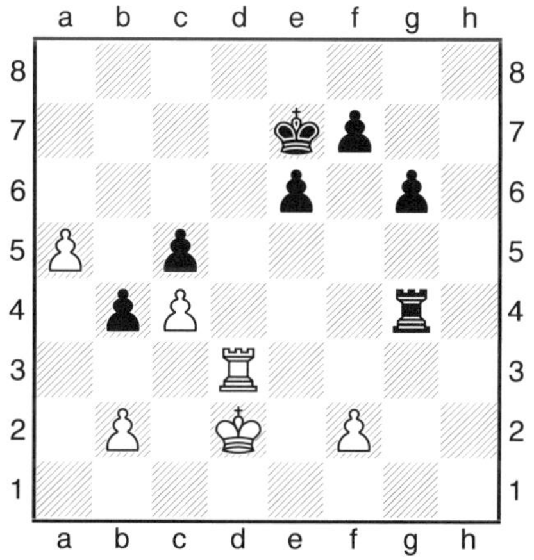

Gratuliere! Du hast es geschafft!

365 Aufgaben lang durchzuhalten ist eine reife Leistung; gleichgültig, ob du täglich eine Aufgabe gelöst oder ein schnelleres Tempo vorgelegt hast.

Bestimmt hast du eine Reihe neuer Motive und Ideen kennen gelernt, die du in Blitz- und Turnierpartien früher oder später einmal verwenden kannst.

Wie geht es nun weiter?

Falls du Lust hast, weiter wie bisher täglich eine oder mehrere Aufgaben zu lösen, kannst du mit "365 x Endspiel - Experten", dem Folgeband dieses Buches, weiterarbeiten. Das Niveau liegt höher, du hast es mit längeren und variantenreicheren Endspielen zu tun und auch die Zahl und Vielfalt der Motive steigt an. Das ist zwar schwerer, aber natürlich auch viel interessanter.

Vielleicht hast du aber auch Lust bekommen, dich intensiver mit dem Endspiel zu befassen. Dann kannst du aus einer großen Anzahl guter Endspielbücher wählen; sowohl für spezielle Bereiche wie Turm- oder Bauernendspiel als auch unter verschiedenen Sammelwerken. Es sollten jedoch jeweils Lehrbücher sein und keine Endspiel Enzyklopädien oder Nachschlagewerke wie etwa die hervorragen Bände von André Chéron, die jedoch für den Lernenden weniger zu empfehlen sind.

Was du aber auch machen möchtest, du solltest bei regelmäßigem Schachtraining bleiben. Nicht, damit der Autor mehr Bücher verkaufen kann (obwohl das natürliche eine erfreuliche Aussicht wäre, ☺), sondern, weil sich die schachlichen Fähigkeiten durch regelmäßiges Training verbessern und gleichzeitig deine Fitness im Berechnen von Varianten auf einem guten Niveau bleibt. Es wäre doch schade, wenn sich deine nach unserem Trainingsjahr erreichte Form nach einiger Zeit wieder abschwächen würde. Um die schachliche Fitness zu erhalten braucht es nicht viel; eben eine Aufgabe oder Kombination täglich oder ab und an mal einige Stunden der Beschäftigung mit dem Schachtraining. Kaum ein anderer Sport verlangt so wenig Aufwand!

Auf jeden Fall wünsche ich dir auch weiterhin viel Freude und Erfolg beim Schach!

Heinz Brunthaler

☺

Auf den folgenden Seiten findest du die

Lösungen ►►►

1	Kaum zu glauben, dass der abseits stehende weiße König noch in den Kampf um den Freibauern eingreifen könnte. Aber er kann: **1.Tf7-b7 b5-b4 2.Kd8-c7 Kc5-c4 3.Kc7-b6** Das entscheidende Manöver. Weiß greift den Bauern von der anderen Seite an und wird so nicht vom schwarzen König behindert. **3...b4-b3 4.Kb6-a5 Kc4-c3 5.Ka5-a4 b3-b2 6.Ka4-a3** und gewinnt.
62	**1.Kf5-e6! Kf8-e8 2.d2-d3!** Festlegen, Bauern vorstoßen und die schwarzen Bauern auflösen: **2...Ke8-d8 3.d3-d4 Kd8-e8 4.d4-d5 Ke8-d8 5.d5-d6 e7xd6 6.Ke6xd6** Remis. Nach ***2.d2-d4?*** Ke8-d8 3.d4-d5 Kd8-e8 4.d5-d6 e7xd6 5.Ke6xd6 Ke8-f7 6.Kd6-d5 Kf7-g6 usw. kommt der König vor seinen Bauern und gewinnt. (Studie Grigoriev 1954)
123	Der Freibauer ist entscheidend - wenn man einen kleinen "Trick" anwendet: **1.d6-d7 Tc8-d8 2.Te1–e8+ Tf6-f8 3.Ld5-f7** Der entscheidende Zug! Nach **3...g7-g6 4.Te8xf8+ Td8xf8** sperrt Weiß den Turm mit **5.Lf7-e8** aus und Schwarz kann die Umwandlung nicht mehr verhindern.
184	In Damen – Bauern-Endspielen sind Mehrbauern oft nicht entscheidend. Beweglichkeit der Dame und Kontrolle des Raumes sind Trumpf: **1.Dd4-h4+ Kh1–g1 2.Dh4-g3+ Kg1–f1 3.Dg3-g2+ Kf1–e1 4.Dg2-g1+ Ke1–d2 5.Dg1–g7** Die schwarze Dame ist gefangen, wodurch Weiß einen Freibauern erhält: **5...Dh6xg7 6.f6xg7** [oder 5...Dh6-g6 6.Dg7xg6 f7xg6 7.f6-f7]
245	Man könnte die Stellung für Remis halten, aber bei genauer Betrachtung hat der Springer eine unglaubliche Reichweite: **1...h5-h4 2.Kg2-h2 h4-h3 3.Kh2-g1 Kg4-g3 4.Kg1–h1 Se7-c8 5.Kh1–g1 Sc8-d6 6.Kg1–h1 Sd6-e4 7.c7-c8D Se4-f2+ 8.Kh1–g1 h3-h2+ 9.Kg1–f1 h2-h1D+ 10.Kf1–e2 Dh1–d1+ 11.Ke2-e3 Dd1–d3#**
306	Eine verblüffend einfache Lösung verhilft Weiß zum Sieg: **1.La7-b6 Lc3-f6** [1...Sd8-c6 2.Lg2xc6 b7xc6 3.a2-a4] **2.a2-a4** und gewinnt, denn den Vorstoß a5 mit anschließendem Lxb7 und a6 kann Schwarz nicht verhindern.

2	Weiß baut sich gegen die gefährliche gegnerische Dame nicht etwa eine Festung, sondern greift mutig an: **1.Tg4-g7+ Kh7-h8 2.Sh5-f6** Droht Matt auf g8 und h7 und, falls **2...Kh8xg7** gewinnt die Springergabel **3.Sf6-e8+** die Dame.
63	1.Tf1–g1 verliert: Df2-e2 *(1...Df2-f4)* 2.Tg1–c1 De2-h5+ 3.Kh1–g1 Dh5-h2+ 4.Kg1–f1 Dh2-h1+ 5.Kf1–e2 Dh1xg2+ mit Doppelangriff. **1.Tf1xf2** scheint auch verloren, weil es dem Gegner nach **1...g3xf2** die Umwandlung gestattet, aber hier hat Weiß einen Joker: **2.Td5xf5 Kg6xf5 3.g2-g4+ Kf5xg4 4.Kh1–g2** und sein a-Bauer macht das Rennen.
124	**1.Kb5-c6 Da3-c3+** und schon ist die Partie Remis, denn Schwarz kann von hinten Dauerschach geben, außer, Weiß zieht **2.Kc6-d6**, um nach **2...Dc3-c7+ 3.Kd6-e6 Dc7-e7#** einer Epaulettenmatt Variation zu unterliegen!
185	Im Endspiel mit Turm und Bauer(n) ist oft die Stellung eines der Könige entscheidend, denn Randstellungen führen zu Mattdrohungen, so wie hier: **1.e5-e6 f7xe6** [1...Td5-d6 2.Th1–h8#] **2.Kf6xe6** und Matt oder Turmverlust!
246	**1.Kg4-f5 Ta8-a5+** [droht 2.h7-h8D+ Ta8xh8 3.Th1xh8 Kg7xh8 4.Kf5-f6 Kh8-g8 5.g6-g7 und gewinnt] **2.Kf5-e6 Ta5-a6+ 3.Ke6-d7 Ta6-a7+ 4.Kd7-c6 Ta7-a8** [4...Ta7-a6+? 5.Kc6-b7] **5.Th1–g1 Ta8-f8 6.Kc6-d6 Tf8-f6+ 7.Kd6-e5 Tf6-a6 8.Tg1–g4 Ta6-a5+ 9.Ke5-f4 Ta5-h5! 10.Kf4-g3 Th5-h6!** und Weiß kommt nicht weiter, Remis.
307	**1.Ke5-d5 Sc5-b7 2.Kd5-c6 Sb7-d8+ 3.Kc6-d7 Sd8xe6 4.Kd7xe6 Kf8-g7 5.Ke6-f5** und der Tempozug g4-g5 gewinnt. [***1...Sc5xe6*** 2.Kd5xe6 Kf8-g7 3.Ke6-f5 Kg7-g8 4.Kf5-f6 Kg8-f8 5.g4-g5 und gewinnt; ***1...Sc5-d3*** 2.Kd5-d6 Sd3-f4 3.e6-e7+ Kf8-e8 4.g6-g7; oder ***1...Sc5-a4*** 2.Kd5-c6 Sa4-c3 3.g6-g7+ Kf8xg7 4.e6-e7 Kg7-f7 5.Kc6-d7 gewinnt]

3	Es scheint, dass Schwarz Remis sicher hat und durch Zwischenziehen das drohende Matt abwehren kann. Aber: **1.Te1–d1+ Kd8-c7 2.Te3-c3+ Kc7-b6 3.Td1–b1+ Tf2-b2 4.Tc3-b3+! Tb2xb3 5.Tb1xb3+** Das Zwischenschach entscheidet! **5...Kb6-c5 6.Kg1xh2** und Weiß gewinnt.
64	Mit den Motiven Spieß und Weglenkung (aus dem Quadrat) verhilft Weiß seinem Freibauern zum Durchbruch: **1.Dh6xf8+ Kg8xf8 2.Td1–d8+ Kf8-g7/e7 3.Td8-d7+ Kg7-g8 4.Td7xh7 Kg8xh7 5.e6-e7** und gewinnt. [1.Dh6xh7+? Kg8xh7 2.e6-e7 Tf8-e8 3.Td1–d7 a7-a6 gibt Schwarz noch Chancen]
125	Weglenkung ermöglicht den Durchbruch des weißen Freibauern-Kandidaten. Allerdings muss man sorgfältig spielen: **1.Sb6-a4** [1.Sb6-d7+ Sc5xd7 2.b5xa6 Sd7-e5+ 3.Kf3-f4 Se5-d3+ 4.Kf4-g3 und Schwarz kann den a-Bauern nicht mehr stoppen] **1...Sc5-b3 2.Kf3-e3** [schwächer ist 2.b5xa6 Sb3-d4+ 3.Kf3-e4 Sd4-b5] **2...a6xb5 3.a5-a6 b5xa4 4.a6-a7** und Umwandlung und Gewinn.
186	Es scheint kein Weiterkommen zu geben, aber ein Bauernopfer stellt den Läufer völlig passiv: **1.g4-g5 h6xg5** [1...f6xg5? 2.Sf3xe5+] **2.Sf3-h2 Lf8-g7 3.Sh2-g4 Kc6-d6 4.h5-h6 Lg7-h8 5.h6-h7 Lh8-g7 6.Sg4-h6 Kd6-e7 7.Ke4-d5 Lg7-h8 8.Kd5-c5** [8.a3-a4 b5xa4 9.Kd5-c4 e5-e4 ist zu riskant] **8...Ke7-f8 9.Kc5xb5 Kf8-g7 10.Sh6-g4** und gewinnt.
247	Zwar steht der schwarze König auf Matt, aber Weiß muss den richtigen Durchbruch finden: **1.a3-a4 b5xa4 2.d4-d5 c6xd5 3.b4-b5** mit Umwandlung und baldigem Matt. [***1.d4-d5?*** verliert: c6xd5 2.a3-a4 d5-d4 3.Kh5-g4 d4-d3 4.Kg4-f3 b5xa4 5.b4-b5 a4-a3 6.b5-b6 d3-d2 7.Kf3-e2 d2-d1D+ 8.Ke2xd1 a3-a2 9.b6-b7 a2-a1D+ und Schwarz gewinnt; ***1.Kh5-g4*** d6-d5 und nichts geht mehr, die Stellung ist verriegelt, Remis]
308	In der materiell ausgeglichenen Stellung bringt ein Läuferopfer mit folgendem Bauerndurchbruch die Wende: **1.Ld4xb6 Lc7xb6 2.a4-a5 Lb6-c7 3.b4-b5 a6xb5** [3...Lc7xa5 4.b5xa6 La5-b6 5.c6-c7 Lb6xc7 6.a6-a7 usw. ändert nichts] **4.a5-a6 Lc7-b6** und der Läufer ist überlastet, einer der beiden Freibauern kommt durch.

4	Durchbruchstellungen sind oft kompliziert zu berechnen und man muss besonders auf Zwischenzüge achten: **1...c4-c3 2.b2-b3** [2.b2xc3 b4xa3 3.c3-c4 a3-a2 und Schwarz gewinnt] **2...b4xa3 3.Kd4xc3 d5-d4+!** lenkt den König aus dem Quadrat weg **4.Kc3xd4 a3-a2** und gewinnt.
65	Der schwarze Turm bleibt immer am hintersten weißen Bauern und bindet so den König. Wenn die Bauern auf die 4.Reihe vorgerückt sind, verhindert der Turm durch Schachs von hinten und von der Seite weiteres Vorrücken: **1...Tc6-c2 2.g2-g3 Tc2-c3 3.Ta5-a6+ Kg6-g7 4.Kg4-h4 Tc3-f3 5.Ta6-b6 Tf3-a3 6.g3-g4 Ta3-a1 =**
126	Ob die Mehrqualität eine ausreichend Kompensation für die vier weißen Mehrbauern ist, darf wohl stark bezweifelt werden. Da ist es Zeit für Schwarz, die Notbremse zu ziehen: **1...Td3xh3+ 2.Kh2xh3 De8-e6+ 3.Da6xe6** Patt!
187	Der Freibauer auf h7 scheint unerreichbar, aber ein taktischer Kniff macht es dennoch möglich: **1...Tb3-b4+ 2.Kg4-g5** (Andere Königszüge ändern nichts oder erlauben Th4) **2...Tb4-h4 3.Kg5xh4 g7-g5+ 4.Kh4xg5 Kf8-g7** und die schwarzen Bauern am Damenflügel gewinnen leicht.
248	Wenn Weiß nicht gerade auf Matt stände, könnte er mit seiner Stellung durchaus zufrieden sein. Aber auch so besteht kein Grund zur Trübsal, denn mit der Unterverwandlung **1.d7-d8S+** engt Weiß wegen der drohenden Springergabeln den gegnerischen König stark ein und erreicht nach **1...Kf7-f8 2.Sd8-e6+ Kf8-f7** [2...Kf8-e7? 3.Sc7-d5+] **3.Se6-d8+** Remis durch Dauerschach bzw. Zugwiederholung.
309	Nach **1...Kg6-h5** sitzt der weiße König böse in der Klemme, denn er hat kein Fluchtfeld und es droht Se4#. Zwar kann seine Dame ihm dieses Problem mit **2.Dc6xf6** vom Hals schaffen, [2.Dc6-a8 Sf6-e4+ und Weiß muss die Dame geben] aber mit **2...h2-h1S#** wird ihm der nächste Gaul zum Verhängnis.

5	Eine überraschende Wendung mit einem schnellen Ende zeigt die Studie von Mieses: **1.Te7-a7 Th8-e8** [1...Th8-h7? 2.d5xe6] **2.d6-d7 Te8-e7 3.d5-d6 Te7xd7 4.Ta7-a8#**
66	**1.c4-c5** [1.Lf4-g3 Tf2-c2+ *(1...Tf2-f3+* bringt nichts wegen *2.c4-c5)* 2.Kg1–h2 Tc2xc3 3.Te5-e4 ist komplizierter als die Textvariante] **1...Lb6xc5 2.Te5xc5 Tf2xf4 3.Tc5-e5 Tf4-c4 4.Te5-e3 Kg8-f7 5.Kg1–f2 Kf7-f6 6.Kf2-e2 Tc4-c8 7.Ke2-d3 Tc8-d8+ 8.Kd3-c2 Td8-c8 9.Te3-e4 Kf6-f5 10.Te4-g4 g7-g6 11.c3-c4 h6-h5 12.Tg4-d4 Kf5-e6 13.Kc2-c3** und gewinnt.
127	**1.Kf4-g5 Ke6-f7 2.Kg5-h6 Kf7-f6** [2...f5-f4 3.g3xf4 Kf7-f6 4.f2-f3 Kf6-f5 5.Kh6-g7 Kf5xf4 6.Kg7xg6 Kf4xf3 7.Kg6xh5 Kf3-e4 8.Kh5-g6 Ke4-d4 9.h4-h5 Kd4xc4 10.h5-h6 und gewinnt] **3.f2-f4 Kf6-f7 4.Kh6-h7 Kf7-f6 5.Kh7-g8 Kf6-e7 6.Kg8-g7 Ke7-e6 7.Kg7xg6** und Weiß gewinnt mühelos.
188	Der weiße König kann die gegnerischen Freibauern nicht aufhalten, deshalb muss er einen anderen Plan verfolgen: **1.Kc4-c5 Kh8-g7 2.Kc5-d6! a5-a4 3.Kd6-e7 a4-a3 4.h7-h8D+ Kg7xh8 5.Ke7-f7 a3-a2 6.g6-g7+ Kh8-h7 7.g7-g8D+** und gewinnt.
249	**1.Kd7-c7 La8-c6 2.Sd2-e4** und der Läufer kann die Diagonale a4-e8 nicht länger behaupten, denn wohin er auch zieht, stets fällt er einer Springergabel zum Opfer, z.B. **2...Lc6-a4 3.Se4-c3+** usw.
310	**1.h6xg7+** [1.h6-h7? Lg8xh7 2.g6xh7 Kh8xh7] **1...Kh8xg7 2.Kg4-g5 Kg7-h8 3.Kg5-f6** und gewinnt: **3...Lg8-h7** [3...Lg8-f7 4.g6xf7 *(4.Kf6xf7? PATT!)* 4...Kh8-h7 5.f7-f8T! Aufgepasst, f8D? ist wieder PATT!] **4.g6xh7 Kh8xh7 5.Kf6xe6 Kh7-g7 6.Ke6-e7** und Gewinnstellung.

6	Die einzige weiße Hoffnung, der Freibauer e6, scheint vom Ld6 gestoppt zu werden. Aber ein doppeltes Opfer macht ihm den Weg frei: **1.c4-c5+ Ld6xc5 2.Lc1–e3 Lc5xe3 3.e6-e7** und gewinnt.
67	Im Kampf gegen den Randbauern hilft oft das Patt. Hier kann zwar der Springer den Bauern nicht stoppen, aber sein Opfer ermöglicht das Patt: **1.Kc5-c6 Sc7-a8 2.Kc6-b7 Ke5-d6 3.Kb7xa8 Kd6-c7** Patt
128	Drei Bauern können gegen den Turm oft gewinnen. Diese allerdings nicht, wenn Weiß genau spielt: **1.Te1–f1+ Kf3-g2** [1...Kf3-e2 2.Tf1–g1 Ke2-f3 3.Kd4-d3 g4-g3 4.Tg1–f1+ Kf3-g2 5.Kd3-e2 b4-b3 6.Tf1–b1 Kg2-h2 7.Ke2-f3 und gewinnt] **2.Tf1–f4 g4-g3 3.Kd4-e3 Kg2-h2 4.Tf4-g4 b4-b3 5.Ke3-f3 b3-b2 6.Tg4-b4** und gewinnt, z.B. **6...g3-g2 7.Tb4xb2**
189	**1...Td1–d7 2.Lf3-d5** [2.c6xd7 Patt] [2.b6-b7 Td7-d3 3.Lf3-d5 Kb8-c7 und Weiß kommt nicht weiter; oder 2.Lf3-g4 Td7-b7 =] **2...Td7-b7 3.c6xb7** Patt [oder 3.c6-c7+ Tb7xc7 4.b6xc7+ Kb8xc7 =]
250	Der König kann hier ruhig das Quadrat des Freibauern verlassen, denn er setzt mit seinen beiden Bauern Matt: **1.Kg4-g5 d4-d3 2.h5-h6+ Kg7-g8 3.Kg5-f6 d3-d2 4.h6-h7+ Kg8-h8 5.Kf6-f7** [5.g6-g7+ Kh8xh7 6.Kf6-f7 Kh7-h6 7.g7-g8D Kh6-h5 gewinnt auch, aber umständlicher] **5...d2-d1D 6.g6-g7+ Kh8xh7 7.g7-g8D+ Kh7-h6 8.Dg8-g6#** (Ende einer Studie von Kling und Horwitz)
311	Mit **1.Kh4-g3** muss der König seinen Gegenspieler auf Abstand halten (Springeropposition). Der direkte Weg 1.Kh4-g5? reicht nicht aus: 1...Ke2-f3 2.h3-h4 Kf3-g2 3.h4-h5 Kg2-h3 4.Kg5-g6 Kh3-g4! *(4...Kh3-h4? 5.h2-h3)* 5.h2-h3+ Kg4-h4 =] **1...Ke2-f1** [oder 1...Ke2-e3 2.h3-h4 Ke3-e4 3.Kg3-g4 Ke4-e5 4.Kg4-g5 Ke5-e4 5.h4-h5 Ke4-f3 6.Kg5-f5! und gewinnt] **2.h3-h4 g7-g6 3.Kg3-f4 Kf1–g2 4.h4-h5 g6xh5 5.h2-h4 Kg2-h3 6.Kf4-g5** und Weiß gewinnt. (Studie Grigoriev 1932)

7	Der Freibauer hat sich in den Rücken der Verteidiger geschlichen, die gegen eine Menge Taktik ankämpfen müssen: **1.f4-f5+ g6xf5 2.g4xf5+ Ke6-d6** [2...Ke6xf5? 3.c6-c7; oder 2...Ke6-e7 3.Tb1xb4 Tb5xb4 4.Le3-c5+] **3.Tb1xb4 Tb5xb4 4.Le3-c5+ Kd6xc5** [4...Kd6xc6 5.Lc5xb4 und gewinnt] **5.c6-c7** und der Freibauer läuft durch.
68	Der gefesselte Läufer scheint ein großes Problem für Weiß zu sein, aber mit einer cleveren Kombination entkommt er der Niederlage: **1.Tf7-e7+ Ke5-d4** [1...Ke5-d5 2.Te7xe4 d3xe2 = *(2...Kd5xe4 3.a7-a8D+ Ta2xa8 4.Le2-f3+ =)*] **2.Te7xe4+ Kd4xe4 3.a7-a8D+ Ta2xa8 4.Le2-f3+ Ke4-d4 5.Lf3xa8** Remis
129	Man kann das Endspiel "normal" angehen mit 1.Td1–c1 d7-d6 2.Dh2-h3+ und Matt in wenigen Zügen. Oder mit Logik sofort gewinnen: **1.Dh2-d6** und was Schwarz auch zieht, es folgt Matt: ***Td8-g8*** oder beliebig 2.Dd6xd7#; ***1...b6-b5*** 2.Dd6-a6#; ***1...c7-c6*** 2.Dd6-b8#; ***1...c7xd6*** Td1-c1#
190	Eine verrückte Stellung; König und Dame werden von dem vorgerückten Bauernpulk attackiert: **1.b5-b6+ Kc7-c8 2.Kd5-e4!** und damit bringt Weiß den Gegner in Zugzwang und wohin König oder Dame auch ziehen, können sie den weißen Bauern nicht entfliehen.
251	**1...Dc8-a6+ 2.Kf1–g2 Sf3-d4+** Das Abzugsschach unterbricht die Kommunikationslinie zwischen Dame und Läufer. **3.Kg2-h3 Da6xa7 4.Ta1–d1** Die Fesselung des Sd4 hilft Weiß nicht, denn Schwarz kann sich sowohl mit **4...c3-c2** als auch mit ***4...Sd4-c6*** befreien.
312	Durch 1.Tf2-f7 kann Weiß seinen Freibauern zwar verteidigen, aber nach 1...e4-e3 2.Ld5-c6 e3-e2 3.e7-e8D e2-e1D+ 4.Tf7-f1 De5xe8 gewinnt Schwarz. Aber Weiß hat einen besseren Plan: **1.Ld5-g8+ Kh7-h8** [1...Kh7xg8? 2.Tf2-f8+; 1...Kh7-g6?? 2.Lg8-f7+] **2.Lg8-e6!** und mit dieser Liniensperrung hat Weiß das Tempo für Tf8 gewonnen und sichert die Umwandlung. **2...De5xe6 3.Tf2-f8+** und gewinnt.

8	Gleich zweimal lenkt Weiß schwarze Steine weg, bis er den Gewinn realisieren kann: **1.g2-g4+ f4xg3 2.Tb4-h4+ g5xh4** [2...Kh5xh4 3.Tb6xh6#] **3.Tb6-b5+ Da5xb5 4.a4xb5** und gewinnt. Ein Klassiker übrigens; Mieses – NN, 1906
69	**1...Kh6-h7** (Ta8# drohte) **2.Kh2-g2 f7-f6 3.Kg2-h2 g7-g6 4.f5xg6+ Kh7xg6 5.Kh2-g2 f6-f5 6.Kg2-h2** Weiß kann weder König noch Turm einsetzen und muss hilflos dem Vormarsch zusehen: **6...f5-f4 7.Kh2-g2 f4-f3+ 8.Kg2-h2** Auf 8.Kg2-f2 folgt das Gewinnmanöver 8...Ta1–h1 9.Ta8xa2 Th1–h2+; oder 8.Kg2xf3 Ta1–f1+] **8...f3-f2** und gewinnt.
130	Um zu gewinnen muss Schwarz unbedingt verhindern, dass Weiß seine Bauern verbindet und so einen gedeckten Freibauern schafft. Der Vorstoß des f-Bauern verhindert dies: **1...a6-a5 2.Kf5-e4 f6-f5+! 3.Ke4-d4 f5-f4! 4.Kd4-c4 Kf7-g6 5.Kc4-b5 Kg6-h5 6.Kb5xa5 Kh5xh4** und Schwarz gewinnt. (Nimzowitsch – Tarrasch, San Sebastian 1911)
191	Gegen Dame und Läufer hat Schwarz keine Chance, früher oder später geht die Dh1 verloren: **1.Da4-d7+ Kd5-c4** [1...Kd5-e5 2.Dd7-g7+ Ke5-e6 3.Dg7-e7+ Ke6-f5 4.De7-f6+ Kf5-g4 5.Df6-g5+ Kg4-f3 6.Dg5-d5+] **2.Dd7-b5+ Kc4-d4 3.Lh4-f2+ Kd4-c3 4.Lf2-e1+ Kc3-d4** [4...Kc3-c2 5.Db5-c4+ Kc2-d1 6.Dc4-d3+ Kd1xe1 7.Dd3-b1+] **5.Db5-b2+ Kd4-c5 6.Db2-b6+ Kc5-c4 7.Db6-b4+ Kc4-d3 8.Db4-c3+ Kd3-e2 9.Dc3-d2+** und Matt oder Damenverlust.
252	Diese Aufgabe ist ein kleiner Konzentrationstest - auch mit zwei Damen muss man jederzeit hellwach sein! **1.Kg7-f8** und Weiß gewinnt auf Dauer. ***1.De8-g6***, der scheinbar einfachste und direkteste Gewinnweg, endet nach 1...Dg3-c3+ 2.Dc5xc3 in Patt und Frust! Dies ist keine Studie, sondern das Ende der Partie Aljechin - Stoltz, Salzburg 1942 – klar, 1:0]
313	Der Läufer kann gegen eine größere Anzahl von Bauern Remis halten, wenn es ihm gelingt, sie zu blockieren oder, wie zusätzlich in diesem Fall, dem gegnerischen König die weißen Felder zu sperren: **1...Ke7-f6 2.Kd5xd6 Kf6-f5 3.Kd6-d5 e5-e4** [3...Kf5-g4 4.Kd5-e4 Kg4-g5 5.Ke4xe5 Kg5-g4 6.Ke5-e4 Kg4-g5 7.Ke4-f3 und Remis] **4.Lg2-h3+ Kf5-g5 5.Kd5xe4** und Remisstellung.

9	**1.Tf1–f8+ Kc8-d7 2.Tf8-f7+ Kd7-e6 3.Tf7-f5** und Remis, denn Weiß kann den Th6 nicht wegziehen, ohne durch Tf6+ den anderen Turm zu verlieren. Geht der weiße König aber zurück, wendet Schwarz erneut die "Remisschaukel" auf der 7. und 8.Reihe an.
70	Viele Schachspieler denken, dass der "falsche Läufer" immer und sofort zum Remis führt. Das ist falsch, es gibt eine Ausnahmestellung: **1.Lh3-e6 Ke8-e7** [1...Ke8-f8 2.h5-h6] **2.h5-h6 Ke7-f6 3.Le6-f5 Kf6-f7 4.Lf5-h7 Kf7-f6 5.Ke3-f4 Kf6-f7 6.Kf4-f5 Kf7-f8 7.Kf5-f6 Kf8-e8 8.Kf6-g7** und gewinnt.
131	Drei verbundene, vorgerückte Bauern haben gegen den Turm gute Gewinnchancen. Gegen die Dame sieht das aber anders aus: **1.Da1–f1+ Kh3-g4** [1...g3-g2 2.Df1–f3+ Kh3-h4 3.Df3xg2] **2.Df1–e2+ Kg4-h4** [2...f4-f3 3.De2-e4+ Kg4-h3 4.De4xf3] **3.De2-f3** Die Dame blockiert den f-Bauern und kontrolliert nun alle Felder. **3...h2-h1D** [3...Kh4-h3 4.Kb7-c6 usw. und Weiß erobert die Bauern] **4.Df3xh1+ Kh4-g4 5.Dh1–e4 Kg4-h3 6.De4-f3 Kh3-h2 7.Kb7-c6 g3-g2 8.Df3xf4+ Kh2-h1 9.Df4-h6+ Kh1–g1 10.Kc6-d5 Kg1–f1 11.Dh6-f4+** usw. und Weiß gewinnt.
192	**1.c5-c6!** Der Gegner erhält einen Freibauern, aber der Ba4 wird dadurch vom "Kandidaten" zum echten Freibauern aufgewertet. **1...b7xc6 2.a4-a5 Kd4-c5 3.a3-a4 Kc5-d6 4.Ke8-d8 c6-c5 5.a5-a6 Kd6-c6 6.a4-a5** sperrt den König ab **6...c5-c4 7.Kd8-c8 c4-c3 8.a6-a7 c3-c2 9.a7-a8D+** und gewinnt.
253	Schwarz hat in dieser Stellung gewiss die besseren Chancen - und Taktik entscheidet sogar sofort, denn der richtige schwarze Zug führt zu unabwendbarem Matt: **1...Lc4-d3+ 2.Kc2xb3 Ld3-b1+ 3.Tf2-f3 Th3xf3#** [2.Kc2-c3 Ld3xf5+ 3.Tf2-f3 Th3xf3#; oder 2.Kc2-d1 Th3-h1+ 3.Tf2-f1 Th1xf1#]
314	**1.b5-b6** ist der Schlüsselzug zum weißen Sieg, denn nach **1...c7xb6 2.a6-a7** und bei Bedarf den Racheschachs **2...Ta3-a1+ 3.Kg1–g2 Ta1–a2+ 4.Kg2-h3** muss sich Schwarz mit der traurigen Tatsache abfinden, dass nach **4...Ta2xa7 5.Tg8-g7+** Turm und Partie verloren gehen.

10	Ein einfach gewonnenes Endspiel, das aber auch der Computer auf Anhieb falsch "gelöst" hat: **1...Kd3-d4 2.g6-g7 Te1–e8 3.h4-h5 Kd4-e5 4.h5-h6 Ke5-f6** und gewinnt. Remis dagegen sind Varianten wie: 1...Te1–e6 2.h4-h5 Te6-e5 3.Kg2-f3 Te5xh5 4.Kf3-g4 Th5-h1 5.Kg4-f5 Th1–f1+ 6.Kf5-e6 Tf1–a1 *(6...Tf1–g1 7.Ke6-f7 =)* 7.g6-g7 usw.
71	Statt den Turm zu schlagen und in ein vermutlich remises Endspiel einzugehen, kann Weiß mit **1.Db2-h8+ Kg8xh8 2.Sd6xf7+ Kh8-g7 3.Sf7xg5** gleich alles klar machen. Springergabeln sind im Endspiel genauso tückisch wie in allen anderen Partiephasen!
132	Zwar kann der schwarze König momentan seine Freibauern nicht sonderlich unterstützen, aber ein Weglenkungsopfer des Läufers tut es ja auch: **1...Le6-h3+ 2.Kg2xh3** [2.Kg2-h1 f2-f1D+ 3.Ld3xf1 Lh3xf1 4.Kh1-g1 Lf1-a6 5.Kg1-g2 Kf4-e4 und gewinnt] **2...Kf4-f3** und Schwarz kann die Umwandlung erzwingen, z.B. **3.a5-a6 e3-e2 4.Ld3xe2+ Kf3xe2 5.a6-a7 f2-f1D+** und gewinnt.
193	**1.e4-e5 d6xe5** Patt Die Alternative 1...d6-d5 2.e5-e6 d5-d4 3.e6-e7 d4-d3 4.e7-e8D d3-d2 5.De8-e3+ ist sicherlich nicht erstrebenswert.
254	Mit geradlinigem Spiel gewinnt Weiß sofort: **1.b5-b6 e5-e4 2.Tc6-c8 Te8xc8 3.Lf5xc8** und Umwandlung oder Turmgewinn sind Weiß sicher. **3...e4-e3** ist nur noch ein fruchtloser Versuch, Weiß abzulenken, aber **4.f2xe3 f4xe3 5.b6-b7** und Weiß gewinnt.
315	**1.Sd7-b6+** [Falls 1...a7xb6? 2.Tb2-a2+ Ka8-b8 3.La1–e5+ Kb8-c8 4.Ta2-a8#] Etwas weiter muss man rechnen, wenn Schwarz das Opfer ablehnt: **1...Ka8-b8 2.Tb2-h2 Dh1xh2 3.La1–e5+ Dh2xe5 4.Sb6-d7+** und als krönenden Abschluss die Springergabel: **4...Kb8-c8 5.Sd7xe5 Sg1–h3 6.e6-e7** und die Umwandlung ist nicht zu verhindern.

11	Wenn Schwarz den gegnerischen König abdrängt, hält er Remis. Wenn nicht, dann nicht: **1...Kf5-e4 2.Ta7-g7 Ke4-f3 3.Kc5-d4 g4-g3 4.Kd4-d3 g3-g2** Remis. ***1...Kf5-f4*** 2.Kc5-d4 Kf4-f3 3.Kd4-d3 g4-g3 4.Ta7-f7+ und Weiß gewinnt; ***1...g4-g3?*** 2.Kc5-d4 Kf5-f4 3.Ta7-f7+ Kf4-g4 4.Kd4-e3 Kg4-h3 5.Ke3-f3 und gewinnt.
72	In dieser Stellung opfert Schwarz zwar den Turm, aber nicht für den gegnerischen Freibauern, sondern für eine Patt- und Zugzwangstellung des weißen Königs: **1...Tc8-a8 2.Kb7xa8 Kd7-c7 3.g3-g4** Zugzwang **3...h5xg4 4.h4-h5 g4-g3 5.h5-h6 g3-g2 6.h6-h7 g2-g1D 7.h7-h8D Dg1–g2#**
133	Weiß hat zwei Gewinnwege zur Verfügung: **1.La1–g7 Kd8-c7 2.Lg7-f8** und gewinnt. Oder etwas umständlicher ***1.La1–f6+*** Kd8-c7 2.Lf6-e7 Lc5-e3 3.Le7-d8+ *(oder ähnlich 3.Le7-d6+)* 3...Kc7xd8 4.e6-e7+ und gewinnt.
194	Der vorgerückte weiße Bauer reicht nicht als Kompensation für die beiden schwarzen Freibauern: **1...Kd4-d3 2.Kf1–e1 Sf5-h4 3.Lf7-d5** [3.g5-g6 Sh4-f3+] **3...b4-b3 4.Ld5xb3 Sh4-f3+ 5.Ke1–f1 e3-e2+ 6.Kf1–f2 e2-e1D+** und gewinnt. Für die Geizigen geht natürlich auch 6...Sf3-d4 7.Lb3-d5 Kd3-d2 usw.
255	Weiß nutzt seinen eingeklemmten König und startet einen "rettenden Patt-Angriff": **1.Lf3-e4+ Dc4xe4 2.De7-g7+ Se6/Kg6xg7** Patt!
316	**1.Kc7-b7 Kb5-c4** [oder 1...Kb5-a4 2.Kb7-b6 b4-b3 3.Kb6-c5 usw.] **2.Kb7-b6 b4-b3 3.Kb6-a5 Kc4-c3 4.Ka5-a4 b3-b2 5.Ka4-a3** und Weiß gewinnt. Schwarz am Zug hält durch ***1...Kb5-c5*** 2.Kc7-b7 Kc5-b5 den weißen König auf der 7.Reihe fest, Remis. (Studie F.Amelung, 1901)

12	Die einzige Gewinnchance für Weiß besteht darin, den Lg7 von der Diagonalen abzulenken. Mit etwas Taktik funktioniert das auch: **1.Lb2xd4+ Lg7xd4 2.b3-b4+ a5xb4 3.a3xb4+ Kc5-b5 4.Kd3xd4** (Schlagen ist schließlich auch eine Art Ablenkung) und gewinnt.
73	**1.Kg8-h8** [***1.Kg8-f8?*** Kg6-f6 2.Kf8-e8 Kf6-e5 3.Ke8-e7 Ke5-d4 4.Ke7-d6 Kd4-c3 5.Kd6-c5 Kc3-b2 6.Kc5-c4 Kb2xa2 7.Kc4-c3 Ka2-b1 und Schwarz gewinnt. **1...Kg6-f6 2.Kh8-h7 Kf6-e5 3.Kh7-g6 Ke5-d4 4.Kg6-f5 Kd4-c3 5.Kf5-e4 Kc3-b2 6.Ke4-d3 Kb2xa2 7.Kd3-c2** Diese Methode nennt man "Umgehung". (F.Sackmann, 1923)
134	**1.Te4xf4 Tf7xf4 2.Ld4-e3 Tf4-g4+** Schwarz möchte durch das Zwischenschach dem Doppelangriff entkommen, hat aber nicht mit **3.Kg2-f3** gerechnet. Nun geht ein Turm verloren, denn auf z.B. **3...Td2-d5** entscheidet sofort **4.Tc6xh6#** [3...Tg4-d4?? 4.Tc6xh6#] Timman – Kortschnoi, Reykjavik 1988
195	**1.Ke1–f2** [1.Ke1–f1? Sd6-e4 und Schwarz gewinnt, weil der Springer das Feld f2 kontrolliert] **1...Sd6-e4+ 2.Kf2-f1 Se4-g3+ 3.Kf1–f2 Sg3-e2 4.Kf2-f1 Se2-f4 5.Kf1–f2 Sf4-d3+ 6.Kf2-f1 Sd3-e1 7.Kf1–f2 Se1–f3 8.Kf2-f1** Remis. Eine einfache Regel zeigt uns, welches Feld im 1.Zug das richtige ist: Steht der Springer auf einem schwarzen Feld (d6), zieh den König ebenfalls auf ein schwarzes Feld und entsprechend umgekehrt.
256	Weiß muss genau spielen um zu verhindern, dass Schwarz ebenfalls einen gedeckten Freibauern erhält: **1.e6-e7 Ke8-f7 2.Kf4-f3** [2.Kf4-e4 c7-c5 3.Ke4-d3 Kf7-e8 4.Kd3-c4 Ke8-f7 =] **2...c7-c6 3.Kf3-f4 c6-c5 4.Kf4-e4 Kf7-e8 5.Ke4-d3 Ke8-f7 6.Kd3-c4 Kf7-e8 7.Kc4xc5 d4-d3 8.Kc5-d6 d3-d2** [8...Ke8-f7 9.Kd6-d7 d3-d2 10.e7-e8D+] **9.Kd6-e6 d2-d1D 10.f6-f7#**
317	Weiß gewinnt nicht so leicht, wie es aussieht. 2.a7-a8D Dc4-d3+ und Schwarz hat gute Chancen, Dauerschach halten zu können. **1.Ta8-h8+ Kh2-g1 2.Th8-h1+ Kg1xh1 3.a7-a8D** und der schwarze König sitzt böse in der Falle. Jeder weiße Königszug bringt ein Abzugsschach, so oder so folgt Matt in wenigen Zügen.

13	**1.Lg2-e4** [1...f5xe4? 2.Kg5xg4 Kb8-b7 3.f4-f5 verliert ganz einfach] **1...Lg4-h3 2.Le4xf5 Lh3-g2 3.Lf5-h7 Kb8-b7 4.f4-f5 Kb7xb6** [4...Lg2-e4 5.f5-f6 Le4xh7 6.f6-f7 und gewinnt] **5.f5-f6 Lg2-d5 6.Kg5-g6 Kb6-c7 7.Kg6-g7 Kc7-d7 8.Lh7-g8** und Schwarz kann die Diagonale nicht länger behaupten.
74	Eine einfache Stellung, die aber dennoch genaues Spiel verlangt: **1.Kc4-d3 h5-h4 2.Kd3-e2 h4-h3** Hier ist der kritische Moment; der richtige Königszug entscheidet: **3.Ke2-f2 Lf6-e5 4.Kf2-g1** und der König erreicht die rettende Ecke. Aber 3.Ke2-f1? Lf6-d4 4.Kf1–e2 h3-h2 und Schwarz gewinnt.; und ebenso 3.Ke2-f3? Lf6-h4 4.Kf3-g4 h3-h2.
135	Mit einem Damen(schein)opfer wickelt Weiß ins Endspiel ab, denn er kriegt alles Material zurück und noch zwei Bauern dazu: **1.Db4xb5+ a6xb5 2.Ta1–a8+ Ke8-d7** [2...De7-d8 3.Ta8xd8+ Ke8xd8 4.Td1xd5+ Kd8-c7 5.Td5xe5 und gewinnt] **3.Ta8-a7+ Kd7-e6 4.Ta7xe7+ Ke6xe7 5.Td1xd5** und Weiß geht ins gewonnene Endspiel über.
196	**1.Tc4xc6** Das Opfer wickelt forciert ins gewonnene Bauernendspiel ab: **Kd7xc6 2.Sb5-a7+ Kc6xc7 3.Sa7xc8 Kc7xc8 4.Kg1–f2 Kc8-d7 5.Kf2-e3 Kd7-c6 6.Ke3-d4 Kc6-b5 7.Kd4-d5** oder ***7.g2-g4*** und nach Festlegung aller Bauern kommt Schwarz in Zugzwang. So oder so verliert Schwarz auf Dauer den Bb4 und damit die Partie.
257	Der entfernte weiße König verliert trotz gleicher Bauernzahl: **1...Td5-d2 2.b2-b4 Td2-b2!** [2...Td2-d3 3.b4-b5+ Ka6xb5 4.Th7xa7] **3.Th7-h3 Tb2-a2 4.Kg4-f4 Ka6-b5 5.Kf4-e4 Kb5-a4 6.Th3-h7 Ta2xa3 7.Th7xa7+ Ka4xb4 8.Ta7-h7 b6-b5 9.Ke4-d4 Ta3-a8 10.Th7-h1 Ta8-d8+ 11.Kd4-e3 Kb4-c3 12.Th1–c1+ Kc3-b2** und Schwarz gewinnt.
318	Diese Stellung wurde von Schwarz aufgegeben, aber das wäre nicht nötig gewesen, denn Schwarz kann sich retten: **1...Dc3-g7+ 2.Td7xg7 Th1xh3+ 3.Kg3xh3** und Patt! Umgekehrt funktioniert es nicht, denn auf ***1...Th1xh3+*** 2.Kg3xh3 Dc3-h8+ kann Weiß die Pattstellung mit 3.Lf4-h6 aufheben.

14	Eine wichtige Technik ist das Brückenbau-Manöver (die Lucena Stellung): **1.Td2-c2+ Kc7-b7** [1...Kc7-d6? 2.Ke8-d8] **2.Tc2-c4** (Auf Tc5 kann ihn der König angreifen, bei Tc3 klappt der Brückenbau nicht) **2...Tf1–d1 3.Ke8-f7 Td1–f1+ 4.Kf7-e6 Tf1–e1+ 5.Ke6-d6 Te1–d1+ 6.Kd6-e5 Td1–e1+ 7.Tc4-e4** und gewinnt.
75	Eines der wichtigsten Turmendspiele ist die Philidor-Stellung: **1...Th1–h6** Sperrt den weißen König aus. **2.e4-e5 Th6-g6 3.Ta7-h7 Tg6-a6 4.Th7-c7 Ta6-h6 5.e5-e6** Weiß plant, mit dem König vorzugehen und so eine Mattstellung zu schaffen. Durch Turmschachs von hinten verhindert Schwarz das: **5...Th6-h1 6.Kd5-d6 Th1–d1+ 7.Kd6-e5 Td1–e1+ 8.Ke5-f6 Te1–f1+** usw. und Remis.
136	Durch eine Aufsplitterung der schwarzen Bauern gewinnt Weiß: **1.f5-f6 g7xf6 2.f2-f4 Kc4-d4 3.g4-g5 f6xg5 4.f4xg5 Kd4-e5** [4...h6xg5 5.h5-h6] **5.g5xh6 Ke5-f6 6.Kc1-c2** und Schwarz ist im Zugzwang und muss das Quadrat verlassen. Ohne Bauernopfer verliert Weiß sogar: ***1.f2-f4?*** f7-f6 und Schwarz erobert die festgelegten Bauern.
197	**1...Se5xf7 2.g6xf7 Sd5-e7+ 3.Kf5-g5 Se7-g6** und Remis, denn **4.Kg5xg6** ist Patt. Auf Königszüge kann der Springer zwischen f8 und g6 pendeln und sich notfalls opfern, denn der h-Bauer kann nicht gewinnen!
258	Im Stil der Réti-Studie versucht hier Schwarz, entweder ins Quadrat zu kommen oder den eigenen Bauern umzuwandeln. Das gelingt aber nicht ganz: **1.a3-a4 Ka2-b3 2.a4-a5 Kb3-c4 3.a5-a6 Kc4-d3** [3...Kc4-d4 4.Kh2-g1 Kd4-e3 5.Kg1–f1 und Weiß gewinnt] **4.a6-a7 f3-f2 5.a7-a8D f2-f1D** Im Gegensatz zu Réti erfolgt hier keine Umwandlung mit Schach, was fatale Konsequenzen hat: **6.Da8-a6+** und Weiß gewinnt.
319	Mit einem Hinlenkungsopfer startet Weiß einen großen Befreiungsschlag: **1.Df2-a2! Ta1xa2 2.Lf1xc4+ Ta1xa2 Kg8-f8 3.Lc4xa2** und Weiß gewinnt leicht. Andere Möglichkeiten sind: ***1...Ta1–c1*** 2.Da2xc4+ Tc1xc4 3.Lf1xc4+; oder ***1...Ta1xf1+*** 2.Kg1xf1 Lb7-d5 3.Da2-d2 Ld5-e6 4.Dd2-d6 usw.

15	Eigentlich sollte die Dame gegen einen Mittelbauern leicht gewinnen können. Aber hier sehen wir eine Ausnahme: **1.Ke5-e6 Ke3-f4+** [1...Ke3-d4+ 2.Ke6-d7] **2.Ke6-f7** und Remis, denn Schwarz hat kein Schach, da ihm der eigene König im Weg steht! (Schluss einer Studie von Troitzky, 1935)
76	**1.Le8-b5!** [***1.Sc4-e3*** ist auch möglich und bereitet Sd5 vor, was ebenfalls zu einer Gewinnposition führt; ***1.Le8-d7+?*** Kc8-d8 und Weiß hat nichts erreicht; ***1.Sc4-b6+?*** Kc8-d8 und die Partie ist Remis!] **1...Kc8-b7** [1...Kc8-d8 2.Sc4-e3 Kd8-c8 3.Se3-d5] **2.Kd6-d7 Kb7-b8 3.Lb5-a6 Kb8-a7 4.La6-c8 Ka7-b8 5.Kd7-d8 Kb8-a7 6.Kd8-c7 Ka7-a8 7.Sc4-e5 Ka8-a7 8.Se5-c6+ Ka7-a8 9.Lc8-b7#** War doch gar nicht so schlimm, oder?
137	Der schwarze Läufer könnte den Freibauern schon aufhalten - wenn da nur nicht die Fesselung und Weglenkung wären: **1.Kb4-c5 Ka8-b8 2.Kc5-d6 Kb8-c8 3.Lf7-e6** fesselt und bedroht und erzwingt die Weglenkung **3...Ld7xe6 4.e7-e8D+** und gewinnt.
198	Oft werden Endspiele mit Schwerfiguren und etwa ausgeglichenem Material allzu leicht als Remis eingeschätzt. Das kann ins Auge gehen, wie dieses Beispiel zeigt: **1...Te5-e2** und Weiß ist in einer unhaltbaren Position: ***2.Dc3xf6*** verliert durch das Zwischenschach 2...Te2xe1+ 3.Kg1–h2 g7xf6. Und ***2.Te1xe2*** Df6xc3 verliert die Dame und lenkt in ein verlorenes Endspiel ein.
259	**1.Lb5-c6** Der Läufer kann sich unbesorgt in die Linie stellen, auch ***1.Lb5-c4*** Sd5xc7 2.Lc4-a6 gewinnt den Springer] **1...Sd5-e7 2.Lc6-b7 Tc8-h8 3.Tc2-d2** [3.c7-c8D Se7xc8 4.Tc2xc8 Th8-h4] **3...Kg7-f6 4.Td2-d8 Kf6-g7 5.Td8xh8** oder **Kb2-c3** und Schwarz verliert das Endspiel.
320	Diese Stellung ist natürlich Wasser auf die Mühlen derer, die fest daran glauben, das ungleiche Läufer Endspiele immer Remis enden: **1.Kd1–e2 Kf4-e4 2.Lb5-c4 Lc7-g3 3.Lc4-b5 Ke4-d5 4.Ke2-d3 Lg3-e1 5.Lb5-a6 Kd5-c6 6.Kd3-c2 Kc6-b6 7.La6-c4 Kb6-a5 8.Kc2-b3** und Schwarz kann den Läufer nicht von der Diagonalen vertreiben, Remis. [8.Kc2-d3? Ka5-b4 9.Lc4-e6 Le1–f2 10.Le6-d5 c5-c4+ 11.Ld5xc4 e3-e2 12.Kd3xe2 Kb4xc4 13.Ke2xf2 Kc4-c3 und gewinnt]

16	Bei der II.Olympiade Den Haag 1928 hatte Balogh (Rumänien) im letzten Zug den Einfall gehabt, mit Kc6-b5 den gegnerischen Turm anzugreifen. Ein böser Fehler - und das gegen den Tschechen Prokes, einen berühmten Endspielstudien-Verfasser! **1.Ta4-a5+ Kb5xb4 2.Th3-a3** mit der Drohung **3.Ta3-a4#** und weiterhin Angriff auf den Tc1! Schwarz gab auf,
77	Ein Doppelbauer wie in unserem Beispiel ist im Endspiel sehr stark und sichert hier Schwarz den Gewinn: **1...b4-b3 2.Ke4-d3 a6-a5 3.Kd3-c3 a5-a4 4.Kc3-b2 b7-b5 5.Kb2-a3 b5-b4+ 6.Ka3-b2 Kg7-h6 7.Kb2-b1 a4-a3 8.Kb1–a1 b3-b2+ 9.Ka1–a2 b4-b3+ 10.Ka2-b1 Kh6-g7 11.h5-h6+ Kg7xh6 12.g6-g7 a3-a2+ 13.Kb1xb2 Kh6xg7** und gewinnt.
138	Diese fast sichere Gewinnstellung ist bei genauem Spiel nur Remis: **1.Kh5-g4 e4-e3 2.Ta8-a3 e3-e2 3.Ta3-a1 Kh2-g2** [3...Tf2-f1 4.Ta1-a2 Tf1-f2 5.Ta2-a1 =] **4.Ta1-e1 Kg2-h2 5.Te1-a1** [5.Kg4-h4?? verliert: 5...Tf2-f4+ 6.Kh4-g5 Tf4-e4 7.Kg5-f5 Te4-e8 8.Kf5-f4 Kh2-g2] **5...Tf2-f1 6.Ta1-a2 Tf1-f2** und Remis durch Zugwiederholung. [***1.Ta8-e8?*** Diesmal hilft die Tarrasch-Regel nicht: 1...Tf2-f4 2.Kh5-g5 Kh2-g3 3.Te8-e7 Kg3-f3 und gewinnt] Studie P.Keres, 1951
199	Durch den Bauernvorstoß **1.b4-b5 c6xb5** ergeben sich zwei mögliche Gewinnwege für Weiß. **2.Kb3-b4 c7-c6** Nun ist die 7.Reihe geöffnet und Weiß gewinnt durch das bekannte Umgehungsmanöver **3.Ta8-h8 Ta6xa7 4.Th8-h7+** usw. ***2...Ta6-a1*** führt zum anderen weißen Gewinnplan: 3.Kb4xb5 Ta1–b1+ 4.Kb5-c6 Tb1–a1 5.Kc6xc7 und gewinnt.
260	Der schwarze König steht im Quadrat und könnte den h-Bauern abfangen. Aber **1.c5-c6** erzwingt **1...d7xc6** und setzt so ein Hindernis ins Quadrat. Nach **2.a4-a5** kann Weiß umwandeln und gewinnt.
321	Der eingeklemmte weiße König wird vom Springer Matt gesetzt: **1...Se5-g4 2.Se7xg6 Kf3-f2 3.Sg6-f4 Kf2-g1 4.Sf4-d3** [oder 4.Sf4-e2+ Kg1–h1] **4...Kg1–h1** Der Springer muss ziehen und z.B. **5.Sd3-f4 Sg4-f2#**

17	Manchmal muss der König ins Geschehen eingreifen. Manchmal sich aber auch nur unsichtbar (= unschachbar) machen, so wie hier: **1...Kg8-g7 2.Tb7xb6 Sd4xb5 3.Tb6xb5 Tf6xc6** und die Gefahr durch den weißen Freibauern ist abgewendet. Dagegen verliert ***1...Kg8-f8?*** 2.Tb7xb6 Sd4xb5 3.Tb6-b8+ Der kleine Unterschied! Kf8-g7 4.Lc6xb5 und Weiß gewinnt.
78	**1...Ta1–f1 2.Ke3-d4 Kb2-b3 3.Kd4-e5 Kb3-c4 4.g5-g6** Eine Merkregel besagt, dass, wenn man beide Bauern auf die 6.(3.) Reihe bringt, man auch gewinnt. **4...Tf1–e1+ 5.Ke5-d6 Te1–g1 6.g6-g7 Kc4-d4 7.Kd6-c6!** [7.Kd6-e6? Kd4-e4 8.Ke6-f7 Ke4-e5 9.g7-g8D Tg1xg8 10.Kf7xg8 Ke5xf6 =] **7...Kd4-c4** [7...Tg1–g6 8.Kc6-b5 nebst f7 und gewinnt] **8.Kc6-d7 Kc4-d5 9.Kd7-e8 Kd5-e6 10.f6-f7 Tg1–a1** (droht Ta8#) **11.f7-f8S+ Ke6-f6 12.g7-g8D Ta1–a8+ 13.Ke8-d7** und gewinnt.
139	Weiß hat nur noch einen Bauern, und den gilt es durchzubringen: **1.Ld2-c3+ Kh8-g8 2.La6-c4+ Sa3xc4 3.a5-a6 b6-b5 4.Lc3-a5 Sc4xa5 5.a6-a7** und die Umwandlung ist nicht zu stoppen.
200	Man denkt, der Turm könnte sich gegen den Freibauern opfern und der Bh2 dann durchlaufen, da ja der La2 völlig abgeklemmt steht. Aber ein kleiner "Trick" wendet die Lage im Augenblick: **1...f3-f2 2.Tg3-g8 La2-b1 3.Kb2xb1** [3.Tg8-f8+ Lb1–f5] **3...f2-f1D+** und gewinnt.
261	Weiß hatte zuletzt Sd3-d5 gezogen, um mit der Drohung Te7# Schwarz zu zwingen, die Qualität zu opfern. Der andere Weg, zuerst Tb7 und nach La2 Sd5, hätte leicht gewonnen, nun aber entkommt Schwarz bravourös: **1...Td3xf3+ 2.Kf4xf3 Lb1xe4+ 3.Kf3xe4** Patt
322	In Damen-Bauern-Endspielen kann die schwächere Partei oft sogar gegen Dame und zwei oder drei Mehrbauern Remis durch Dauerschach halten: **1...Dh7-e7 2.Dc6-c5** [2.Kb6-a5 De7-a3+ 3.Ka5-b6 Da3-e7; oder 2.Dc6-d5?? De7-c7#; oder 2.c4-c5?? De7-d8+ 3.Dc6-c7+ Dd8xc7#] **2...De7-d8+ 3.Kb6-c6 Dd8-c8+ 4.Kc6-d6 Dc8-f8+ 5.Kd6-d5 Df8-f5+ 6.Kd5-d4 Df5-f2+ 7.Kd4-d5 Df2-f5+** usw. und Schwarz hält Remis durch Dauerschach.

18	Turmtausch oder nicht ist hier die Frage: **1...Tc4-a4 2.Ta5xa4 b5xa4 3.Kg4-f3 Kf6-f5 4.Kf3-e3 Kf5-f6 5.Ke3-d4 Kf6-f5 6.Kd4-c4 Kf5xf4 7.Kc4-b4 Kf4-e5 8.Kb4xa4 Ke5-d6** und Remis, ebenso wie 3.f4-f5 Kf6-f7 4.Kg4-f4 Kf7-f6 5.Kf4-e4 Kf6-e7 6.Ke4-d4 Ke7-f6 7.Kd4-c4 Kf6xf5 8.Kc4-b4 Kf5-e6 =
79	Ungleiche Läufer hin oder her, der Gewinn ist hier einfach: **1.Ld3-c4+ Kg8-h8 2.Kg5-f5 Lf8-h6 3.Kf5-e6 Kh8-g8 4.Ke6-e7+ Kg8-h8 5.Ke7-f7 Lh6-f8 6.g6-g7+ Lf8xg7 7.f6xg7+ Kh8-h7 8.g7-g8D+** und gewinnt.
140	**1.Tc1xc6 Db5xc6 2.b4xa5+ Kb7-c7 3.De4-e5+** Zieht der König auf die Grundreihe, gehen beide Türme verloren. **3...Dc6-d6 4.Tb1–c1+ Kc7-d7 5.De5-g7+ Dd6-e7** [5...Kd7-e6 6.Tc1–e1+ Ke6-f5 *(6...Ke6-d5 7.Te1–d1+)* 7.g3-g4+ Kf5-f4 8.Dg7-f7+ Kf4xg4 9.Te1–e4+ Kg4-g5 10.h2-h4#] **6.Tc1–c7+ Kd7-e6 7.Dg7xe7+** und baldigem Matt.
201	Wenn Weiß den gegnerischen König in der Ecke halten kann, gewinnt er: **1.Ke5-f5** (droht Kg6) **Kh8-g8 2.Ta7-a4! Lh4-e1** Andere Züge verlieren ebenfalls, z.B. 2...Lh4-f2 3.Kf5-g6 Lf2-c5 4.Ta4-a8+ usw. **3.Kf5-g6 Kg8-f8 4.Ta4-f4+ Kf8-g8 5.Tf4-e4 Le1–b4 6.Te4-e8+ Lb4-f8 7.Te8-a8 Kg8-h8 8.Ta8xf8#**
262	**1.Th7-g7+** [***1.g6-g7*** gewinnt ebenfalls, führt aber zu zahlreichen und ellenlangen Varianten. Die Textvariante dagegen entscheidet schnell] **1...Kg8xh8 2.Tg7-h7+ Kh8-g8 3.g6-g7 Tf8-e8** [3...Kg8xh7 4.g7xf8D] **4.Th7-h8+** Der g-Bauer geht zwar verloren, ermöglicht aber vorher noch den entscheidenden Spieß. **4...Kg8xg7 5.Th8xe8** und gewinnt.
323	Schwarz kann das rettende Eckfeld h8 nicht erreichen: **1.Lg4-e6 Ke8-e7** [1...Ke8-f8 2.h5-h6] **2.h5-h6 Ke7-f6 3.Le6-f5 Kf6-f7** [3...g5-g4 4.Kh2-g3 Kf6-f7 5.Lf5-h7 Kf7-f6 6.Kg3xg4 Kf6-f7 7.Kg4-g5 Kf7-f8 8.Kg5-g6 Kf8-e7 9.Kg6-g7 und gewinnt] **4.Lf5-h7 Kf7-f6 5.Kh2-g3 Kf6-f7 6.Kg3-g4 Kf7-f6 7.Kg4-h5 Kf6-f7 8.Kh5xg5 Kf7-f8 9.Kg5-g6 Kf8-e7 10.Kg6-g7** und gewinnt.

19	Die Stellung des weißen Königs ist so schlecht, dass sie schon wieder günstig ist: **1.Tg7-h7+ Kh3-g3 2.Th7-e7** Weiß steht auf Patt und der Turm blockiert einfach den schwarzen Turm: **2...Te8-f8 3.Te7-f7 Tf8-a8 4.Tf7-a7** usw. Remis! Paradox, aber wahr - wenn man nur schlecht genug steht und ein Patt möglich ist, dann ist alles wieder gut!
80	**1.Te2-c2 Kf7-e7 2.Tc2-c8 Ke7-d6** [2...Ke7-d7 3.Tc8-b8 Tb1–a1 4.Ka8-b7 Ta1–b1+ 5.Kb7-a6 Tb1–a1+ 6.Ka6-b6 Ta1–b1+ 7.Kb6-c5 usw. gewinnt] **3.Tc8-b8 Tb1–a1 4.Ka8-b7 Ta1–b1+ 5.Kb7-c8** [5.Kb7-a6 Tb1–a1+ 6.Ka6-b6 Ta1–b1+ usw.] **5...Tb1–c1+ 6.Kc8-d8 Tc1–h1 7.Tb8-b6+ Kd6-c5 8.Tb6-c6+ Kc5xc6** [8...Kc5-b5 9.Tc6-c8 Th1–h8+ 10.Kd8-c7 Th8-h7+ 11.Kc7-b8 und gewinnt] **9.a7-a8D+** und gewinnt.
141	Schwarz kann die Umwandlung nicht erzwingen und hat auch keine Zeit zu verlieren, denn Weiß droht ja seinerseits mit Umwandlung. Der rettende Zug ist **1...Ta3-c3 2.Kd2-c1 Tc3xc6** und Schwarz gewinnt das Endspiel.
202	**1...Td3xb3 2.Kc2xb3 d4-d3** [2...f3-f2 3.Lc6-g2 Ke3-e2 4.a4-a5 d4-d3 5.b5-b6 a7xb6 6.a5xb6 d3-d2] **3.Kb3-c3 f3-f2** [3...d3-d2? 4.Lc6xf3 Ke3xf3 5.Kc3xd2 und Weiß gewinnt] **4.Lc6-g2 d3-d2 5.Kc3-c2 Ke3-e2** und einer kommt durch. Umständlicher gewinnt: ***1...Td3-c3+*** 2.Kc2-b2 f3-f2 3.Lc6-g2 Tc3xb3+ 4.Kb2xb3 Ke3-e2 5.a4-a5 d4-d3 6.Kb3-c3 d3-d2 7.b5-b6 *(7.Lg2-h3 d2-d1D 8.Lh3-g4+ Ke2-e1 9.Lg4xd1 Ke1xd1 10.b5-b6 f2-f1D* und Schwarz gewinnt*)*
263	Weiß geht geradewegs auf die Umwandlung zu – und Schwarz kann nur hinterher schauen: **1.d5-d6 Te5xc5** [1...Te5-e1+ 2.Kg1–f2 Te1–d1 3.Tc5-c8 Td1xd6 4.Tc8xe8+ und gewinnt] **2.d6-d7** und die Umwandlung ist nicht zu vermeiden. (Leko - Short, Wyk aan Zee 2005)
324	Das sofortige Schlagen 1.Te1xe6 Sd5xf4 = bringt Weiß nichts, etwas mehr Geduld ist für den Gewinn erforderlich: **1.Te1–e4 Sd5-c7 2.Te4-d4+ Kd7-c8/c6 3.Td4-c4** (+) und Weiß schlägt den Springer, gewinnt erst den Be6 und dann die Partie.

20	**1.Ke3-f2 Kh4-h3** [1...g4-g3+ 2.Kf2-g1 Nicht etwa Kg2 wegen Patt!] **2.Kf2-g1** [2.f4-f5 Kh3-h2 3.f3xg4 h5xg4 4.f5-f6 g4-g3+ 5.Kf2-e2 =] **2...Kh3-h4 3.Kg1–g2 g4-g3 4.Kg2-g1 g3-g2 5.Kg1–h2 g2-g1D+ 6.Kh2xg1** Zugzwang **Kh4-g3 7.f4-f5** und Weiß gewinnt.
81	**1.Te2-d2** und nun entweder ein remises Endspiel nach **1...Td4-e4 2.Td2xd5 Kg7-g6** usw., oder *1...Td4xd2* PATT!
142	**1.Te8-e5** und Schwarz ist verloren, weder schlagen noch abwarten hilft ihm: **1...Tc5xe5 2.Lg3xe5 b6-b5** [oder z.B. 2...Lf3-d1 3.Le5-c3#] **3.Le5-c7#** Oder z.B. 1...Lf3-e2 2.Te5xc5+ b6xc5 3.Lg3-c7#]
203	**1.d5-d6 Tg4-g7** Dies ist einer der Ausnahmefälle, wo der Turm nicht hinter den Freibauern sollte, denn nach 1...Tg4-g6 2.Tf3-f8+ Kh8-g7 gewinnt einfach 3.d6-d7. **2.Tf3-h3+ Kh8-g8 3.Th3-g3** und diese Weglenkung sichert die Umwandlung: **3...Tg7xg3 4.d6-d7** und Weiß kann auf Gewinn spielen.
264	Diese Stellung ist keineswegs Remis, aber Weiß muss genau spielen: **1.Kb3-b4!** [1.Kb3-c3? Kh5-g4 2.Kc3-d4 Kg4-f4 3.Kd4xd5 Kf4-e3 =] **1...Kh5-g5 2.Kb4-c5 Kg5-f4** und **3.Kc5-d4!** gewinnt das entscheidende Tempo zum Gewinn, z.B. **3...Kf4-f5 4.Kd4xd5 Kf5-f4 5.e2-e4** und die Umwandlung ist nicht aufzuhalten. (Moravec 1940)
325	Schwarz kann die beiden Bauern nicht aufhalten, wenn Weiß jeweils zur rechten Zeit einen Zwischenzug einstreut: **1.b2-b4 Kc6-b5 2.d4-d5 Kb5-b6 3.Kh1–g2** Der entscheidende Zwischenzug, würde einer der Bauern ziehen, wären beide verloren. **3...Kb6-c7** [3...Kb6-b5 4.Kg2-f3 Kb5-b6 5.Kf3-e4 und gewinnt] **4.b4-b5 Kc7-b6 5.d5-d6 Kb6-b7 6.Kg2-f3 Kb7-c8** [6...Kb7-b6 7.Kf3-e4] **7.b5-b6 Kc8-b7 8.d6-d7** und gewinnt.

21	Schwarz kann den Freibauern nicht mit dem Springer stoppen: **1...Sh7-f6+** [1...Sh7-f8+? 2.Kd7-d8 macht Weiß die Umwandlung leicht] **2.Kd7-d8 Sf6-e8 3.Sc5-e6! Se8-d6** [oder 3...Se8-f6 4.Se6-g5+ Kf7-g8 5.Sg5-e4] **4.Kd8-d7 Sd6-e8 5.Se6-g5+ Kf7-g6 6.Kd7xe8** und gewinnt.
82	Kaum zu glauben, aber wahr: Der Läufer hält Remis, indem er nach Bedarf die Diagonalen a2-g8 und b1–h7 kontrolliert: **1...Lc4-a2 2.Tc7-b7 La2-c4 3.Kg5-g6 Lc4-d3+ 4.Kg6-g5 Ld3-c4 5.f6-f7 Kf8-g7 =** Weiß kommt nicht weiter.
143	Der Läufer schirmt seinen Freibauern nach hinten ab und Weiß bleibt keine Zeit, auf die Grundreihe zu gelangen. Aber das braucht er auch gar nicht: **1...Tc1–b1+ 2.Kb5-c4 Tb1–b8** und Remis, gleich ob Weiß schlägt oder nicht.
204	**1.Kg6-g5** ist wegen der großen Pattgefahr der einzige Gewinnweg: **1...Lh1-g2 2.Ta4-g4 Lg2-f3** [2...Lg2-h3 3.Tg4-g3 Lh3-e6 4.Kg5-h6 Le6-b3 5.Tg3-f3 und folgendem Matt] **3.Tg4-f4** und gewinnt. [***1.Ta4-a7*** Lh1-e4+ 2.Kg6-h6 Le4-b7 und Weiß kommt nicht weiter. Auf 3.Kh6-g6 folgt wieder 3...Lb7-e4+ usw.] Studie Wantschura 1924
265	Der Springer sitzt in der Falle und man sollte annehmen, das Schwarz verliert. Aber **1...Kf7-e8** rettet: **2.Ld8xb6 Ke8-e7** und Remis. Der schwarzfeldrige Läufer kann nicht hinaus, der weißfeldrige hat keinen Angriffspunkt. [***1...Sb6-a8*** 2.Lg4-d7 Kf7-f8 3.Ld7-c6 Kf8-f7 ; ***1...Sb6xd5*** 2.c4xd5 ; 1...Sb6xa4 2.Kb3xa4]
326	Der Turm gehört hinter den Freibauern, denkt sich Weiß: **1.Ta6-a5 Kg8-f8 2.Ta5-c5** und Schwarz praktiziert die Blockade **2...Lg4-c8 3.Tc5-d5 Tb8-b1+ 4.Kg1–h2 Kf8-e8 5.c6-c7 Lc8-d7 6.Sd4-c6 f7-f6** [6...Ld7xc6?? 7.Td5-d8# *(oder 7.c7-c8D#)*] **7.Sc6-b8** und gewinnt.

22	Wenn beide Spieler eine neue Dame bekommen, muss die Partie deswegen noch nicht gleich Remis enden: **1...d5-d4 2.a4-a5 d4-d3 3.a5-a6 d3-d2 4.a6-a7 d2-d1D 5.a7-a8D Dd1–d7+ 6.Kb7-b8** [6.Kb7-a6 Dd7-b5+ 7.Ka6-a7 Db5-b6#] **6...Kc5-b6** nebst Matt.
83	Der Doppel-Freibauer wirkt nicht sehr gefährlich, zumal ihm der eigene Turm im Weg steht. Aber der Schein trügt: **1.Tg7-h7 Th3-g3 2.g6-g7 Tg3xg5** Der Turm nutzt die Fesselung zur Weglenkung und ermöglicht so die Umwandlung: **3.Th7-h5! Tg5xh5 4.g7-g8D** und Weiß gewinnt.
144	**1.Kb3-a4 La5-b6 2.Ka4-b5 Lb6-a7 3.Kb5-a6 La7-b8 4.Ka6-b7** und, wohin der Läufer auch zieht, gerät er in den Dunstkreis des Abzugsschachs und geht verloren. Und wenn Weiß nicht nur das erkannt hat, sondern auch mit Läufer und Springer Matt setzen kann, ... !?
205	In der materiell völlig gleichen Stellung entscheidet der aktive schwarze König die Partie: **1...Kd2-c3 2.Kb1–a2 Kc3-c2 3.Ka2-a3** und nun nicht Kc3 und Remis, sondern mit **3...Kc2-b1!** bringt Schwarz den Gegner in Zugzwang und es geht nur **4.b3-b4 a5xb4+** usw., Schwarz gewinnt leicht.
266	Mit nur einem Mehrbauern und allen Bauern am gleichen Flügel hat Schwarz kaum Gewinnchancen. Aber nach dem Opfer **1...Tb2xf2** sieht die Sache schon besser aus, denn **2.Kg1xf2 De5-c5+ 3.Kf2-g2 Lb5-f1+ 4.Kg2xf1 Dc5xa5** und Schwarz gewinnt. Etwas besser ist das Rückopfer ***3.Td1–d4*** Dc5xd4+ 4.Kf2-g2 Lb5-c4 5.Da5-e1 Lc4-d5, aber auch hier hat Schwarz gute Gewinnchancen.
327	**1.Lh4-e1** Der Läufer opfert sich und bringt dadurch den Turm in eine Linie mit seinem König, was sich bald als Problem erweist: **1...Tg1xe1+** [1...Tg1–g8 2.Le1–g3+ Ke5-d5 3.Lg3-b8 Tg8-g1+ 4.Kb1–b2 Tg1–g2+ 5.Kb2-b3 usw.] **2.Kb1–b2 Te1–e2+ 3.Kb2-b3 Te2-e3+ 4.Kb3-b4 Te3-e4+ 5.Kb4-b5** und Schwarz hat keine Schachs mehr und verliert. Weenink,H - 1917

23	Schwarz hat einen Bauern mehr, aber Weiß hat den Zugzwang als Verbündeten und das ist entscheidend: **1.Td6-d1+ Tb5-b1 2.Td1–c1! Tb1xc1+ 3.Kc2xc1 h6-h5 4.g4xh5 g5-g4 5.h5-h6 g4-g3 6.h6-h7 g3-g2 7.h7-h8D#**
84	**1.Ta3-a8 Kf5-f4 2.Ta8-f8+ Kf4-g5 3.Tf8-h8** und Zugzwang. Gleichgültig, welcher Bauer vorrückt, der König blockiert ihn auf g3 oder h3 und gewinnt ihn bald. ***1.Ta3-a4*** Kf5-g5 2.Kg2-f2 Kg5-h5 3.Kf2-e3 h4-h3 4.Ke3-f2 Kh5-h4 5.Ta4-b4 ist ein umständlicherer Gewinnweg.
145	Das Zusammenspiel von König und Bauer bringt den Sieg: **1.Kf3-f4 Ka2-b3 2.Kf4-e5 Kb3-c4 3.d2-d4!** und durch Zugzwang muss der schwarze König die Deckung seines Bauern aufgeben, Weiß gewinnt.
206	**1.Kb2-c1 f4-f3 2.Ta1–a2+ Ke2-e1** [2...Ke2-e3 3.Kc1–d1 f3-f2 4.Ta2-a3+ Ke3-e4 5.Kd1–e2 gewinnt den Bauern] **3.Ta2-a8** z.B. **3...f3-f2** [3...Ke1–e2 4.Ta8-e8+ Ke2-d3 5.Kc1–d1 f3-f2 6.Te8-d8+ Kd3-e3 7.Td8-f8 und Zugzwang, der König kann den Bf2 nicht länger verteidigen] **4.Ta8-e8+ Ke1–f1 5.Kc1–d2 Kf1–g2 6.Te8-g8+ Kg2-f1 7.Tg8-f8 Kf1–g2 8.Kd2-e2** und gewinnt.
267	**1...Tf3xb3+ 2.Lc4xb3** [2.Kb1–a2 Dd5xc4 3.c2xb3 Dc4-c2+ 4.Ka2-a3 Dc2-d1 droht Da1#] **2...Dd5xb3+ 3.Kb1–a1 Db3xa4+ 4.Ka1–b2 Da4xc2+ 5.Kb2-a3 b7-b5** und gleich was Weiß zieht, kann er das Matt z.B. durch **b5-b4#** nicht vermeiden.
328	Weiß gewinnt leicht gegen die beiden Bauern, wenn er genau spielt: **1.Da2-a6+ Kd3-e3 2.Da6-e6+ Ke3-f3** [oder 2...Ke3-d3 3.De6-f5+ Kd3-d4 4.Df5-f4+ Kd4-c3 5.Df4-e3+ Kc3-c2 6.De3xe2] **3.De6-f5+ Kf3-e3 4.Df5-f2+ Ke3-d3 5.Df2-f3+ Kd3-c2 6.Df3xe2 Kc2-c1 7.De2-c4+ Kc1–b1 8.Dc4-b3+ Kb1–c1 9.Db3-c3+ Kc1–d1 10.Dc3-c4** [10.Kg1–f2 Patt!] **10...Kd1–e1 11.Dc4-f1#**

24	1...Dd6xe7 gäbe Weiß die Gelegenheit, sich mit 2.Dc2-g2+ Kg3-f4 3.Dg2-g4+ Kf4-e3 4.Dg4-e6+ De7xe6 5.Lh3xe6 = glücklich aus der Affäre zu ziehen. Schwarz kann jedoch die Umwandlung ruhig zulassen, denn nach **1...Dd6-d1+ 2.Dc2xd1 Sb2xd1 3.e7-e8D** nutzt er die Eckstellung des gegnerischen Königs einfach zu **3...Sd1–f2#**
85	Um durchzubrechen muss Weiß fast alle Bauern zwecks Weglenkung hergeben: **1.d4-d5 e6xd5 2.f4-f5 g6xf5** [2...Kb4-c5 3.f5-f6 d5-d4 4.e5-e6 und gewinnt] **3.e5-e6 f7xe6 4.h4-h5 f5-f4 5.g5-g6 f4-f3 6.Kc1–d2 h7xg6 7.h5-h6** (und nicht etwa hxg6?) **7...a4-a3 8.h6-h7 a3-a2 9.h7-h8D** und gewinnt.
146	Der Turm stoppt den d-Bauern, der Läufer den h-Bauern. Aber nach **1...Lb4-d6 2.Td8xd6 h3-h2** [oder 2.Lc7xd6 d2-d1D] steht jeweils einer dem anderen im Weg und Schwarz kann einen seiner Bauern umwandeln und gewinnt.
207	Da sich der weiße Springer gegen den Bauern opfern kann, ist ihm das Feld g1 zugänglich und dadurch kann er Dauerschach bieten: **1.Ke2-f1 h3-h2 2.Sc1–e2+ Kg3-f3 3.Se2-g1+ Kf3-g3 4.Sg1–e2+ Kg3-h3 5.Se2-g1+** und Remis, auf **5...Kh3-g4** würde **6.Kf1–g2** folgen.
268	Bei richtigem Spiel kann Schwarz Remis halten: **1.Kd4-c5 Kf5-e6 2.Kc5-b6 Ke6-d7 3.b4-b5 Kd7-c8** Der scheinbar gleichwertige Zug ***3...La8-f3*** verliert die Partie noch: 4.a7-a8D! Lf3xa8 5.Kb6-a7 La8-f3 6.Ka7-b8 Lf3-d5 7.b5-b6 Kd7-c6 8.Kb8-a7 und Weiß gewinnt.
329	Selbst erfahrene Spieler würden versuchen, den König vor den Freibauern zu bringen. Dieser instinktive Impuls verliert allerdings. Der richtige Remisweg ist: **1...Kg4-f4 2.b4-b5 Kf4-e4 3.Lc3-d4 Ld8-c7 4.Kc4-c5 Ke4-d3 5.Kc5-c6 Kd3-c4 6.Ld4-b6 Lc7-g3 7.Lb6-a7 Lg3-c7** Remis

25	Diese Stellung mit dem symmetrischen schwarzen Figurenaufbau sieht wie eine Studie aus, stammt aber tatsächlich aus der Partie Wojcehowski - Sandler, Riga 1982: **1...e3-e2 2.Le1xf2 Lf4-e3** und gewinnt, denn der Lf2 ist sowohl gefesselt als auch überlastet. Auf **3.Ta4-a1** folgt einfach **3...g3xf2+ 4.Kg1–h2 f2-f1D** usw.
86	Wenn im Endspiel T,3B - T,2B der verteidigende König ausgesperrt ist, droht der Verlust: **1.Kf1–g1 Ta2-b2 2.h2-h3 Tb2-b6 3.Kg1–f2 Tb6-f6 4.Kf2-g3 Kd7-d6 5.Te5-e4 g6-g5 6.h3-h4 Tf6-g6 7.Kg3-h3 g5xh4 8.Te4-e2! Tg6-g5 9.Kh3xh4 Tg5-a5 10.g2-g3 Kd6-d7 11.f3-f4 Kd7-d6 12.Te2-e5 Ta5xe5 13.f4xe5+ Kd6xe5 14.Kh4xh5 Ke5-f6 15.g3-g4 Kf6-g7 16.Kh5-g5** und Weiß gewinnt.
147	**1.Tb8-a8+** [1.Kd7xc7 Patt!] **1...Sc7xa8** [1...Ka7xa8 2.Kd7xc7 Ka8-a7 3.Kc7-c6 Ka7-a8 4.Kc6xb6] **2.Kd7-c8 Sa8-c7 3.Kc8xc7 Ka7-a8 4.Kc7xb6** (Capablanca – Lasker, Berlin 1914. Dieser Ausgang einer praktischen Partie diente sogar als Vorlage für mehrere spätere Studien!)
208	**1.Tf1–f4** (droht b2-b4) **b5-b4 2.b2-b3 Tf6-f7** Zugzwang, nun kann Weiß vorrücken. **3.f5-f6 Kc5-d6 4.Kd3-d4 Kd6-e6 5.Tf4-f2 Ke6-d6 6.Tf2-a2 Tf7-c7** (droht Tc3 mit Gegenspiel) **7.Ta2-a6+ Kd6-d7 8.Ta6-b6** und gewinnt. ***8.Kd4xd5*** ist mühsamer, z.B. Tc7-c3 9.Ta6-a8 Tc3-f3 10.f6-f7 Tf3xf7 11.Ta8-a7+ Kd7-e8 12.Ta7xf7 Ke8xf7 13.Kd5-c5 Kf7-e6 14.Kc5xb4 Ke6-d7 15.Kb4-b5 Kd7-c7 16.Kb5-a6 usw.
269	Ein einziger Zug entscheidet hier über Remis oder Gewinn: **1...Kh8-g8 2.Ld3-c4+ Kg8-f8** und Remis, Schwarz zieht nur noch den Läufer auf der Diagonalen. ***2...Kg8-h8?*** dagegen verliert, denn nach 3.Kh5-g4 wandert der weiße König nach f7 und erzwingt die Umwandlung.
330	Durch aktives Spiel erreicht Weiß in wenigen Zügen Gewinnstellung: **1.h5-h6 g7xh6** [1...g7-g5+ 2.Kh4-h5 und der Bauer geht auf Dauer verloren] **2.Te6xh6 Tg8-g7 3.Kh4-h5 Kb7-a6 4.Th6-c6 Tg7-e7** [4...Ka6-b7? 5.Tc6-c7+ Tg7xc7 6.b6xc7 Kb7xc7 7.Kh5-h6 und gewinnt] **5.Tc6-c7 Te7-e5+ 6.g4-g5 Ka6xb6 7.Tc7xh7** und Weiß gewinnt. (Botwinnik - Boleslavsky, Moskau 1941)

26	**1.Tb8-b4+** [Vorsicht, Falle! ***1.Tb8xb3?*** verliert: 1...c3-c2 2.Tb3-b4+ Kd4-d5 3.Tb4-b5+ Kd5-d6 4.Tb5-b6+ Kd6-d7 5.Tb6-b7+ Kd7-c8] **1...Kd4-d3 2.Tb4xb3 =** [1...Kd4-c5/d5 2.Tb4xb3 Kc5-c4 =; oder 2...Kc5-c4 3.Tb3-b1 c3-c2 und ob 4.Tb1–b8 oder 4.Tb1–a1, Weiß muss jeweils den Turm gegen den Bauern opfern und Remis.
87	**1.Ta2-a8+ Tf7-f8 2.Ta8xf8+ Kg8xf8 3.Lf4-h6! g7xh6** [oder 3...Kf8-f7 4.Lh6xg7 Kf7xg7] und Schwarz hat den "Falschen Läufer" und kann trotz seines Materialvorteils nicht gewinnen. Das erkannte der spanische Meister Greco in dieser Studie schon 1619!
148	Da der Lf4 an die Deckung des Umwandlungsfeldes gebunden ist, kann Weiß einfach **1.Sd1xe3** spielen. Nach **Lf4xh2** [1...Lf4xe3?? 2.b7-b8D+] **2.Se3xg4** z.B. **Lh2-c7 3.Sg4-f6** z.B. **Lc7-f4 4.Sf6-d7** muss Schwarz den Läufer geben, um die Umwandlung zu verhindern. Schwarz am Zug kann sogar noch schneller gewinnen: **1...g4-g3 2.h2xg3 h3-h2 3.Kf1-g2 e3-e2** und gewinnt.
209	Können 2 Bauern und ein Doppelschach eine Dame aufwiegen? Hier tun sie es jedenfalls: **1...De3xf4+ 2.Kg3xf4** [Weglaufen gilt nicht: 2.Kg3-h3 Df4xh2#] **2...g6-g5+ 3.Kf4-g3 f5-f4+ 4.Kg3-h3 Sg4-f2#**
270	Schwarz opfert einen Bauern, um den Damentausch zu erzwingen und gewinnt das Bauernendspiel mit einem Durchbruch: **1...g5-g4+ 2.Dg8xg4 Dc2-f5 3.h4-h5 c5-c4 4.h5-h6 Df5xg4+ 5.Kh3xg4 Ke5-f6 6.b3xc4** [oder 6.Kg4-f4 c4xb3] **6...b4-b3** und der König ist jeweils außerhalb des Quadrates.
331	Trotz zweier Mehrbauern kann Schwarz nicht gewinnen: **1.Ke1–d2 Kb2xa1 2.Kd2-c1 Ka1–a2 3.Kc1–c2 =** Auch **3...c6-c5** führt nicht zum Sieg: **4.d4xc5 d5-d4 5.c5-c6 d4-d3+ 6.Kc2xd3 Ka2-b3 7.c6-c7 a3-a2 8.c7-c8D a2-a1D 9.Dc8-e6+ Kb3xb4 10.De6-e7+ Kb4-b3 11.De7-e6+** und Dauerschach.

27	Mit einer Mattdrohung über beide Flügel rettet sich Weiß ins Remis: **1.e6-e7 Kg8-f7 2.e7-e8D+ Kf7xe8 3.Kd5-e6 Tc1–f1 4.Th4-a4 Tf1–d1 5.Ta4-h4** usw. 1.Th4-h8+ sichert zwar die Umwandlung, verliert aber dennoch: 1...Kg8xh8 2.e6-e7 Tc1–d1+ 3.Kd5-e6 c2-c1D 4.e7-e8D+ Kh8-h7 5.De8-h5+ Dc1–h6+ usw.
88	Wenn der König der Bauernpartei am Rand und der König der Turmpartei in seiner Nähe steht, ist eine permanente Mattdrohung die einzige Möglichkeit, Remis zu halten: **1.Kf6-f5 Kh5-h4 2.Kf5-f4 Kh4-h3 3.Kf4-f3 Kh3-h2 4.Kf3-e3 Kh2-g2** [4...Kh2-g3 5.Tb1–g1+ Kg3-h2 6.Tg1–b1 =] **5.Ke3-d3 Kg2-f3 6.Kd3-c3 a3-a2 7.Kc3xb2 a2xb1D+ 8.Kb2xb1** Remis (Studie Horwitz/Kling 1851)
149	Der Ansatz der Kombination ist wohl einfach und einleuchtend: **1.Tc1xc6 b7xc6 2.Ta1–g1** Nun aber kein blinder Eifer, denn 2.b6-b7 verdirbt die Chance wieder, 2...Tg5-g8 3.b7xa8D *(oder 3.b7-b8D Tg8xb8 4.a7xb8D+ Ta8xb8)* 3...Tg8xa8 und die Stellung ist nur noch auf Remisbreite] **2...Kh8-g7 3.Tg1xg5+ h6xg5 4.b6-b7 Ta8xa7 5.b7-b8D** usw., Weiß gewinnt.
210	**1.d4-d5!** Der Bauernzug schließt die lange Diagonale, gleich, ob Schwarz schlägt oder nicht. **1...e6xd5** [1...h4-h3 2.d5xe6 h3-h2 3.e6-e7 h2-h1D 4.e7-e8D+ Kc8-b7 5.c7-c8D+ Kb7-b6 6.De8-b5+ Kb6-a7 z.B. 7.Dc8-b8#] **2.a4-a5 h4-h3 3.a5-a6 h3-h2 4.a6-a7 h2-h1D 5.a7-a8D#** [4...Kc8-b7 5.c7-c8D+ Kb7xa7 6.Kd6-c6 h2-h1D 7.Dc8-b7#]
271	Es ist nicht leicht, an den schwarzen König in seiner Bauernfestung heranzukommen, schließlich droht immer Patt. Ein einleitendes Opfer und Zugzwang lösen aber bald das Problem: **1.Tb3-h3+ g4xh3+ 2.Kg2-f3 g5-g4+ 3.Kf3-f4 g4-g3 4.h2xg3#**
332	**1.Ta8xa6** Weiß opfert eine Figur für freie Bahn für seinen Bauern: **1...Lb6xd4 2.Ta6xf6 Ld4xf6 3.a4-a5 Lf6-d8** [3...Lf6-e5 4.b4-b5 Le5-d6 5.b5-b6 Ld6-c5 6.c3-c4 und der König kann den Bauernvormarsch unterstützen] **4.Kd3-d4 h5-h4 5.Kd4xd5 f7-f5 6.Kd5-c6 g6-g5 7.a5-a6 h4xg3 8.h2xg3 f5-f4 9.g3xf4 g5xf4 10.a6-a7** und gewinnt.

28	Adolph Anderssen war – abgesehen von Morphys kurzer Schachkarriere – nicht nur der beste Spieler seiner Zeit, sondern auch ein engagierter Komponist von Studien. Dies ist eine davon: **1.Dc6xb6 a7xb6 2.Se7-c6+ Kb8-a8 3.Sc8xb6#**
89	Statt seine Freibauern vorwärts zu bringen kann Schwarz gleich auf zweierlei Wegen Matt setzen: **1...g6-g5+ 2.Kh4xg5 Dc3-f6+ 3.Kg5-h5 Df6-h6#** Oder ***1...Dc3-e1+*** 2.Kh4-g5 *(2.Dc7-g3? g6-g5+)* 2...De1–e3+ 3.Kg5-h4 g6-g5+ 4.Kh4-h5 De3xh3+ 5.Kh5xg5 Dh3-h6#
150	**1.h4-h5+ Kg6-f6 2.Kh3-h4** [2.g3-g4 Tc2-c5! 3.Ta5xa2 Kf6-g5 4.Ta2-a8 Tc5-c3+ 5.Kh3-g2 Kg5xg4 =] **2...Tc2-h2+ 3.Kh4-g4 Th2-b2** [3...Th2-g2 4.Ta5-a8 Kf6-g7 5.Kg4-h4 Tg2-h2+ 6.Kh4-g5 gewinnt] **4.Ta5-a6+ Kf6-g7 5.Kg4-g5 Tb2-b5+ 6.Kg5-h4 Tb5-b2 7.g3-g4 Kg7-f7 8.Kh4-g5 Tb2-b5+ 9.Kg5-h4** [9.Kg5-h6?? Tb5-b6+ 10.Ta6xb6 a2-a1D] **9...Tb5-b2 10.h5-h6 Tb2-h2+ 11.Kh4-g5 Th2-b2 12.h6-h7 Tb2-h2 13.Ta6-a7+ Kf7-e6 14.Kg5-g6 Ke6-d5 15.Ta7xa2 Th2xa2 16.h7-h8D** usw.
211	**1.Ke8-e7** [1.Ke8-f7 gibt Schwarz Pattchancen: 1...Tg6-c6 2.Tc4-e4 Tc6-c7+ 3.Te4-e7 Tc7-a7 =] **1...Tg6-g8** [1...Tg6xh6?? 2.Ke7-f7] **2.Tc4-d4 Tg8-a8 3.Td4-d8+ Ta8xd8 4.Ke7xd8 Kh8-g8 5.Kd8-e7 Kg8-h8 6.Ke7-d6 Kh8-g8 7.Kd6-c5 Kg8-f7 8.Kc5-b4 Kf7-g6 9.Kb4xa3 Kg6xh6 10.Ka3-b4 Kh6-g5 11.a2-a4** und gewinnt.
272	**1.Tb5xf5** Ein ruhigeres Vorgehen wie z.B. 1.Tb5-b4 lässt Schwarz wieder ins Spiel kommen und macht Weiß den Sieg schwerer. **1...g6xf5 2.Le2-b5 Td7-d8 3.Lb8-c7 Td8-g8 4.d6-d7** und Weiß gewinnt.
333	Der weiße König steht nicht im Quadrat des Freibauern c7 – noch nicht! **1.g2-g4+** [1.h2-h4 geht nicht: c7-c5 2.g2-g4+ Kh5xh4 3.Kh7-g6 Kh4xg4 und Schwarz gewinnt] **1...Kh5-g5** [1...Kh5xg4 2.Kh7-g6 c7-c5 3.h2-h4 c5-c4 *(3...Kg4xh4 4.Kg6-f5 =)* 4.h4-h5 c4-c3 5.h5-h6 c3-c2 6.h6-h7 c2-c1D 7.h7-h8D =] **2.Kh7-g7 c7-c5 3.h2-h4+ Kg5xg4** [3...Kg5xh4 4.Kg7-f6 Kh4xg4 5.Kf6-e5 =] **4.Kg7-g6 Kg4xh4 5.Kg6-f5** und Remis. (Studie Gorgiev, Iswestia 1928)

29	**1...Kc6-d5** [In der Partie Ljubojevic - Browne, Amsterdam 1972, geschah 1...f7-f5 2.Ka5-b4 f5-f4 3.Kb4-c4 =] **2.b3-b4 f7-f5 3.b4-b5 f5-f4 4.b5-b6 Kd5-c6 5.Ka5-a6** und nun der kleine Unterschied; Schwarz kann jetzt mit Schach umwandeln! **5...f4-f3 6.b6-b7 f3-f2 7.b7-b8D f2-f1D+ 8.Ka6-a5 Df1–a1+ 9.Ka5-b4 Da1–b2+** usw.
90	Ob sich der Turm auf a1 oder a3 schlagen lässt, ist der entscheidende Unterschied: **1.Ta1–a3 Kb2xa3 2.a4xb5 a5-a4 3.b5-b6 Ka3-a2 4.b6-b7 a4-a3 5.b7-b8D** und Weiß gewinnt. ***1.a4xb5*** Kb2xa1 überlässt Schwarz zwei zusätzliche Tempi: 2.b5-b6 a5-a4 3.b6-b7 a4-a3 4.b7-b8D a3-a2 und theoretische Remisstellung.
151	**1.Sb7xa5** und Schwarz kann den Springer nicht schlagen, denn: **1...Lc3xa5 2.e6-e7 Sf5xe7 3.Lg1–d4#**
212	**1.Ka5-a6** gestattet dem Gegner zwar einen Freibauern zu schaffen, aber von dem wird er nicht viel haben: **1...c6-c5 2.d4xc5 d5-d4 3.b6-b7 d4-d3** [3...Kb8-c7 4.Ka6-a7] **4.Ka6-b6 d3-d2 5.c5-c6 d2-d1D 6.c6-c7#** [***1.Ka5-b4*** gewinnt auch: 1...Kb8-c8 2.Kb4-c5 Kc8-b7 3.h2-h3 und Schwarz muss den Bc6 wegen Zugzwang aufgeben]
273	**1...Sb5xd4 2.c3xd4 Tc8xc5 3.Tc1xc4 Tc5xc4** und Schwarz gewinnt das Endspiel. 3.d4xc5? Da7xc5+ Mit Zwischenschach verdoppelt Schwarz erneut und gewinnt nicht nur den Turm zurück, sondern noch die Dame gegen den Turm dazu: 4.Kg1–f1 Tc4xc1.
334	**1.a6-a7** [1.c6-c7 führt zu der schon bekannten Rettung durch Dauerschach: 1...Tb6xa6+ 2.Ka8-b7 Ta6-a2 3.c7-c8D Ta2-b2+ =] **1...Tb6xc6 2.Ka8-b7 Tc6-c2 3.a7-a8D** und der König kann dem Dauerschach entkommen und Weiß kann auf Gewinn spielen. Korolkov,V - 1950

30	Zwar steht der weiße König in der gefährlichen Position vor seinen Bauern, aber Schwarz muss noch ein bisschen arbeiten, um ihn zu fangen: **1...Sf6-h5+ 2.De2xh5** [2.Kg3-g4 Tf1–f4+ 3.Kg4xh5 g7-g6+ 4.f5xg6+ f7xg6#; oder 2.Kg3-h4 Dg1–d4+] **2...Dg1–f2+ 3.Kg3-h2 Df2-e1 4.g2-g3** [4.Sd6xf7 Tf1–h1#] **4...De1–f2#**
91	Diese Stellung ist ein echter Klassiker, denn sie wurde schon 1792 von Ponziani veröffentlicht: **1.Lh4-f2 e4-e3 2.Lf2xe3 Dd4xe3 3.Dh2-f2 De3xf2 4.a4-a5+** und, gleichgültig ob Schwarz den Bauern schlägt oder nicht, ist Weiß Patt.
152	Trotz der beiden schwarzen Freibauern kann Weiß Remis halten: **1.Sf1–e3 a4-a3 2.Se3-d5 f2-f1D 3.Sd5-c7+ Ke8-f8** [3...Ke8-d8?? 4.e6-e7+ Kd8-c8 5.e7-e8D+ Kc8-b7 6.De8-a8+ Kb7-b6 7.Sc7-d5+ Kb6-b5 8.Da8-c6+ Kb5-a5 9.Dc6-b6+ Ka5-a4 10.Db6-b4#] **4.e6-e7+ Kf8-g7 5.e7-e8D Df1–f8+ 6.De8xf8+ Kg7xf8 7.Sc7-e6+ Kf8-f7 8.Se6-d4** und Remis.
213	Auch zwei Mehrbauern bei gleichen Läufern sind keine Gewinngarantie: **1...Ld8-e7 2.e4-e5 Le7-f8 3.e5-e6** [3.Kc4-d3 Kc6-d5 4.Le3-d4 Lf8xc5 5.Ld4xc5 Kd5xe5 =] **3...Lf8-e7** und Weiß kommt nicht weiter, weil sein König an die Deckung des c-Bauern gebunden ist.
274	Das Standardmanöver 1.Tc2-b2 Tg8-a8 2.Tb2-b8 ist hier wegen des Lg3 nicht möglich. Aber es gibt noch einen "Plan B": **1.Tc2-c5+ Kd5-d6 2.Tc5-g5** und Schwarz verliert entweder seinen Läufer oder muss die Umwandlung zulassen, was im Endergebnis wohl keinen Unterschied machen dürfte.
335	Schwarz hat etliche Turmzüge zur Auswahl, aber sie scheinen alle nicht über Remisbreite hinaus zu führen. Der Abtausch, der eigentlich die Stellung weiter verflacht, hat es aber in sich: **1...Th2xe2 2.Te3xe2 Sc5xe4** und Weiß kann den Springer nicht schlagen wegen der Gabel **3.Te2xe4?? f6-f5+** mit Qualitäts- und Partiegewinn. Der nun entstandene Freibauer d5 verhilft Schwarz leicht zum Sieg.

31	Um zu gewinnen muss Weiß die Diagonale c8-h3 kontrollieren, ohne dass der Läufer vor seinem Bauern steht: **1.Lg4-d7 La4-d1 2.Ld7-c6 Ld1–g4 3.Lc6-b7!** Der entscheidende Zwischenzug! Nach **3...Lg4-f5 4.Lb7-c8** kann Weiß die Diagonale besetzen, ohne dabei seinem Bauern im Weg zu stehen.
92	Das Bauernendspiel scheint für Schwarz unhaltbar zu sein. Nur ein "Selbstpatt" kann ihn retten: **1...c5-c4 2.d3xc4 c7-c5 3.Kg3-g4 Kd8-c7 4.Kg4-f5 Kc7-b6 5.Kf5xe5 Kb6-a5 6.Ke5-d5 Ka5-a4 7.Kd5xc5** [oder 7.e4-e5] **7...a7-a5** macht die Tür hinter sich zu und **8.Kc5-d6** oder beliebig macht das Licht aus. Patt!
153	**1.Lh5-e8** Weiß bannt die Pattgefahr und nutzt anschließend Zugzwang und Fesselung zum schnellen Sieg: **1...c3-c2** [1...Kc1–d1?? 2.Tb3-b1#] **2.Le8-a4! Kc1–d1** Zugzwang **3.Tb3-b1#**
214	Die weit vorgerückten Freibauern wiegen den schwarzen Springer leicht auf, allerdings sollte Weiß genau spielen: **1.g5-g6 Ta2-a8 2.h6-h7 Se4-g5 3.g6-g7+** [3.Tf7-e7 Sg5xh7 4.g6xh7 oder *4.Te7xh7+* mit einem Endspiel auf Remisbreite] **3...Kh8xh7 4.Tf7-f8 Kh7xg7 5.Tf8xa8** und Weiß sollte gewinnen.
275	**1.e5-e6 Ke8-d8** [1...Tb6-b8 2.d5-d6 e7xd6 3.Kf5-f6 Ke8-f8 4.Ta7-g7 Tb8-e8 *(oder 4...Tb8-c8 5.e6-e7+ Kf8-e8 6.Tg7-g8+ Ke8-d7 7.Tg8xc8 Kd7xc8 8.e7-e8D+)* 5.e6-e7+ und Weiß gewinnt jeweils] **2.Ta7-a8+ Kd8-c7 3.Ta8-e8 Kc7-d6 4.Te8-d8+ Kd6-c5 5.Kf5-g6 Tb6-b1 6.Kg6-f7 Tb1–b7 7.Td8-d7** und gewinnt.
336	Der unaufhaltbare Freibauer droht Schwarz gute Gewinnchancen zu verschaffen. Aber Weiß hat noch eine Chance: **1.g6-g7 f3-f2 2.Lf8-e7 f2-f1D 3.Le7-f6 Df1xf6** [3...Df1xd3 4.g7xh8T#] **4.e5xf6** Patt

32	Mit einem "Fesselungstrick" ermöglicht Weiß seinem Freibauern einen besonders erfolgreichen Einzug: **1.c5-c6 Th7xh6 2.c6-c7** [2.Th5xh6?? Patt!] **2...Th6-c6 3.Th5-h6 Tc6xh6 4.c7-c8D#**
93	Trotz der beiden Mehrbauern kann Weiß nicht gewinnen, die Blockade des Basisbauern verhindert einen erfolgreichen Vormarsch: **1...Kd5-c4 2.Kc2-d1** [2.Kc2-b2 Lg5-f4 3.Kb2-a3 Lf4-g5 4.Ka3-a4 Lg5-d8 5.b4-b5 Ld8-b6 =] **2...Kc4-d3 3.b4-b5 Lg5-d8 4.Kd1–c1 Kd3-c4** Remis
154	Wer das Bauernendspiel gut beherrscht, weiß in solchen Situationen, was zu tun ist: **1.Db8xf8+ Kg8xf8 2.Kc7-b8 Kf8-e7 3.a7-a8D Ld5xa8 4.Kb8xa8 Ke7-d7 5.Ka8-b7** und Weiß erreicht Opposition und Gewinnstellung: **5...Kd7-d8 6.Kb7-c6 Kd8-e7 7.Kc6-c7 Ke7-e8 8.Kc7-d6 Ke8-f7 9.Kd6-d7 Kf7-f8 10.Kd7xe6** usw.
215	In dieser Stellung kann Weiß den Springer fangen, muss dazu aber genau spielen: **1.Td3-e3 Se2-g1** [1...Se2-c1? 2.Te3-c3+] **2.Ke5-f5** [2.Ke5-f4? Kc5-d4 3.Te3-e1 Sg1–h3+ 4.Kf4-g3 Sh3-g5 und das Pferd galoppiert davon] **2...Kc5-d4 3.Kf5-f4 Kd4-c4 4.Kf4-g3 Kc4-d4 5.Te3-e1** und der Springer ist verloren.
276	Durch die Fesselung des Bg7 verhindert Schwarz die Umwandlung. Aber das Motiv Weglenkung und der Spieß verhelfen Weiß zum Gewinn: **1.Dg3-g4 Df6-a1 2.Dg4-h3+ Kh6-g6 3.Dh3-g2+ Kg6-f7** [3...Kg6-h6 4.Dg2-h2+ Kh6-g5 5.Dh2-g1+ Da1xg1 6.g7-g8D+] **4.Dg2-a2+ Da1xa2 5.g7-g8D+ Kf7-f6 6.Dg8xa2** und gewinnt.
337	Im nächsten Zug droht Tc3 und die schwarzen Freibauern fallen. Mit einer Öffnung der Diagonalen wendet Schwarz das Blatt: **1...Ta4xd4 2.e3xd4 Lg7xd4 3.Ta1xa2** [3.Ta1–c1 a2-a1D 4.Tc1xa1 Ld4xa1 und Schwarz kann die Umwandlung nicht stoppen] **3...c2-c1D+ 4.Kf1–g2 Dc1–c4** und gewinnt.

33	Die Linienöffnung, die in der Taktik des Mittelspiels eine so große Rolle spielt, kann auch im Endspiel entscheidend sein. Hier trägt sie dazu bei, die schlechte Stellung des schwarzen Königs auszunutzen: **1.Tf3-f5+ g6xf5 2.Th7-g7+ Kg5-h6 3.Se3xf5#**
94	**1.a5-a6 Te1-a1** [Zäher ist ***1...e4-e3*** 2.a6-a7 e3-e2 3.a7-a8D Te1-f1+ 4.Kf4-g5 Tf1-g1+ 5.Kg5-h5 e2-e1D 6.Da8-b7+ Ke7-f8 und nun nicht etwa 7.Th6-h8+, sondern die direkte Mattabwicklung 7.Th6-f6+ Kf8-e8 8.Db7-f7+ Ke8-d8 9.Tf6-d6+ Kd8-c8 10.Df7-d7+ Kc8-b8 11.Td6-b6+ Kb8-a8 12.Dd7-b7#] **2.a6-a7 Ke7-f7 3.Th6-h8** Schwarz bleibt keine Wahl, entweder **3...Ta1xa7 4.Th8-h7+** oder Umwandlung.
155	**1.a3-a4 Kf6-f5 2.Ka2-a3 Kf5-g4 3.a4-a5 h4-h3 4.g2-g3 Kg4-f3 5.Te2-a2 Kf3-e4 6.a5-a6 Ke4-d5 7.a6-a7 Tb8-a8 8.Ka3-b4 Kd5-c6** Erobert Schwarz den a7, hält sich Weiß am Königsflügel schadlos. Geht Schwarz zurück, kann er Umwandlung bzw. Turmverlust nicht vermeiden. **9.Kb4-c4 Kc6-b7 10.Kc4-d4** und gewinnt.
216	**1.Ke2-f2** Der weit entfernte Freibauer sichert Schwarz den Gewinn: **1...Kf4-e5** [oder auch 1...Kf4-e4 Die Festlegung der Bauern ändert nichts: 2.b4-b5 Ke4-d4 3.Kf2xg2 Kd4xc4 4.Kg2-f3 Kc4xb5 5.Kf3-e3 Kb5-c4 und gewinnt] **2.Kf2xg2 Ke5-d4 3.c4-c5 b6xc5 4.b4xc5 Kd4xc5 5.Kg2-f3 Kc5xd5 6.Kf3-e3 Kd5-c4** und Schwarz kann umwandeln.
277	Ein wichtiger Punkt ist die Abwicklung vom späten Mittelspiel ins Endspiel. Hier schafft Schwarz diesen Übergang optimal: **1...Lf5xh3 2.g2xh3 Te8xe3 3.Da4-g4** [3.f2xe3 Dd7xh3 4.Tf1–f2 Dh3-g3+ 5.Kg1–h1 Te2xf2 nebst Matt] **3...Dd7xg4+ 4.h3xg4 Te3xc3** und Schwarz gewinnt das Endspiel leicht.
338	**1...Kh4-g3** [Das naheliegende ***1...Tc2-c1+?*** wäre ein Fehler: 2.Ke1–d2 b2-b1D 3.Tb7xb1 Tc1xb1 4.c6-c7 und Weiß gewinnt. Zum Remis führt ***1...Kh4xg4*** 2.c6-c7 Kg4-f3 3.Tb7xb2 Tc2xc7 4.Tb2-b8 Die Philidorsche Remisstellung ist erreicht, der Turm kann mit Schachs von hinten die Umwandlung verhindern. **2.c6-c7 f4-f3 3.Ke1–d1 Tc2xc7 4.Tb7xb2 f3-f2** und Schwarz gewinnt.

34	**1...Ld4-g1** [1...Ld4-c5 verliert sofort:: 2.Tf7-c7 Lc5-f8 3.Tc7-c8 Kg8-h8 4.Tc8xf8#] **2.Tf7-f1 Lg1–h2 3.Tf1–f2 Lh2-g3 4.Tf2-g2** und Weiß hat Gewinnstellung erreicht: **4...Lg3-e5** [***4...Lg3-d6*** 5.Tg2-d2 Ld6-e7 6.Td2-c2 und gewinnt; ***4...Lg3-h4?*** 5.Kg6-h5+] **5.Tg2-e2 Le5-d6 6.Te2-e8+ Ld6-f8 7.Te8-d8 Kg8-h8 8.Td8xf8#**
95	**1.g3-g4 Ta1–a4 2.f2-f3** mit der Drohung 3.Tb2-b5 f7-f6 4.g4-g5 Ta4-a2 5.Kg2-f2 f6xg5 6.Tb5xe5 h7-h6 und der d-Bauer hat freie Bahn, während der schwarze König abgeschnitten ist. Da Schwarz verschiedene Antwortzüge hat, muss der Plan eventuell variiert werden, sollte aber dem Kern nach realisierbar sein. Ein anderer Plan wäre ***1.Tb2-b5*** f7-f6 2.Tb5-b7 Ta1–e1 3.Kg2-f3 Te1–d1 4.h2-h4 h7-h5 5.Kf3-e4 usw.
156	Der Läufer verhindert die Umwandlung oder das Vorgehen der weißen Freibauern. Aber trickreich kann sich Weiß doch noch retten: **1.d5-d6 Lh2xd6 2.b7-b8D+** [2.c6-c7? Ld6xc7 3.b7-b8D+ Lc7xb8 4.Ka8xb8 b2-b1D und Schwarz gewinnt] **2...Ld6xb8 3.c6-c7** und **Kb6/Lb8xc7** setzt jeweils Patt.
217	**1...Sb5xa3 2.Lb2xa3 Sd6-b5 3.La3-c1** [3.La3-b2? a4-a3 4.Lb2-c1 b3-b2 verliert noch schneller] **3...Sb5xc3 4.Sf4-e2 Sc3-b1** deckt den Vormarsch des a-Bauern, Weiß ist verloren. [4...Sc3xe2 5.Ke3xe2 c4-c3 6.Ke2-d3 b3-b2 würde natürlich auch gewinnen]
278	Es scheint, dass diese Stellung leicht gewonnen ist, allerdings ist sie überhaupt nicht gewonnen: **1.c5-c6** (auf andere Züge folgt Kd7 mit dauerhafter Blockade der Bauern) **1...Ke6-d5 2.d6-d7 Se5xc6 3.Kb5-b6** Weiß hatte mit Zugzwang kalkuliert, aber mit **3...Sc6-d8** blockiert der Springer denn Bauern noch einmal und nach **4.Lc7xd8** macht **4...Kd5-d6** das Remis klar.
339	Trotz des Freibauern b7 verliert Schwarz, denn Weiß kann einen Durchbruch anwenden: **1.e4-e5 f6xe5 2.g4-g5 h6xg5 3.f5-f6! g7xf6 4.h4-h5** mit Umwandlung. [2...Kc6-d7 rettet auch nicht: 3.f5-f6 Kd7-e6 4.f6xg7 Ke6-f7 5.g5xh6 b7-b5 6.Kd3-e4! b5-b4 7.Ke4-d3 und mit Kc4 kann Weiß erst den b-Bauern, dann den c-Bauern erobern und gewinnt leicht]

35	Der einzige Gewinnzug ist **1.Kg2-g1!** und gleich, welcher Bauer zieht, Weiß kann ihn aufhalten: **g4-g3** [***1...h4-h3*** 2.Kg1–h2; ***1...f4-f3*** 2.Kg1–f2 h4-h3 3.Kf2-g3 f3-f2 4.Kg3xf2 h3-h2 5.Kf2-g2 g4-g3] **2.Kg1–g2** z.B. **2...f4-f3+ 3.Kg2xf3** und durch Zugzwang verliert Schwarz: **3...h4-h3 4.Kf3xg3 h3-h2 5.Kg3xh2 Kb8-c7 6.a6-a7 Kc7xc6 7.a7-a8D+** usw.
96	**1.b7-b8D Lh2xb8+ 2.Ka7-b7!** und Schwarz ist in Zugzwang. Zieht der Läufer, kommt der Freibauer durch, zieht der König, ist der Läufer weg, zieht der Bauer, ist dieser weg, aber das Problem auch nicht gelöst! **2...c3-c2 3.Ld3xc2 Ka5-b5 4.Lc2-d3+ Kb5-a5 5.Kb7xb8** und gewinnt.
157	Schwarz wickelt in ein Endspiel mit Minusbauern ab, weil dieses wegen des weißen Randbauern Remis ist: **1...Te4xg4 2.Tg6xg4 f5xg4+ 3.Kf3xg4 Kf7-g7 4.Kg4-f5 Kg7-h6 5.Kf5-e4 Kh6xh5 6.Ke4-d4 Kh5-g5 7.Kd4-c4 Kg5-f5 8.Kc4xb4 Kf5-e6 9.Kb4-b5 Ke6-d7 10.Kb5-b6 Kd7-c8** und Schwarz hat Remisstellung erreicht. (Aljechin - Réti, Wien 1922)
218	Der direkte Weg ist im Bauernendspiel nicht immer der beste: ***1.h2-h4*** d7-d5 2.Kh1–g2 d5-d4 3.Kg2-f1 Ka3-b2 und Schwarz erzwingt die Umwandlung. **1.f2-f4! Ka3-b4 2.h2-h4!** Durch den Vormarsch beider Bauern gewinnt Weiß das siegentscheidende Tempo: **2...d7-d5 3.f4-f5 Kb4-c5 4.h4-h5 d5-d4 5.f5-f6 Kc5-d6 6.h5-h6 d4-d3 7.f6-f7 Kd6-e7 8.h6-h7 d3-d2 9.f7-f8D+ Ke7xf8 10.h7-h8D+** und gewinnt. (Studie Grigorjew 1930)
279	Solange die Damen noch auf dem Brett sind, sollte sich der König lieber nicht eingeklemmt am Rand stehen, sonst geht es ihm wie hier: **1.Sd6-f5+ Kh6-h5** [1...g6xf5 2.Df7xf6+ Kh6-h5 3.Df6-g5#] **2.Df7xh7+ Sf6xh7 3.g2-g4#**
340	Der Springer verteidigt den Bauern lange genug, bis sein König zu Hilfe kommt: **1.g2-g4 Ke3-f4 2.Kc8-d7 b6-b5 3.Kd7-e6 b5-b4 4.Ke6-f6 Kf4-f3** [4...b4-b3? 5.g4-g5 b3-b2 6.Sf2-d3+ und gewinnt] **5.Kf6-f5 Kf3xf2 6.Kf5-e4** und Weiß gewinnt, denn er ist im Quadrat des schwarzen Bauern.

36	Hoffentlich hast du dir nicht zu sehr den Kopf über einen Gewinnweg für Weiß zerbrochen; es gibt nämlich keinen. Trotz der klaren Überlegenheit kann Weiß nichts machen, Schwarz braucht nur **Lb4/c5** usw. zu ziehen. Es handelt sich hier um eine Ausnahmestellung.
97	**1...d6-d5 2.Te6xc6** [2.e4xd5 Tc6xe6 3.d5xe6 e5-e4+ 4.Kf3xf4 e4xd3 5.Kf4-e3 d3-d2 6.Ke3xd2 Kg7-f6 und gewinnt] **2...d5xe4+ 3.Kf3-e2 e4xd3+ 4.Ke2xd3 Lf4-g3 5.Tc6-c4 Kg7-h6 6.Kd3-e2 e5-e4** und Schwarz gewinnt.
158	Wer im Turm-Bauern-Endspiel zuerst Linien besetzen und die 7.(2.)Reihe kontrollieren kann, erreicht meist großen Vorteil: **1.Ta1–d1 Ta8-c8 2.Td1–d7 h7-h5 3.f2-f4 Kg8-f8 4.Kg1–f2 Kf8-g8 5.Kf2-e3 Kg8-f8 6.e4-e5 f6xe5** [6...f6-f5? 7.Td7-h7 Kf8-g8 *(oder 7...Kf8-e8 8.Th7-g7)* 8.Th7-e7] **7.f4xe5 a7-a6 8.Ke3-f4 b7-b6 9.Kf4-g5 c7-c5 10.Kg5xg6 h5-h4 11.Kg6-f6** und gewinnt.
219	Eine böse Überraschung bietet das folgende Endspiel: **1.e2-e3+ Kd4-c4 2.Kd2-e2 Kc4-b4 3.Ke2-d3 Kb4xa4 4.Kd3-c4 Ka4-a3 5.e3-e4 Ka3-b2 6.e4-e5 a5-a4 7.e5-e6 a4-a3 8.e6-e7 a3-a2 9.e7-e8D a2-a1D 10.De8-e2+ Kb2-a3 11.De2-d3+ Ka3-b2 12.Dd3-d2+ Kb2-b1** [12...Kb2-a3? 13.Dd2-b4+ Ka3-a2 14.Db4-b3#] **13.Kc4-b3!** nebst Matt!
280	Dieses Endspiel wird durch taktische Motive entschieden: **1.h6-h7 Kf8-g7 2.Tc2-h2 Kg7xh7** [2...Kg7-h8?? 3.Lh4xf6#] **3.c5xd6** Auf allen schwarzen Feldern geht die Dame durch den Läuferabzug verloren. Bleibt nur **3...Dc7-c8** aber nach **4.Lh4xf6+ Kh7-g8 5.Th2-h8+** geht die Dame durch den Turm verloren **5...Kg8-f7 6.Th8xc8** und gewinnt.
341	Es sieht aus, als ob der Läufer die beiden Bauern nicht stoppen könnte. Aber es gibt da noch ein paar Feinheiten: **1.Kb3-c2 f5-f4** [1...Ke3-f2 2.Kc2-d2 g4-g3 3.Le5-d4+ Kf2-f1 4.Kd2-e3 g3-g2 5.Ke3-f4 =] **2.Kc2-d1 f4-f3** [2...g4-g3 3.Kd1–e1 g3-g2 4.Le5xf4+ Ke3-f3 5.Lf4-h2 =] **3.Kd1–e1 f3-f2+ 4.Ke1–f1 Ke3-f3 5.Le5-d4 g4-g3 6.Ld4xf2 g3xf2** Patt

37	Mit einem überraschenden Springerzug leitet Schwarz einen Durchbruch ein: **1...Se4-c3 2.b2xc3** [2.Sd1xc3 d4xc3 3.b2xc3 a5-a4 und gewinnt] **2...a5-a4 3.c3xd4** [3.b3xa4 b5xa4 4.c3xd4 c5xd4 und der Springer kann den Bauern nicht stoppen] **3...c5xd4 4.c2-c3 a4-a3** und gewinnt.
98	Die Saavedra Studie (1895) verblüfft immer wieder: **1.c6-c7 Td5-d6+ 2.Kb6-b5** [2.Kb6-c5 Td6-d1 =] **2...Td6-d5+ 3.Kb5-b4 Td5-d4+ 4.Kb4-b3 Td4-d3+ 5.Kb3-c2 Td3-d4 6.c7-c8T** (auf ***c8D*** folgt Tc4+ nebst Patt) **6...Td4-a4** (Auf andere Turmzüge folgt Ta8#) **7.Kc2-b3** und Matt oder Turmverlust.
159	**1.Tb6-b7+ Kg7-g8 2.a5-a6 h3-h2 3.Tb7-b1 Ld8-b6 4.Tb1–h1 Lb6-g1** Scheinbar ist der Turm neutralisiert, aber nach **5.Th1xh2 Lg1xh2** [5...f3-f2 6.Kd3-e2] **6.a6-a7** ist der Bauer nicht mehr zu stoppen.
220	Es sieht nicht gut aus für Weiß, aber die Rettung ist ganz einfach: **1.Tf4-b4** [1.Tf4-g4+ Kg2-f3 und Weiß kann die Umwandlung nicht verhindern] **1...h2-h1D 2.Tb4-b1 Dh1xh3** [2...Dh1–h2 3.Tb1–b2+ =] **3.Tb1–b2+** und Remis durch Dauerschach oder **3...Kg2-g3 4.Tb2-b3+** und ebenfalls Remis. Myhre,G - 1978
281	**1...h4-h3 2.Kh2xh3** [2.Tg1–a1 kann das Ende nur geringfügig hinauszögern: 2...Kf3-f2 3.Ta1–b1/g1 Te2-e1 4.Tb1/g1xe1 Kf2xe1 5.Kh2-g1 Ke1–e2 6.Kg1–h2 Ke2-f2 und gewinnt] **2...Te2-e8** (droht Th8#) **3.Kh3-h4 Te8-h8+ 4.Kh4-g5 Th8-h1** und gewinnt.
342	Ein netter taktischer "Trick" rettet hier Weiß, der die Umwandlung sonst nicht verhindern könnte: **1.Tg8-g5 h3-h2** [1...Th4-d4 oder 1...Th4-h6 ändert nichts] **2.a2-a3+ Kb4xa3 3.Tg5-a5+ Ka3-b4 4.Ta5-a4+ Kb4-c5 5.Ta4xh4** und gewinnt.

38	Der schwarze König "klebt" am Bb3 und Weiß hat keine Möglichkeit, ihn zu vertreiben: **1...Kb4-a3 2.Ke2-d2 b5-b4 3.Kd2-c2 Th8-c8+ 4.Kc2-d2** [4.Kc2-d3?? Tc8-c3+] **4...Tc8-h8 5.Kd2-d1 Ka3-b2** usw. und Remis.
99	Eigentlich kann die Dame gegen den Randbauern auf der 2.(7.)Reihe nicht gewinnen, hier aber geht es doch: **1.Kg7-g6 Kh1-g1 2.Kg6-f5+ Kg1-f2** [2...Kg1-h1 verliert noch schneller: 3.Kf5-g4 Kh1-g2 4.Dg8-d5+ Kg2-g1 5.Kg4-g3 z.B. h2-h1D 6.Dd5-d1#] **3.Dg8-d5 Kf2-g1 4.Dd5-d1+ Kg1-g2 5.Dd1-e2+ Kg2-g1 6.Kf5-f4 h2-h1D 7.Kf4-g3** z.B. **Dh1-h6 8.De2-g2#/e1#**
160	Die Réti-Studie demonstriert, dass im Schach der Weg über eine Diagonale oder über eine Gerade gleich lang sind. Das gibt Weiß Gelegenheit zu einer rettenden Doppelstrategie: **1.Kh8-g7 Ka6-b6** [1...h5-h4 2.Kg7-f6 h4-h3 3.Kf6-e6 h3-h2 4.c6-c7 Ka6-b7 5.Ke6-d7 =] **2.Kg7-f6 h5-h4 3.Kf6-e5 h4-h3** [3...Kb6xc6 4.Ke5-f4] **4.Ke5-d6 h3-h2 5.c6-c7 Kb6-b7 6.Kd6-d7** und beide Seiten können umwandeln, Remis. (Réti 1922)
221	**1.g6-g7 Tc6-f6+** [1...Tc6-g6? 2.Ta3-a5+ Tg6-g5 3.g7-g8D Tg5xa5 4.Dg8-g4#] **2.Kf3-e4 Tf6-g6 3.Ke4-f5 Tg6xg7** [3...Tg6-g5+ 4.Kf5-f6] Das Problem Freibauer hat Schwarz gelöst, die Randstellung seines Königs schafft jedoch ein neues, unlösbares Problem: **4.g3-g4+ Kh5-h4 5.Ta3-h3#**
282	**1.Td5-c5+ Kc3-b4 2.Tc5xf5 g6xf5 3.Ke3xd3 Kb4-c5 4.Kd3-e3 Kc5-d5 5.Ke3-f4 Kd5-e6 6.Kf4-g5 Ke6-e5 7.Kg5xh5 Ke5-f6 8.Kh5-h6 f5-f4** [8...Kf6-f7 9.Kh6-g5 Kf7-e6 10.Kg5-g6 usw.] **9.g3xf4 Kf6-f5 10.h4-h5** [Ebenso gewinnt 10.Kh6-g7 Kf5-g4 11.Kg7-g6 *(oder 11.f4-f5 Kg4xf5 12.h4-h5)* 11...Kg4xf4 12.h4-h5] **10...Kf5-f6 11.Kh6-h7 Kf6-f7 12.h5-h6 Kf7-f8 13.Kh7-g6 Kf8-g8 14.f4-f5 Kg8-h8 15.f5-f6 Kh8-g8 16.f6-f7+ Kg8-f8 17.h6-h7**
343	Eine bemerkenswerte schwarze Königsstellung – von Weiß bereits so eingekreist, das kein Entkommen möglich ist. Der Gewinnplan ist einfach: **1.Th8-h1 Sf8-d7 2.Th1–a1 Tb8xg8 3.Ta1xa4#** [***1...Ka6-a7*** 2.Tg8-g7+ Ka7-a6 3.Th1–a1; oder ***1...Tb8-d8*** 2.Th1–a1 Ka6-a7 3.Ta1xa4+ Ka7-b8 4.Ta4xa8+ Kb8xa8 5.b4-b5 und gewinnt]

39	**1.Lg4-e6** Jetzt macht sich die Fesselung des Te3 unangenehm bemerkbar. Nach **1...Ld5xe6** verschließt Schwarz selbst die Linie und ermöglicht die Umwandlung. **2.e7-e8D** Der Abzug **2...Le6-h3+** bringt nichts; der gefesselte Turm kann die Dame nicht schlagen. Weniger elegant, aber einfacher ist allerdings 2.Tf3xe3+ mit folgendem Txe6. Studie von Troitzky, 1912
100	Man sollte meinen, dass die drei Bauern zumindest remis halten können. Aber sie verhelfen Weiß sogar zum Matt: **1.Lf6-b2 Kc4-b4 2.Kd2-d3** [2.Lb2-a3+? Kb4-c4 3.La3-b2 = *(2...Kb4xa3 3.Kd2-c3 b3-b2 4.Sa1–c2#)*] **2...a4-a3 3.Lb2-c3+ Kb4-a4 4.Kd3-c4 b3-b2 5.Sa1–b3** z.B. **b2-b1D 6.Sb3-c5#**
161	Diese Studie des berühmten Komponisten Sammy Lloyd (1868) ist natürlich eher ein humoristischer Beitrag zur Endspieltechnik, verdeutlicht aber sehr schön, wie ein Läufer eine große Anzahl Bauern festnageln kann: **1.Lh3-d7+ Ka4-a3 2.Ld7-c6** und Remis, z.B. **2...a7-a6 3.Lc6-e4 a5-a4 4.Le4-g2 Ka3-a2 5.Kc3-c2 c7-c5 6.Lg2-d5+ Ka2-a1 7.Kc2-c1 a4-a3 8.Kc1–c2** und irgendwann muss sich Schwarz selber Patt setzen.
222	Beiden Seiten gelingt die Umwandlung, aber für Schwarz reicht es dennoch nicht: **1.c6-c7 a3-a2** [1...Kb1–b2 2.c7-c8D a3-a2 3.Dc8-c3+ Kb2-b1 4.Dc3-c2+ Kb1–a1 5.Dc2-c1#] **2.c7-c8D** (durch Umwandlung in einen Springer kann Schwarz das Matt verhindern, verliert aber natürlich) **2...a2-a1D 3.Dc8-c2#**
283	Trotz der zersplitterten Bauern scheint der schwarze Sieg einfach. Aber nach **1.Se2-g3** kann der König kein Feld der c-Linie betreten, ohne das ein Bauer verloren geht, z.B.: 1...Kb3-c2 2.Sg3-e4 f6-f5 3.Se4-g3 f5-f4 4.Sg3-e2 f4-f3 5. Se2-d4+ und Remis, der König kann gegen den Springer den h-Bauern nicht umwandeln. Auf andere Züge, etwa 1...h6-h5, folgt **2.Sg3-e4 f6-f5 3.Se4-g3 f5-f4 4.Sg3-e2 f4-f3 5.Se2-d4+** ebenfalls mit Remisstellung.
344	Wohl dem, der in ein einfaches, gewonnenes Endspiel abwickeln kann. Hier ist - zu recht - Weiß diese Abwicklung sogar die Qualität wert: **1.Ta6-e6+ Ke5xe6 2.Kf3xe4** und das Bauernendspiel ist leicht zu gewinnen.

40	Statt Umwandlung oder Jagd auf den gegnerischen Freibauern entscheidet sich Weiß für einen Mattangriff: **1.h2-h3+ Kg4-g5 2.h3-h4+ Kg5-g4** [2...Kg5-f6 3.Tb8-f8+ Kf6-g7 4.b7-b8D] **3.Tb8-f8 Tb1–b2+ 4.Tf8-f2 Tb2xf2+ 5.Kg2xf2 a3-a2 6.b7-b8D a2-a1D 7.Db8-c8#**
101	**1...Dh1–g1** [Kein großzügiges Angebot, denn schlagen darf Weiß nicht wegen 2...Sd4-c2#] **2.Df2-d2 Dg1–e3 3.Dd2-d1 De3xf4 4.Sb1–c3 Df4-e3 5.Ka1–b1** [5.a2-a3? De3-e1 6.Dd1xe1 Sd4-c2+ und Schwarz gewinnt das Endspiel noch leichter] **5...f7-f5** und Schwarz sollte gewinnen.
162	Dies ist eine Ausnahmestellung im sonst remisen Endspiel K,T - K,T: **1.e4-e5** [1.Ke3-f4 Te8-f8+ 2.Kf4-e5 Tf8-e8+ 3.Ke5-f5 Te8-f8+ 4.Kf5-e6 Tf8-e8+ =; oder 1.Ke3-d4 Te8-d8+ 2.Kd4-e3 Td8-e8 =] **1...Te8xe5+** [1...Kh4-h5 2.Ke3-e4 Kh5-h6 3.Ke4-f5 Te8-f8+ 4.Kf5-e6 Tf8-e8+ 5.Ke6-f6 Te8-f8+ 6.Kf6-e7 und gewinnt] **2.Ke3-f4** Turm beliebig und **3.Tg1–h1#**
223	Wenn man so schlecht steht wie Weiß helfen nur noch Verzweiflungsaktionen oder Patt. Oder beides: **1.Ta3-f3 Kg4xf3** oder Le4xf3 Patt!; 1...Le4-d5 2.Tf3xf2 g3xf2 3.Kf1xf2 =
284	**1.h2-h3 Kf6-f7 2.h3-h4 Kf7-f6 3.Sc7-e8+ Kf6-e7 4.Se8xd6 Ke7xd6 5.Kg4-g5 Sb8-d7 6.Kg5xg6 Kd6-e7** [6...Sd7-f8+ 7.Kg6-f7 Sf8-h7 8.Kf7-g7 gewinnt den Springer] **7.h4-h5 Ke7-f8 8.h5-h6 Kf8-g8 9.d5-d6 a6-a5 10.Kg6-f5** und gewinnt; ebenso ***1.Sc7-e8+*** Kf6-e7 2.Se8xd6 Ke7xd6 3.Kg4-g5 Kd6-e7 4.Kg5xg6 Sb8-d7 5.h2-h4 Sd7-f6 6.Kg6-f5]
345	**1...Ke2-f2** Droht Tg3# **2.Td7-d2+ Sf3xd2 3.h7-h8D** In der Partie gab Schwarz hier auf, denn er glaubte, dass Weiß klar besser stände. So übersah er seine große Chance: **3...Tg5-g3+ 4.Kh3-h4** [4.Kh3-h2 Sd2-f1+ 5.Kh2-h1 Tg3-g1#] **4...Sd2-f3+ 5.Kh4-h5 Tg3-h3+** und gewinnt.

41	**1.e5-e6 Lc2-f5 2.e6-e7 Lf5-d7 3.Kb4-c5** Sowohl mit dem Fesselungs-Weglenkungsmotiv als auch mit Linienschließung kann Weiß den Verteidigungsläufer neutralisieren: **3...Ka8-b8 4.Kc5-d6 Kb8-c8 5.Lf7-e6** und gewinnt; oder 3...Ka8-b7 4.Kc5-d6 Ld7-c6 5.Lf7-d5; oder 3...b5-b4 4.Kc5-d6 Ld7-a4 5.Lf7-d5+ Ka8-b8 6.Ld5-c6 usw.
102	Zur Lösung dieser Aufgabe muss man das Motiv der Abdrängung kennen, direkter Angriff auf den Bb7 führt dagegen nur zum Remis: **1.Ka1–b1! Kh1–g2 2.Kb1–c2 Kg2-f3 3.Kc2-d3 Kf3-f4 4.Kd3-d4 Kf4-f5 5.Kd4-d5 Kf5-f6 6.Kd5-d6 Kf6-f7 7.b2-b4 Kf7-e8 8.Kd6-c7 b7-b5 9.Kc7-c6 Ke8-d8 10.Kc6xb5 Kd8-c7 11.Kb5-a6** und gewinnt.
163	Um die Bauernwalze losschicken zu können, opfert Weiß den Läufer: **1.Lg3xd6+ Ke7xd6 2.b4xc5+ Kd6-e5** [2...Ld4xc5 3.e4-e5+ Kd6xe5 4.Kc4xc5] **3.c5-c6 b7xc6 4.d5xc6** und Umwandlung oder Läufergewinn mit gewonnenem Endspiel.
224	Mit 1...Dc1–f4+ 2.Kh2-h1 Df4xf6 steht Schwarz klar besser, aber er hat noch bessere Möglichkeiten: **1...Dc1–g1+ 2.Kh2-g3 Dg1–f2+ 3.Kg3-g4** [3.Kg3-h2 Lb6-c7+ 4.Kh2-h1 Df2-e1+ 5.Dd3-f1 De1xf1#] **3...Df2xg2+ 4.Dd3-g3 Dg2-e2+ 5.Dg3-f3 h7-h5+ 6.Kg4-g3 Lb6-c7+ 7.Df3-f4 h5-h4+ 8.Kg3xh4 Lc7xf4 9.Sf6-g4** (es drohte Dh5#) **De2-g2 10.d7-d8D Dg2-g3#**
285	Schwarz hat verschiedene Möglichkeiten zur vorteilhaften Abwicklung: **1...Tc3-c1 2.De1xc1 Lg2-f3+ 3.Kg1–f1 Lf3xe2+ 4.Kf1xe2 Dg3xe5+ 5.Dc1–e3 De5xb8 6.De3xe6** mit schwarzen Gewinnchancen. Oder 1...Dg3xe1+ 2.Te2xe1 Lg2xh3 mit besseren Endspielchancen für Schwarz; ähnlich ist 1...Lg2xh3+ 2.De1xg3 Tc3xg3+ 3.Kg1–h2 Tg3-d3
346	Der weiße König in seiner kritischen Stellung wird nur durch seine Dame geschützt, die aber zahlreichen Anfechtungen ausgesetzt ist: **1...Df7-g7+ 2.Kg5xh5** [2.Kg5-f5 Te2-e5+ 3.Dd6xe5 Dg7-g6#] **2...Te2-h2+ 3.Tf4-h4 Th2-d2 4.Dd6-e6** [4.Dd6xd2?? geht nicht wegen 4...Dg7-g6#] **4...Td2-d5+** zwingt die Dame endgültig von der 6.Reihe **5.De6xd5 Dg7-g6#**

42	**1...Te2-e4+ 2.Sc5xe4** [2.Kg4-h3 Lb5-f1+ 3.Tg3-g2 Te4-e3+ 4.Kh3-h4 *(4.Kh3-g4 Lf1–e2+ 5.Kg4-h4 Tf2-f4+ 6.Tg2-g4 Tf4xg4#)* 4...Tf2-f4+ 5.Tg2-g4 Te3-h3#] **2...Lb5-d7+ 3.e5-e6 Ld7xe6+ 4.Kg4-h4 Tf2-h2+ 5.Tg3-h3 Th2xh3#**
103	Wahrscheinlich wäre der Springer höher zu bewerten als die vereinzelten Bauern, wobei jedoch noch ein langes Endspiel bevorstehen würde. Durch die taktischen Möglichkeiten der Stellung bleibt dies den Spielern allerdings erspart: **1.Se6-c7+ Ke8-f7 2.Td1–f1+ Kf7-g7 3.Sc7-e6 Kg7-h6 4.Tf1–h1#** Eine Art um 90° gedrehtes Anastasia Matt!
164	Weiß schafft sich einen Freibauern und setzt so Schwarz unter Druck: **1.d4-d5 f5xe4+ 2.f3xe4 e6xd5 3.e4xd5 Ta6-a4 4.Tb1–d1 Kg6xh6 5.d5-d6 Kh6-h5 6.d6-d7 Ta4-a8 7.Kd3-e4 Ta8-d8** Nun steht Schwarz völlig passiv und verliert schnell: **8.Ke4-f5 Kh5-h6** [8...Kh5-h4 9.Td1–h1+ Kh4-g3 10.Th1–h3#] **9.g2-g4 Kh6-g7 10.Kf5-e6** [10.Kf5xg5 gewinnt auch] **10...Kg7-f8 11.Tc2-f2+ Kf8-g7 12.Ke6-e7** und gewinnt.
225	**1...Te2xg2+ 2.Tg7xg2 Ta2xg2+ 3.Kg1xg2 Sc4-e3+ 4.Kg2-f3 Se3xd1** Wer nur bis hierher gerechnet hat, ist etwas zu kurz gesprungen, denn nach **5.c3-c4** kannst du das schwarze Pferd getrost abhaken! Also immer noch einen Zug weiter rechnen, damit nach der Kombi nicht das böse Erwachen kommt!
286	**1.h3-h4 Kd4xc4** [1...Kd4-e5 ändert nichts: 2.Kh2-g3 und Weiß gewinnt auf Dauer] **2.g4-g5 h6xg5 3.f5-f6!** Die Weglenkung! **3...g7xf6 4.h4-h5** und der König kommt nicht mehr ins Quadrat, Weiß wandelt um.
347	**1.Kd7-c8 b7-b5 2.Kc8-d7 b5-b4 3.Kd7-d6!** [3.Kd7-e6 Kf3-e4 und Weiß kann weder erfolgreich umwandeln noch den b-Bauern fangen] **3...Lh7-f5 4.Kd6-e5 Lf5-c8 5.Ke5-d4** und Remis, der König hat das Quadrat des b-Bauern erreicht. (Studie von A.Sarytschev, 1928)

43	Ungleiche Läufer führen nicht automatisch zum Remis und in dieser Stellung ist der Gewinnplan sogar einfach: **1.Lh5-f3 Le7-h4 2.Kd5-e6 Kc7-d8 3.f5-f6 Lh4-g5 4.f6-f7 Lg5-h6 5.Ke6-f6 Lh6-f8 6.Kf6-g6 Kd8-e7 7.Kg6-h7 Ke7-d8** [7...Ke7xf7 8.c6-c7] **8.Kh7-g8 Kd8-e7** [8...Lf8-d6 9.f7-f8D+] **9.c6-c7** und Weiß gewinnt.
104	Die beiden Freibauern werden Schwarz nichts nützen: **1.Kh3-g2 Kd4-e3 2.Kg2-f1 Ke3-f3** Patt. Die Alternative ist 2...h4-h3 Patt. Und den Bauern nicht zu decken führt nach 1...h4-h3+ 2.Kg2xf2 zum Remis.
165	Der an den Rand gedrängte König ist eine sichere Beute für Weiß: **1.Sc5-e6 Tb4-b8 2.Td3-d1 Tb8-c8 3.Se6-g7+ Ke8-f8 4.Td1–g1 Tc8-c6+** [4...Kf8-g8 5.Sg7-e6+ Kg8-h7 6.Kf6-f7 Kh7-h6 7.Tg1–h1#; oder 4...Tc8-c2 5.Sg7-e6+ Kf8-e8 6.Tg1–g8+ Ke8-d7 7.Tg8-d8+ Kd7-c6 8.Td8-c8+] **5.Sg7-e6+ Kf8-e8 6.Tg1–g8+ Ke8-d7 7.Tg8-d8#**
226	Konsequent wickelt Weiß in eine Stellung ab, die einen Durchbruch ermöglicht: **1.Lc3xf6 g7xf6 2.Te1–d1 Td6xd1 3.Kc2xd1 Kc6-c5** [3...Kc6-d6 4.g4-g5 (oder auch *4.b2-b4)* 4...f6xg5 5.f4xg5 Kd6-e7 6.g5xh6 Ke7-f8 7.b2-b4 Kf8-g8 8.b4-b5 (Durchbruch No.2) a6xb5 9.c4xb5 und gewinnt] **4.g4-g5 f6xg5 5.f4xg5 h6xg5 6.h5-h6** und gewinnt.
287	Die ungünstige schwarze Turmstellung nutzt Weiß sofort: **1.Ka8-b8 Tc7-c6 2.Tf2-f6 c5-c4** [2...d7-d6? 3.Kb8-b7] **3.Tf6-h6+** Gewinnt das entscheidende Tempo, nach **3...Kh1-g2 4.Th6xc6 d7xc6 5.g5-g6 c4-c3 6.g6-g7 c3-c2 7.g7-g8D+** zieht Weiß mit Schach ein und gewinnt.
348	Eigentlich steht der schwarze König im Quadrat der potentiellen Freibauern, aber nach **1.f4-f5 Kd4-e5** [1...g6xf5 2.g5-g6 und der Bauer läuft durch] **2.f5xg6** kommt er nicht weiter, der Doppelbauer verteidigt seine Flanke bzw. droht mit Durchmarsch. **2...Ke5-e6** [2...Ke5-f5 3.g6-g7] **3.Kb3-c4** und der weiße König kann seine Bauern unterstützen und gewinnt bald.

44	Mit dem Vorstoß **1.b2-b4** räumt Weiß nicht nur den Weg für einen weiteren Bauern frei, sondern schafft nach **1...b5xc4 2.b4xc5** [oder 1...c5xb4 2.c4-c5] ein starkes Bauernduo, gegen das Schwarz mit seinen abseits stehenden Figuren keine Chance hat.
105	Gegen den Freibauern c4 lässt sich wenig ausrichten. Oder doch? **1...Df8-g8** mit der Drohung **Dg8xc4** und auf **Db3xc4** ist Schwarz PATT! Wenn aber Weiß den Bauern gibt und die Dame tauscht, ist das Endspiel Remis.
166	Weiß muss den Turm opfern, um die Umwandlung zu verhindern. Das zeigt uns auf einfache Weise die **Regel vom erweiterten Quadrat**: Das bekannte Quadrat des Bauern, erweitert um die Zahl der Züge, die sein König zur Sicherung des Umwandlungsfeldes braucht (hier +1 für Kg2). Kommt der weiße König ins Quadrat, so gewinnt er den Bauern, wenn nicht, muss er den Turm geben. Hier wird die Partie Remis enden, denn nach **1.f4-f3** verkürzt sich das Quadrat auf c1/c4/f4 und der weiße König kommt nicht mehr hinein.
227	**1.f3-f4 Kb8-c7** [1...a6-a5? 2.f4-f5 g6xf5 3.h3-h4 und einer der Bauern kommt durch, z.B. 3...a5-a4 4.h4xg5 a4-a3 5.g5-g6 a3-a2 6.g6-g7 a2-a1D 7.g7-g8D+ und jetzt hat Weiß sogar Gewinnchancen!] **2.f4xg5 a6-a5 3.Kh2-g3 a5-a4 4.Kg3-h4 a4-a3 5.g2-g3 a3-a2** Patt! (J.Berger, 1890 – übrigens derjenige, der später die Quadratregel fand!)
288	**1.Se4-g5 Tf1–g1+** [1...Tf1xf6?? 2.Sg5-h7+] **2.Kg3-f4 Se5-g6+ 3.Kf4-f5 Sg6-h4+ 4.Kf5-e6 Tg1–e1+ 5.Ke6-d5 Sh4-g6** [5...Te1–d1+ 6.Kd5-c6 und es droht 7.Sg5-e6+ Kf8-e8 *(oder 7...Kf8-g8 8.f6-f7+)* 8.Ta7-e7#] **6.Sg5-e6+ Kf8-e8 7.f6-f7#** [6...Kf8-g8 7.Ta7-g7+ Kg8-h8 8.Tg7xg6 und gewinnt]
349	Durch ein Damenopfer kann Schwarz die Umwandlung drastisch beschleunigen und ist nicht mehr zu stoppen: **1...Dh1–f1+ 2.Te1xf1 g2xf1D+ 3.Kf5-e4 Th6xe6+ 4.Ke4-d5 Df1–b5+ 5.Dc3-c5 Te6-e5+ 6.Kd5-d4 Db5xc5+ 7.Kd4-d3 Te8xd8#** [2.Kf5-e4 rettet auch nicht: 2...Th6xe6+ 3.Ke4-d5 Df1–b5+ 4.Dc3-c5 Te8xd8+ 5.Kd5xe6+ Db5xc5 und gewinnt]

45	**1.Ta5xf5** Nun muss Schwarz gut aufpassen, damit ihm nicht noch schlimmeres passiert als der Bauernverlust: **1...Kh6-g7** [1...g6xf5?? 2.Se3xf5#; 1...Tb6-b5? führt ebenfalls ins Matt: 2.Se3-g4+ Kh6-g7 3.Sf4-e6+ Kg7-g8 4.Tf5-f8#] **2.Tf5-e5 Kg7-f6 3.Se3-c4 Tb6-b1 4.Kg2-f3** und Schwarz hat es schwer, kann aber noch spielen.
106	Zwei Springer können gegen den blanken König nur durch einen gegnerischen Fehler gewinnen. Hat der Gegner aber noch einen Bauern, sieht es schon anders aus: **1.Sd2-e4 d3-d2 2.Se4-f6+ Kh7-h8 3.Sf5-e7** Ohne den Bauern wäre Schwarz jetzt Patt, aber so folgt durch Zugzwang **3...d2-d1D 4.Se7-g6#** Für Schwarz heißt es also, weniger wäre mehr gewesen!
167	**1.Kf7-e6** [Geht der weiße König direkt auf sein Ziel los, erreicht der schwarze König das Feld c7 = Remis: 1.Kf7-e7 Kb2-b3 2.Ke7-d7 Kb3-b4 3.Kd7-c7 Kb4-c5 4.Kc7-b7 Kc5-d6 5.Kb7xa7 Kd6-c7 =] **1...Kb2-c3 2.Ke6-d5**! Weiß drängt den gegnerischen König ab. **2...Kc3-b4 3.Kd5-c6 Kb4-a5 4.Kc6-b7 Ka5-b5 5.Kb7xa7 Kb5-c6 6.Ka7-b8** und gewinnt. (Studie Maiselis, 1921)
228	Vorsicht vor dem Standardmanöver ***1.Ta8-h8*** Ta5xa7 2.Th8-h7+ Kf7-f6 3.Th7xa7 Patt! Der richtige Weg ist **1.f5-f6 Ta5-a4+** [1...Kf7xf6?? verliert sofort durch 2.Ta8-f8+] **2.Kf4-e5 Ta4-a5+ 3.Ke5-d6 Ta5-a6+ 4.Kd6-c5 Ta6-a5+ 5.Kc5-b6 Ta5-a1 6.Ta8-h8** und Umwandlung oder Turmgewinn sind nicht aufzuhalten.
289	Bei Umwandlungen ist oft entscheidend, auf welchem Feld der König steht. Kann der Bauer mit Schach einziehen, mag das den Gewinn bedeuten. Hier ist aber erst noch einige Vorarbeit nötig: **1.Tg1–a1+ Ka2xa1 2.Tg7-g4 Th4xg4** [2...h2-h1D 3.h7-h8D+ Th4xh8 4.Tg4-a4#] **3.h7-h8D+ Tg4-d4 4.Dh8-a8+** nebst Matt.
350	Eigentlich sollte Schwarz vom Material her leicht gewinnen, aber Weiß hat noch eine Verteidigung: **1.Ta1–b1+ Kb8-c8** [1...Kb8-a7 2.Tb1–a1+ (= Dauerschach oder Übergang in die Textvariante)] **2.Lc2xf5+ Dh7xf5 3.Tb1–b8+ Kc8xb8** und Patt!

46	**1...d4-d3** Gewinnt ein entscheidendes Tempo: **2.De2-d1** [2.Tf3xf6 scheitert an d3xe2 3.Tf6-c6 Td8-d1 nebst Umwandlung] **2...Lg4xf3 3.Dd1xf3 Df6xf3+** lenkt den König aus dem Quadrat und nach **4.Kf2xf3 d3-d2** ist die Umwandlung nicht einmal mehr durch Opfer zu verhindern.
107	**1.Tf3xf6 Kg7xf6 2.Dd3-d4+ Kf6-f5 3.Tb7xf7+ Tf8xf7 4.Dd4-f4#** In der Partie Karpow - Chalifman, Linares 1995, folgte 2.Dd3-f3+ Kf6-g7 *(2...Kf6-e5? 3.Df3-f4#)* 3.Tb7xf7+ Tf8xf7 4.Df3xf7+ Kg7-h6 5.Df7-f8+ Kh6-h7 6.Df8-g8+ Kh7-h6 7.Dg8-h8# Hast du die Stellung etwa besser behandelt als Karpow?
168	**1.Th7-h4 Ke3-d3 2.Th4-a4 Tb8-h8 3.Kb1–a2 Th8-h2 4.Ta4-g4 Th2-f2 5.Ka2-a3 Tf2-f1 6.b2-b4 Kd3-c3 7.Ka3-a4 Tf1–a1+ 8.Ka4-b5 Ta1–a8 9.Tg4-g3+ Kc3-d4 10.Kb5-c6! Ta8-c8+ 11.Kc6-b7 Tc8-c1 12.b4-b5 Kd4-d5 13.b5-b6 Tc1–b1 14.Tg3-g6** und der schwarze König ist abgeschnitten und kann die Umwandlung nicht verhindern.
229	**1...Dh3-c3** und die Drohung Le5 mit Doppelangriff auf Dame und Springer entscheidet. Zieht die Dame weg, folgt Dg3+ nebst Matt. Timofeev,A (2608) - Kasparow,G (2813), Russische Meisterschaft Moskau 2004
290	Durch Raumgewinn und Abtausch der Bauern am Damenflügel kommt Schwarz in Gewinnposition: **1...Kc5-b4 2.Kd3-c2 Kb4-a3 3.Kc2-b1 a6-a5 4.Kb1–a1 a5-a4 5.b3xa4 Ka3xa4 6.Ka1–b1** [6.Ka1–b2 b5-b4 7.Kb2-c2 Ka4-a3 8.Kc2-b1 b4-b3 9.a2xb3 Ka3xb3 und Schwarz erobert die Bauern] **6...Ka4-a3 7.Kb1–a1 b5-b4 8.Ka1–b1 b4-b3 9.a2xb3 Ka3xb3** und gewinnt.
351	Die beiden Mehrbauern wiegen die schlechte Königsstellung nicht auf: **1.Ke6-f7 Th4xh5** [1...Kh8-h7 2.Tg6-g7+ Kh7-h8 3.Kf7-g6 Th4xh5 4.Tg7-e7 und Te7-e8#] **2.Tg6-g8+ Kh8-h7 3.Tg8-g7+ Kh7-h8 4.Kf7-g6 g5-g4 5.Tg7-a7 Th5-g5+ 6.Kg6xh6 g4-g3 7.Kh6xg5 g3-g2 8.Ta7-a1 f4-f3 9.Kg5-g6 f3-f2 10.Ta1-a8#**

47	**1...f7-f6** und, gleichgültig, ob Weiß vorzieht oder einen der Bauern schlägt, gewinnt Schwarz leicht. Der "direkte Weg" ***1...a4-a3*** dagegen gestattet Weiß ein Durchbruchsmanöver, das Remis werden kann: 2.f5-f6 g7xf6 *(2...g7-g6 3.h5xg6 a3-a2 4.g6xf7 a2-a1D 5.f7-f8D)* 3.g5xh6 (Schwach ist *3.g5-g6* denn Schwarz erhält die besseren Chancen: *3...f7xg6 4.h5xg6 a3-a2 5.g6-g7 a2-a1D 6.g7-g8D Da1–c1+ 7.Ke3-e4 Dc1–g5)* 3...a3-a2 4.h6-h7 a2-a1D 5.h7-h8D
108	Der direkte Vormarsch des Königs bringt nur Remis: ***1.Kd1–d2*** Kf8-e7 2.Kd2-d3 Ke7-d7 3.Kd3-c4 Kd7-c6 4.Kc4-b4 Kc6-b6 Richtig ist **1.Kd1–c2! Kf8-e7 2.Kc2-b3 Ke7-d6 3.Kb3-b4 Kd6-c6 4.Kb4-c4 Kc6-b6** *(4...Kc6-d6 5.Kc4-b5)* **5.Kc4-d5** mit Gewinnstellung.
169	In dieser Studie von A.Troizki von 1895 klammert sich Weiß nicht etwa an seinen letzten Bauern, sondern nutzt die Möglichkeiten der Stellung: **1.Lf4-h6+ Kf8-g8 2.g6-g7 Kg8-f7** [2...e7-e5 3.Kd5-e6 e5-e4 4.Ke6-f6 e4-e3 5.Lh6xe3 und gewinnt] **3.g7-g8D+ Kf7xg8 4.Kd5-e6 Kg8-h8 5.Ke6-f7 e7-e5 6.Lh6-g7#**
230	Das unglaubliche Endspiel drei Springer gegen einen Springer entsteht in dieser Studie von Emanuel Lasker, 1984: **1.c3-c4 Sb1-d2 2.c4-c5 Sd2-b3** [2...Sd2-e4 3.c5-c6 Se4-c3 4.c6-c7 Sc3-b5 entspricht der Textvariante] **3.c5-c6 Sb3-d4 4.c6-c7 Sd4-b5 5.c7-c8S** Auf jede andere Umwandlung hätte die Gabel Sd6+ zum Remis geführt, nun aber gewinnt Weiß.
291	**1.Lh8-e5** Der Läufer rettet durch sein Opfer nicht nur den Bauern, sondern sichert auch ein gewonnenes Endspiel: **1...Kf5xe5 2.Kh5-g5 Ke5-e6 3.f3-f4 Ke6-f7 4.Kg5-f5 Kf7-e7 5.Kf5-g6 Ke7-f8 6.f4-f5** [oder 6.Kg6-f6 Kf8-g8 7.f4-f5 Kg8-f8 8.Kf6-e6 Kf8-g8 9.f5-f6 Kg8-f8 10.f6-f7 Kf8-g7 usw.] **6...Kf8-g8 7.f5-f6 Kg8-h8 8.Kg6-f7 Kh8-h7 9.Kf7-e7 Kh7-g6 10.f6-f7 Kg6-f5 11.f7-f8D+** und gewinnt.
352	In materiell gleicher Stellung entscheidet die größere Beweglichkeit der schwarzen Dame, deren Kollegin nur Komparsin ist: **1...Df1–f4+ 2.Kh2-h3** [2.Kh2-g2 Df4-g4+ 3.Kg2-h2 Ke2-f2 nebst Matt] **2...Df4-h6+ 3.Kh3-g2 Dh6-g5+ 4.Kg2-h3 Dg5-h5+ 5.Kh3-g2 Dh5-g4+ 6.Kg2-h2 Ke2-f2** und, gleich was Weiß zieht, Damenverlust oder Matt im nächsten Zug.

48	Du kannst zwischen einem 2-Läufer-Matt oder zwei Matts mit Turm und Läufer wählen: **1.Th3-c3 b4xc3** [1...b4-b3 2.Tc3xc4#] **2.Lb1–c2#** Oder die Turm-Läufer-Versionen: 1.Lb1–c2+ b4-b3 2.Lc2xb3+ (oder 2.Th3-c3 b3xc2 3.Tc3-a3#) 2...c4xb3 3.Th3-h4#
109	Es scheint, dass Weiß den Turm gegen den Freibauern opfern muss. Aber ein Motiv aus der Elementartaktik rettet den Tag: **1.Tf1–f3 g3-g2 2.La6-f1! g2-g1D 3.Tf3-h3#** [2...g2xf1D 3.Tf3xf1 sollte auch dem unerfahrendsten Leser keine Probleme bereiten]
170	Gerne würde Weiß seinen Läufer gegen den Freibauern geben: **1.La5-b6 Ta3-a1 2.Lb6-g1 Ta1xb1** Patt Die Alternativen sind gleich oder schlimmer: 1...Kc6xb6 2.Tb1xb2+ und Remis; oder 1...Ta3-a2 2.Lb6-d4 Kc6-d5 *(2...Ta2-a1 3.Ld4-g1 Ta1xb1 Patt)* 3.Tb1xb2 Ta2-a1+ 4.Ld4-g1 und Schwarz droht die Niederlage.
231	Der Wettlauf der Bauern bringt vielleicht jedem Spieler eine Dame, aber deshalb nicht unbedingt auch einen ½ Punkt: **1.Ke6-f5 h5-h4 2.e5-e6 h4-h3 3.e6-e7 h3-h2 4.e7-e8D Kf3-g2** [4...h2-h1D?? 5.De8-c6+] **5.Kf5-g4 h2-h1D 6.De8-e2+ Kg2-g1 7.Kg4-g3** und Weiß hat die bekannte Stellung erreicht, in der nach einem beliebigen Damenzug Schwarz Matt wird.
292	**1.Tf5-h5 g7-g6 2.Th5-d5 Td7-e7 3.h2-h4 Kb6-c6 4.Td5-e5 Te7-a7 5.Kc4-d4 Ta7-a3 6.Te5-e3 Ta3-a7 7.Kd4-e4** [7.Kd4-e5 Ta7-e7+ 8.Ke5-d4 Te7-a7] **7...Kc6-d6 8.Ke4-f3 h7-h5 9.f4-f5 Ta7-f7 10.Te3-e6+ Kd6-d5 11.Te6xg6 Tf7xf5+ 12.Kf3-e3 Kd5-e5 13.Tg6-a6 Ke5-d5 14.Ta6-a5+ Kd5-e6 15.Ta5xf5 Ke6xf5** Remis
353	Weiß ist materiell haushoch überlegen, kann aber ziehen was er will, ohne die Umwandlung verhindern zu können: **1...a7-a5 2.Tb4-b7 2...c3-c2** mit Umwandlung und Gewinn. oder 2.Tb4xc4 c3xb2; oder 2.Sb2xc4 c3-c2; oder 2.Sb2-d3 c4xd3; oder 2.Sb2-a4 a5xb4 3.Sa4-c5 c3-c2 usw.

49	Der Springer sperrt den Lb8 ein, da der aber den Bd5 deckt, ist der Gewinn nicht ganz so einfach: **1.Kd3-e4 Ke6-f6 2.Ke4-d5 Kf6-f7 3.Sb5-d6+ Kf7-f6 4.Sd6-e4+ Kf6-g6 5.Kd5-e6 Lb8-c7 6.Se4-f6 Lc7-b6** [6...Lc7-a5 7.Sf6-d5 sperrt den Läufer wieder ab und gewinnt *(7.Ke6xe5?? La5-c3+ 8.Ke5-e4 Kg6xf6 9.f3-f4 =)*] **7.Sf6-d7** und gewinnt.
110	**1.Kc5-b6** [1.a6-a7? wäre naheliegend, aber ein schwerer Fehler, denn nach 1...Ta1–a2 2.Kc5-b6 Ta2-b2+ hält Schwarz Remis] **1...Ta1–b1+ 2.Kb6-a7** Nun kann sich der König verstecken! **Tb1–b2 3.Ta8-b8 Tb2-a2 4.Tb8-b6 Ta2-a1 5.Ka7-b7 Ta1–a2 6.a6-a7** und Weiß gewinnt.
171	Wenn der weiße Turm auf die Grundreihe zieht, um das Matt abzuwenden, ist die Partie bald verloren, z.B. 1.Th2-h1 Tg3-g2 2.Kd1–c1 Tg2-c2+ 3.Kc1–b1 *(3.Kc1–d1 e3-e2+ 4.Kd1–e1 Tc2-c1+)* 3...e3-e2 4.Th1–e1 Tc2-c4 und Schwarz gewinnt. **1.Th2-d2+ Kd3-c3** [1...e3xd2 Patt] **2.Td2-c2+ Kc3-b3** und **3.Tc2-c8** sperrt den schwarzen König aus, Remis. [3.Tc2-h2 mit Wiederholung des Manövers geht ebenfalls]
232	Der schlechte Läufer ist das Hauptproblem der schwarzen Stellung (der Turm steht natürlich auch nicht berauschend): **1.Sf3-e5 Tb6-d6** [1...Kf6-f5 2.Ta7-g7 Tb6-b8 3.Se5-c6 Kf5-f6 4.Tg7xg6+ (oder *4.Sc6xb8 Kf6xg7 5.Sb8xa6)* 4...Kf6xg6 5.Sc6xb8 und Weiß gewinnt leicht] **2.Se5-g4+ Kf6-f5 3.Sg4-h6+** und gewinnt Läufer und Partie.
293	**1...Kc3-c2 2.Ld6-e7 Tb3-b7 3.Le7-a3 Tb7-a7 4.Ka2-a1** Zugzwang **4...Ta7xa3#** Zäher ist ***2.Ld6-h2*** Tb3-f3 3.Lh2-g1 *(3.Lh2-e5 Tf3-f5 4.Le5-b2 Tf5-a5+ 5.Lb2-a3 Ta5-a8* nebst Matt*)* 3...Tf3-g3 4.Lg1–f2 Tg3-g2 5.Lf2-e3/e1 Kc2-d3/d1+; oder 5.Lf2-c5 Tg2-g5 6.Ka2-a3 *(6.Lc5-a3 Tg5-a5* und gewinnt*)*.
354	**1.d7-d8D+ Kc7xd8 2.Ta6-b6** (eine kleine Brücke) **2...Tb1–c1** [2...Tb1xb6? 3.Ka7xb6 Kd8-c8 4.c6-c7 und gewinnt] **3.Ka7-b7 Tc1–c2** Nun kann Weiß das klassische Brückenbau Manöver Lucenas anwenden: **4.Tb6-b4 Tc2-c1 5.Tb4-d4+ Kd8-e7 6.c6-c7 Tc1–b1+ 7.Kb7-c8 Tb1–b3 8.Td4-e4+ Ke7-f6 9.Kc8-d7 Tb3-d3+ 10.Kd7-c6 Td3-c3+ 11.Kc6-d6 Tc3-d3+ 12.Kd6-c5 Td3-c3+ 13.Te4-c4** und Weiß gewinnt.

50	Der weiße Turm will einen Bauern erobern oder den Gegner an die Deckung des f6 festnageln, um in beiden Fällen das Remis zu sichern. **1...Td3-d8 2.Tg8xg7 Ke7-f8** [2...Td8-h8 sieht auch erfolgversprechend aus, lässt aber nach 3.Kg4-f3 den Turm entkommen] **3.Tg7-h7 Kf8-g8 4.Th7xh6 Kg8-g7 5.Kg4-g5 Td8-d5+** und Weiß verliert Turm und Partie.
111	Ein einziges Tempo kann über Sieg oder Remis im Bauernendspiel entscheiden! **1.a2-a3** [Der direkte Weg nach vorne führt nur zum Remis: 1.a2-a4 Kb7-c7 2.Kb5-a6 Kc7-c6 3.Ka6-a7 Kc6-c7 =] **1...Kb7-c7 2.Kb5-a6 Kc7-c6 3.a3-a4 Kc6-c7 4.Ka6-a7 Kc7-c6 5.Ka7-b8 Kc6-c5 6.Kb8-c7/b7 Kc5xc4 7.Kc7xb6 Kc4-b4 8.a4-a5** und gewinnt.
172	**1.Lh6-g5** [oder direkt ***1.c6-c7***; 1.Kd6-c7 Lg4-f3 und Weiß kommt nicht weiter] **1...Lg4-f5 2.c6-c7 Lf5-h3 3.c5-c6** [3.Kd6-c6 Lh3-g2+ 4.Kc6-b6 Ke8-d7 =] **3...Lh3-c8 4.Kd6-c5 Ke8-f7** Der König greift ein und das ist wichtig. Bliebe er passiv, würde Weiß gewinnen! **5.Kc5-b6 Kf7-e6 6.Kb6-a7 Ke6-d5 7.Ka7-b8 Lc8-a6** und Remis.
233	Die Pattabwicklung aus dem Endspiel König und c- oder f-Bauer gegen die Dame lässt sich hier ebenfalls erfolgreich anwenden: **1.Kb1–a1 Kh7-h6** [1...Dg6xc2 Patt] **2.Dc2-c1+ Kh6-h7 3.Dc1–c2** usw. und Schwarz muss ins Remis einwilligen.
294	**1.c5-c6** macht den Weg für den b-Bauern frei, den jedoch der schwarze Turm in bewährter Manier von hinten attackieren könnte. Nach **1...b7xc6** schiebt **2.Td5-b5** dem aber einen Riegel vor. Gleich wie Schwarz schlägt, der Freibauer ist nicht mehr zu stoppen: **2...a6xb5 3.b6-b7** usw.
355	**1.Ld5-e6** Greift an und verteidigt zugleich, denn es drohte gxf5#. **1...f7xe6** [1...Td7-e7 2.Th7xf7 Te7xf7 3.f5xg6+ Kg4-g5 4.g6xf7 und gewinnt] **2.f5xg6** [2.Th7xd7?? g6xf5#] **2...Td7-d8 3.Th7xa7 Kg4-g5 4.g6-g7 Kg5-h6 5.a4-a5** Nun rollt der Angriff über beide Flügel und wegen der schlechten Stellung seines Läufers bleibt Schwarz keine Chance: **5...Kh6-h7 6.a5-a6 Td8-d6 7.h2-h4 Lc3-e1 8.h4-h5 Le1–h4 9.h5-h6** und Weiß gewinnt.

51	**1.h6-h7+** [1.Lh4-g5 Th1–e1+ 2.Ke7-f6 Te1–f1+ und Dauerschach] **1...Kg8-g7 2.h7-h8D+! Kg7xh8 3.Ke7-f7** (droht Lf6# ebenso wie g7+) **3...Th1–f1+ 4.Lh4-f6+ Tf1xf6+** Pech, dass der Turm mit dem Schlagen die Pattstellung seines Königs aufhebt! **5.Kf7xf6 Kh8-g8 6.g6-g7** und gewinnt.
112	Der Freibauer a6 scheint gute Chancen zu haben, das Rennen zu machen, aber mit **1.De5-h8+ Kf8-e7 2.Sh6-f5+!** macht Weiß nicht nur seinem eigenen Bauern den Weg frei, sondern er schließt auch die Diagonale nach h7 ab und sichert so die Umwandlung: **2...g6xf5 3.Dh8xd8+ Ke7xd8 4.h5-h6** und gewinnt.
173	**1...Tc2xh2+ 2.Kh1xh2 Tc8-c2+ 3.Td6-d2** Weiß muss den Turm opfern, denn in den anderen Varianten wird er gleich Matt: [3.Kh2-h1 Dg5-h5+ 4.Kh1–g1 Dh5-h2#; oder 3.Kh2-g1 Dg5xg3+ 4.Kg1–h1 Dg3-g2#] **3...Tc2xd2+ 4.Db4xd2 Dg5xd2+** und Schwarz gewinnt.
234	Mit einem Durchbruch kann Schwarz die Partie sofort günstig abwickeln: **1...e5-e4 2.Sd2xe4 Sc5xe4 3.f3xe4 Kc6-c5** und das Turmendspiel ist leicht für Schwarz gewonnen. ***2.f3xe4*** vereinzelt nicht nur die weißen Bauern, sondern geht auch nach 2...Tg2xd2+ 3.Kd1xd2 Sc5xe4+ sofort ins verlorene Bauernendspiel.
295	Der schwarze König steht zu beengt und seine Figuren sind zu zerstreut, um dem Angriff standzuhalten: **1.Ta3-a8 Dd7-g7 2.Ta8-e8 Td4-d7** [2...Dg7xf6 3.e5xf6 mit Umwandlung] **3.Df6-h4+ Dg7-h6 4.Te8-h8+ Kh7xh8 5.Dh4xh6+ Kh8-g8 6.Dh6xg6+** und gewinnt alles schwarze Material.
356	Die Stellung ist materiell gleich, aber nicht Remis: **1.Ld2xg5 h6xg5 2.Th3xh8 Td8xh8 3.Th1xh8 Kg7xh8 4.a4-a5 Ld4-e5 5.a5-a6!** [5.b5-b6 wäre verfrüht, denn nach 5...a7-a6 6.b6-b7 d6-d5 stoppt der Läufer den Freibauern] **5...d6-d5 6.b5-b6 d5xe4+ 7.Kd3xe4 Le5-b8 8.f5xe6 f7xe6 9.b6xa7 Lb8xa7 10.Ke4-e5 Kh8-g7 11.Ke5xe6 Kg7-g6 12.Ke6-d7** und Weiß gewinnt leicht.

52	**1.a4-a5!** [1.Kc3-c4? a7-a6! 2.Kc4-c3 Ke4-d5 und Weiß wird abgedrängt] **1...b6-b5! 2.a5-a6! Ke4-d5 3.Kc3-b4 Kd5-c6 4.Kb4-a5** und Schwarz verliert den Bauern oder setzt durch **4...Kc6-c5** Patt. (Studie Selesniev,A 1930)
113	**1.b4-b5** Kein verfrühter Durchbruch, sondern der Beginn der Abwicklung vom späten Mittelspiel ins gewonnene Endspiel: **1...a6xb5 2.Df3xf7+ Te7xf7 3.Tf1xf7 Db7xf7 4.Lc4xf7+ Kg8xf7 5.a5-a6** und der Springer kommt zu spät, um die Umwandlung zu verhindern.
174	Durch Seitenschachs hält Schwarz Remis, obwohl sein König vom Bauer abgedrängt worden ist. Man nennt dies das Karstedt Manöver: **1...Ta1–a7+ 2.Ke7-e6 Ta7-a6+ 3.Ke6-e5 Ta6-a5+ 4.Ke5-f4 Ta5-a4+ 5.Kf4-g5 Kh7-g7 6.Tf8-b8 Ta4-a6 7.Tb8-b7+ Kg7-f8** und die Philidorsche Remisstellung ist erreicht.
235	Die Umwandlung würde Weiß nichts bringen, denn der Läufer opfert sich und der Freibauer läuft durch. Aber es gibt einen anderen Rettungsplan: **1.Kf8-e7** Weiß droht, ins Quadrat des g-Bauern einzutreten. **1...g6-g5 2.Ke7-d6 g5-g4 3.e6-e7 Le2-b5 4.Kd6-c5 Lb5-d7 5.Kc5-d4** Geschafft, der König ist im Quadrat. **5...Ka7-b6 6.Kd4-e4 Kb6-c7 7.Ke4-f4 Kc7-d6 8.e7-e8D Ld7xe8 9.Kf4xg4** Remis
296	Zwar hat Schwarz den richtigen Läufer - drei der vier weißen Bauern stehen auf schwarzen Feldern - aber sein König kommt nicht näher an den Gegner heran. Dann muss er eben schwerere Geschütze auffahren: **1...La3-c1+ 2.Kf4-g4 h6-h5+ 3.Kg4-h4 Lc1–e3** Zugzwang **4.g3-g4** [4.Sf3-e1 Le3-g5#] **4...Le3-f2#**
357	Der schwarze Plan ist einfach: Den König weglenken und nach gxf2 ist die Umwandlung gesichert. Aber Weiß hat einen Joker: **1...Th8-h1+ 2.Kg1xh1 g3xf2 3.Tb5-f5! Kg6xf5 4.g2-g4+ Kf5xg4 5.Kh1–g2** und Weiß gewinnt.

53	Weiß gewinnt, muss aber genau spielen: **1.Le1–h4+** [1.Le1–b4+ Ke7-f7 2.Ke4-d4 La2-b1 =] **1...Ke7-f7** [1...Ke7-d7 2.Ke4-f4 La2-f7 3.Kf4-g5 Kd7-e7 4.Kg5-h6+ Ke7-f8 5.e5-e6 Lf7-e8 6.f5-f6 Le8-a4 7.Lh4-f2 und gewinnt] **2.Ke4-d4 Kf7-g7 3.e5-e6** und **4.Kd4-e5** und Weiß gewinnt.
114	**1...f7-f6** Verhindert e4-e5 und Nachrücken des Königs mit Kd2-d3-d4. **2.Kd2-d3** [2.b2-b4 c5xb4 3.a3xb4 a7-a6 =] **2...b6-b5 3.e4-e5 f6-f5 4.g2-g3 Kg8-f7 5.f3-f4** und Remis. Beide Seiten haben einen gedeckten Freibauern und können nichts unternehmen, haben aber auch nichts zu befürchten.
175	**1.Kc4-b5** [1.a6-a7 Tf6-a6 (Aber nicht *1...Tf6-f7? 2.Ta8-g8+ Kg7xg8 3.a7-a8D+)* 2.Kc4-b5 Ta6-a1 3.Kb5-b6 Ta1–b1+ und Remis durch ständige Schachs von hinten] **1...Tf6-f5+ 2.Kb5-b6 Tf5-f6+ 3.Kb6-c7 Tf6-f7+ 4.Kc7-b6 Tf7-f6+** usw., Remis, der König kann den Seitenschachs nicht entkommen.
236	Obwohl die schwarzen Offiziere eigentlich besser postiert scheinen als ihre gegnerischen Kollegen, verliert Schwarz: **1.d4-d5 c6xd5 2.Kc3-d4 Th2-h5 3.b4-b5** Weiß beginnt mit einem Durchbruchsmanöver, das die schwarzen Verteidiger ablenken soll **3...a6xb5 4.a4xb5 Kg7-f6 5.c5-c6 b7xc6 6.b5xc6 Kf6-e7 7.c6-c7 Th5-h8 8.Tg1–c1 Le6-c8 9.Sb6xc8+ Th8xc8 10.Kd4xd5 Ke7-d7 11.Kd5-e4** und Weiß gewinnt.
297	Bei etwa ausgeglichenem Material bietet die eingeengte Königsstellung Schwarz eine Gewinnmöglichkeit: **1...Lf5-h3+ 2.Kg2-f3** [2.Kg2-g1?? Dc2-d1+ 3.Df2-f1 Dd1xf1#] **2...Dc2-d3+ 3.Df2-e3 Lh3-g2+ 4.Kf3-f2 Dd3-f1#** [4.Kf3-g4 Dd3-f5+ 5.Kg4-h4 Df5-h3#]
358	Der weiße Freibauer ist weniger gefährlich als er aussieht, der weiße König dagegen steht viel gefährdeter als es scheint: **1...h7-h6 2.g5xh6** [2.Tb6xg6 h6xg5 und nur durch Turmopfer kann Weiß das Matt vermeiden; sonst folgt auf 3.a5-a6 g5-g4+ 4.Kh3-h4 Tc2-h2#] **2...g6-g5 3.h6-h7 g5-g4+ 4.Kh3-h4 Tc2-h2#**

54	**1...f5-f4+** Nach 1...Th6xh5 2.Tc6xg6 d5-d4 3.Kg3-f4 steht Schwarz besser, aber er hat noch eine stärkere Möglichkeit: **2.Kg3-f2** Weiß kann nicht schlagen: 2.Kg3xf4 g6-g5+; oder 2.Kg3-g4 g6xh5+ verliert den Turm, es bleibt also nur der Rückzug **2...Th6xh5 3.Tc6xg6 Th5-h2+ 4.Kf2-g1 Th2-e2** und Schwarz gewinnt leicht. z.B. **5.Tg6-g4 Kd3-e3** usw.
115	Mit einem geschickten Manöver und durch Bauernopfer erzwingt Schwarz Durchbruch und Umwandlung: **1...f5-f4 2.g3xf4 g5xf4 3.Kc4-d4** [3.g2-g3? e4-e3; 3.a4-a5 h5-h4 4.a5xb6 f4-f3 5.b6-b7 Kd6-c7 6.g2xf3 h4-h3 und gewinnt] **3...e4-e3 4.f2xe3 f4-f3 5.g2xf3 h5-h4** und der eigene e-Bauer verstellt dem König den Weg ins Quadrat! Schwarz gewinnt.
176	Schwarz kann gegen die beiden Freibauern nichts ausrichten, allerdings muss Weiß genau spielen: **1.h3-h4 Kf4-f5 2.Ka4-a5 Kf5-g6 3.f3-f4** [3.Ka5xa6? Kg6-h5 4.f3-f4 Kh5xh4 =] **3...Kg6-h5 4.f4-f5** Weiß muss diese Position immer wieder herbeiführen. **4...Kh5-h6 5.Ka5xa6 Kh6-g7 6.h4-h5 Kg7-f6 7.h5-h6 Kf6-f7 8.Ka6-b6 Kf7-f6 9.Kb6-c6 Kf6-f7 10.Kc6-d7 Kf7-f6 11.h6-h7 Kf6-g7 12.Kd7-e7** und gewinnt.
237	Schwarz führt eine typische Durchbruchsstellung herbei: **1...g4-g3 2.h2xg3** [2.Tf2xf8 g3xh2 ; oder 2.Tf2-d2 g3xh2 3.Td2-d1 h3xg2 4.Ke3-d2 h2-h1D *(oder 4...Tf8-f1)*] **2...Tf8xf2** [Schwächer, aber auch möglich ist 2...h3-h2 3.Tf2xf8 h2-h1D] **3.Ke3xf2 h3-h2** und Schwarz gewinnt.
298	**1.Td4-d3** sperrt den gegnerischen König ab. **1...Ta2-b2 2.Td3-a3 f4-f3** Nachdem Schwarz den Bauern vorgezogen hat, geht der Turm auf die Grundreihe und sichert Remis durch Schachs von hinten: **3.Ta3-a8 Kg4-g3 4.Ta8-g8+ Kg3-f4 5.Tg8-f8+ Kf4-e4 6.Tf8-e8+ Ke4-d4 7.Te8-f8** usw., Remis. Wer's vergessen haben sollte: Dies ist die Philidorsche Remisstellung.
359	Die schwarze Dame muss ständig den Tf8 decken, was Weiß freche Manöver erlaubt: **1.De3-d4 Db4-a3 2.Dd4-d8 Kh8-g8 3.Dd8-d5+ Kg8-h8 4.Dd5-f7** Der Tf8 ist überlastet, Schachs können Schwarz nicht retten: **4...Da3-d6+ 5.f2-f4 Dd6-h6+ 6.Kh2-g3** und es ist aus, denn auf **6...Dh6-g6+** folgt **7.Df7xg6 h7xg6 8.Te8xf8+** usw. und Weiß gewinnt.

55	Schwarz steht direkt beim ersten gegnerischen Freibauern und schneidet Weiß ab. Doch ein überraschendes Manöver bringt Weiß den Sieg: **1.Tb5-f5 Tf6xf5+** [1...Ke6xe7 2.Tf5xf6 Ke7xf6 3.Kf3-f4 und Weiß gewinnt] **2.Kf3-g4 Ke6xe7 3.Kg4xf5 Ke7-f7** [oder 3...Ke7-d6 4.e3-e4 Kd6-d7 usw. 5.Kf5-f6] **4.Kf5-e5 Kf7-e7 5.e3-e4** mit gewonnenem Bauernendspiel.
116	Weiß muss den gegnerischen König entweder weglocken oder umgehen und abdrängen: **1.Kd4-e4 Kd6-e6 2.a4-a5 Ke6-d6** [2...Ke6-f6? 3.b4-b5 c6xb5 4.c4xb5 a6xb5 5.a5-a6] **3.Ke4-f5 Kd6-d7** [3...c6-c5 4.b4-b5] **4.Kf5-e5 Kd7-e7 5.c4-c5 Ke7-d7 6.Ke5-f6** und Weiß kann den schwarzen König weiter abdrängen und gewinnt.
177	Der König ist zwar im Endspiel eine starke Figur und bekanntlich sollte man ja auch anstreben, ihn zu zentralisieren, aber hier haben wir wohl die Ausnahme von der Regel: **1...Th4xh3+ 2.g2xh3 Tf8-f3+ 3.Ke3-d4 Se5-c6#**
238	Weiß kann den gegnerischen Freibauern nicht aufhalten, deshalb ist der eingeklemmte König sein Ziel: **1.Dg4-g5+ Lf6xg5 2.h4xg5+ Kh6-h5 3.Tg8-h8 Dc3xh8** [3...h7-h6 4.Th8xh6#] **4.g3-g4#**
299	Nur Mut und auf die Kraft der verbundenen Freibauern vertraut, dann klappt's auch mit dem Gewinnen: **1.Ta7xf7 Tf8xf7 2.e5-e6 Tf7xf6+** [z.B. 2...Tf7-c7 3.e6-e7] **3.Kf5xf6 b4-b3 4.e6-e7 b3-b2 5.e7-e8D b2-b1D 6.De8-e3+ Kh6-h7 7.De3-e7+** [oder 7.De3-h3+ Kh7-g8 8.Dh3-g4+ Kg8-f8 9.Dg4-g7+ Kf8-e8 10.Dg7-e7#] **7...Kh7-h6 8.De7-g7+ Kh6-h5 9.Dg7-g5#**
360	Der direkte Weg ist nicht der richtige: 1.Ka8-b7 Kg7-f6 2.Kb7-c6 Kf6-e5 hält den weißen König auf Distanz, Remis] **1.Th2-f2! Kg7-g6 2.Ka8-b7 g5-g4 3.Kb7-c6 Kg6-g5 4.Kc6-d5 g4-g3 5.Tf2-f8** [5.Tf2-g2 Kg5-f4 =] **5...Kg5-g4 6.Kd5-e4** und Bauernverlust oder Matt. (Lerner,K - Dorfman, Taschkent 1980)

56	Der richtige Plan ist, den schwarzen König zurückzudrängen und dann mit dem c-Bauern vorzugehen: **1.Ta4-a6+ Ke6-e7 2.c3-c4** [oder 2.Ta6-c6 Td1–c1 3.c3-c4] **2...Td1–c1 3.Ke4-d5** [3.Ke4-f5 Tc1xc4 4.Ta6xf6 Tc4-c5+ 5.Kf5-g6 usw.] **3...Tc1–c2 4.Ta6-a7+** und Schwarz wird noch weiter zurückgedrängt und verliert auf Dauer.
117	Einen originellen Fall von Umwandlung zeigt Nimzowitsch in seinem Buch "Mein System": **1.Le2-g4+ Kd7-d6 2.Lg4-f5 Ta1–a2 3.Sc1xa2 b3xa2 4.Kd1–c1 a2-a1D+ 5.Lf5-b1** Der König pendelt einfach auf c1–c2 und Schwarz hat keine Möglichkeit, die Dame zu befreien. Umwandlung gelungen, Partie Remis!
178	Mit zwei Mehrbauern und gleichen Läufern sollte der Gewinn für Weiß einfach sein. Aber **1...Le7-a3 2.b2xa3 Kc4-b5** und Schwarz erreicht die allgemein bekannte Remisstellung gegen den "falschen Läufer". Auch 2.Kc1–c2 oder andere Züge helfen nicht, denn es folgt 2...La3xb2 3.Kc2xb2 Kc4-b5 Remis, der König läuft in die rettende Ecke]
239	Weiß drängt den König zurück bis nach a2, um dann mit Txh2 den gegnerischen Turm zu fesseln und so umzuwandeln: **1.Kc8-b7 Tc2-b2+ 2.Kb7-a7 Tb2-c2 3.Th7-h5+ Ka5-a4** [3...Ka5-b4 4.Ka7-b7] **4.Ka7-b7 Tc2-b2+ 5.Kb7-a6 Tb2-c2 6.Th5-h4+ Ka4-a3 7.Ka6-b6 Tc2-b2+ 8.Kb6-a5 Tb2-c2 9.Th4-h3+ Ka3-a2 10.Th3xh2 Tc2xh2 11.c7-c8D** und Weiß kann auf Gewinn spielen.
300	Einmal hin und zurück muss der weiße König marschieren, ehe er eindringen kann: **1.Kd5-c5 Ke7-d8 2.Kc5-b5 Kd8-c8 3.Kb5-a5** [3.Kb5-a6 Kc8-b8] **3...Kc8-b8** [3...Kc8-d8 4.Ka5-a6 Kd8-c8 5.Ka6-a7 Kc8-d8 6.Ka7-b7 und gewinnt] **4.Ka5-a6 Kb8-a8 5.Ka6-b5 Ka8-a7 6.Kb5-c5 Ka7-a6 7.Kc5-d5 Ka6-b6 8.Kd5-e6 Kb6xc6 9.Ke6xf6 Kc6-d7 10.Kf6-g7** und Weiß gewinnt.
361	Nur eine rigorose Öffnung der Stellung lässt die Stärke der weißen Dame zum tragen kommen: **1.Te3xe5 Te7xe5 2.g6-g7 Tf8-g8 3.Df5xf6+ Te5-e6 4.Df6-f8+ Tg8xf8 5.g7xf8D+** und gewinnt.

57	Auch im Endspiel tauchen immer wieder kurzfristig taktische Möglichkeiten auf: **1.Th7-b7 Lb1–a2 2.Se3-d5** und Schwarz muss den Turm opfern, um Matt zu vermeiden: **2...Td3xd5 3.c4xd5+ Ke6-f6 4.Tb7-d7** und Weiß gewinnt. Der scheinbar gleiche Plan ***1.Se3-d5*** dagegen führt nach 1...Td3xf3+ 2.Kf4xf3 Lb1xe4+ 3.Kf3xe4 nur zum Patt!
118	**1.Ke3-f2 Ta3-a5 2.Kf2-g3 Ta5xe5 3.Kg3-g4 Te5xe4+ 4.Kg4-h5** Nun ist der weiße Plan klar; der König zieht nach g6 und ist vor Turmschachs sicher, während er seinerseits Matt droht: **4...Te4-d4 5.Kh5-g6 Td4-d8 6.Tb7-h7 Kf8-g8 7.f6-f7+** und Weiß gewinnt. (Topalow – Kasimdzhanov, WM Turnier Potrero de Funes 2005)
179	**1.Ta5-a2 Te2xa2 2.f2-f4+ Kg5xf4** oder ein anderer Königszug und Patt. Zieht Weiß den Turm weg, verliert er den Bh2 und seine Gewinnchancen verschlechtern sich erheblich.
240	Durch die Unterverwandlung **1.d7-d8S+** rettet Weiß nicht nur seinen gefesselten Lb5, sondern kann nach dem einzigen Zug **1...Kf7-f6** sogar den Doppelangriff **2.Te8-e6+** anbringen und gewinnt so leicht.
301	Durch ein Springeropfer bringt Weiß beide Freibauern zum Laufen - zuviel für den schwarzen Springer, um sie noch rechtzeitig zu stoppen: **1.Sf4xg6 Se5xg6 2.h4-h5 Sg6-f8 3.h5-h6 Kd2-e3 4.e4-e5 Ke3-d4 5.e5-e6**
362	**1...b2-b1D 2.De4-e5+** [2.De4-e8+ Dg1–g8 3.De8-e5+ Kh8-h7 4.De5-e7+ Dg8-g7 *(4...Kh7-h8? 5.De7-f6+ Dg8-g7 6.Df6-d8+)* 5.De7-e4+ Dg7-g6+ 6.De4xg6+ Db1xg6#] **2...Dg1–g7** [2...Kh8-g8 3.De5-g7+ Dg1xg7 =; oder 2...Kh8-h7] **3.De5-b8+** und entweder **Db1xb8** Patt oder 3...Kh8-h7 4.Db8xb1+ und Remis.

58	Dieses studienhafte Endspiel ist auch für die Turnierpraxis sehr wichtig: **1.Kf4-g4** [In der Partie Tschigorin - Tarrasch, Ostende 1905, folgte 1.g5xf6 g7xf6 und Weiß verlor] **1...Kd5-e4 2.g5-g6 h7-h6** [2...h7xg6 3.f5xg6 führt ebenfalls zum Remis, nach f6-f5+ usw. erhalten beide eine Dame] **3.Kg4-h5 Ke4xf5** Patt!
119	Du kannst einfach und sicher gewinnen oder mit großem Opfer für die Galerie - das mag jeder nach seinem Naturell entscheiden, solange er flott Matt setzt: **1.De4-h7+ Ka7-b6 2.Dh7-c7+ Se6xc7 3.Le5xd4#** (Galerie-Lösung) ***1.Le5xd4+*** Se6xd4 2.De4xd4+ Ka7-b8 3.Dd4-d8+ Kb8-a7 4.Dd8-c7+ Da8-b7 5.Dc7xb7# (Allerwelts-Lösung)
180	**1.Kd5-c4 a3-a2 2.Kc4-b3** (Auf a1D?? folgt Te1#) **2...a2-a1S+ 3.Kb3-c3 Sa1–c2** [3...Kb1–a2 4.Te4-b4 Ka2-a3 5.Tb4-b2 und der Springer geht verloren] **4.Te4-e2 Sc2-a3** [4...Sc2-a1 5.Te2-h2 und Zugzwang, der Springer geht verloren] **5.Kc3-b3** und Matt oder Springerverlust.
241	Gegen die akute Drohung Ta8# gibt es nur ein Mittel: **1...a2-a1D+ 2.Ta7xa1 Tg2-a2 3.Ta1–e1 Ta2-e2** und durch Absperrung jeder offenen Linie verhindert der schwarze Turm das Matt auf der Grundlinie und sichert Remis durch Dauerschach oder Patt!
302	**1...Tb3-b1!** Da der Freibauer nur von der Seite angegriffen werden kann, schließt Schwarz die Grundreihe so oder so ab, ob nun der König schlägt oder nicht. **2.Kc2xb1 f3-f2** und der schwarze Freibauer ist nicht zu stoppen! So einfach geht's!
363	Angriff und Gegenangriff schaffen wechselseitige Mattdrohungen: **1.Lb2xf6 Te8-e2** [1...g7xf6? 2.Dc1–b1 f6-f5 3.Db1–b2+ Kh8-g8 4.Db2-g7#] **2.Tc7-c8+!** [2.Dc1–f1?? Dh3xh2#] **2...Dh3xc8** [2...Kh8-h7 3.Dc1–b1+ g7-g6 4.Tc8-h8#] **3.Dc1xh6+ Kh8-g8 4.Dh6xg7#**

59	Wie gewinnt man diese Stellung am einfachsten? Indem man den Gegner ziehen lässt:! **1.Dc2-c8 e5-e4** [1...Kd4-e4 2.Dc8-g4#] **2.Dc8-c3#** Dies ist eine Computer-Test Aufgabe, die viele Computer nicht lösen konnten. Wenn du sie auch nicht lösen konntest, kannst du dich damit trösten, dass du wie ein Computer denkst!
120	**1.a3-a4 Kf6-e5 2.a4xb5** [2.c3-c4? b5-b4 und beide Seiten haben einen gedeckten Freibauern und können nichts mehr unternehmen - Remis!] **2...c6xb5 3.c3-c4 b5xc4+ 4.Kb3xc4** und Weiß kann den a-Bauern abholen und dann den Bf5 unterstützen und gewinnt leicht. [3...b5-b4 schafft zwar wieder einen Freibauern für Schwarz, der aber nichts nützt, weil der c-Bauer entweder durchmarschiert oder den schwarzen König von der Bewachung des Bf5 abzieht. Weiß gewinnt jeweils]
181	Wenn man die Gelegenheit hat, in ein einfacheres Gewinnendspiel abzuwickeln, sollte man dies unbedingt tun, auch wenn dies Material kostet. Hier wickelte Aljechin (gegen Bogoljubow, Hastings 1922) rigoros ab: **1...De4-e2 2.Td2xe2 f3xe2 3.Kg1–f2 e2xf1D+ 4.Kf2xf1 Kh7-g7 5.Kf1–f2 f6-f5 6.Kf2-f3 Kg7-f6 7.Kf3-f4 d6-d5 8.Kf4-f3 Kf6-e5** und Schwarz gewinnt leicht.
242	Das schwierige Endspiel Turm gegen Läufer ist hier schnell entschieden: **1.Tf7-f1 Lg1-h2 2.Tf1-f2 Lh2-g3 3.Tf2-g2 Lg3-e5** [3...Lg3-d6 4.Tg2-d2 Ld6-e7 5.Td2-c2 Kg8-f8 6.Tc2-c8+; oder 3...Lg3-h4 4.Kg6-h5+] **4.Tg2-e2 Le5-d6 5.Te2-e8+ Ld6-f8 6.Te8-c8 Kg8-h8 7.Tc8xf8#**
303	**1.Tc6-c1 Td1–d2+** [1...Td1xc1? 2.d6-d7] **2.Kf2-f3 Kd3-d4 3.Tc1–c2 Td2-d3+ 4.Kf3-e2 Td3-e3+ 5.Ke2-d1 Te3-a3** [5...Te3-d3+ 6.Tc2-d2] **6.d6-d7 Ta3-a8 7.Tc2-c8** oder 7.d7-d8D+ Ta8xd8 8.Tc2-d2+ und gewinnt.
364	Nach dem naheliegenden 1.Td4-d1 hält Schwarz wie in der Amelung Studie (316.Tag) leicht Remis durch 1...d5-d4 2.Ke7-d7 Ke5-d5] **1.Td4-d3** (oder Td2) **d5-d4** [1...Ke5-e4 2.Td3-d1 d5-d4 3.Ke7-d6] **2.Td3-d1** kann Schwarz die Opposition nicht halten und gibt z.B. mit **2...Ke5-e4 3.Ke7-d6 Ke4-e3 4.Kd6-c5 d4-d3 5.Kc5-c4** usw. dem weißen König die Möglichkeit zum eingreifen. (Studie R.Réti, 1928)

60	Den Freibauern kann Weiß nicht unterstützen, aber durch Druck auf f7 eine zweite Schwäche des Gegners in Visier nehmen: **1.Tg2-f2 Tb5-f5 2.Tf2xf5 g6xf5 3.g5-g6! Tb6xb2** [3...Kg7xg6? 4.Tc7-c6+ Tb6xc6 5.b7-b8D] **4.g6xf7** Schwarz beliebig und **5.Tc7-c8** gewinnt!
121	Schwarz darf den Turm wegen Patt nicht schlagen: **1...Kc4-b4 2.Tc5-c4+ Kb4-a3 3.Tc4-a4+ Ka3-b3 4.Ta4-a3+** [4.Ta4-b4+ Kb3-c2] **4...Kb3-b4 5.Ta3-a4+ Kb4-c3 6.Ta4-c4+ Kc3-d2 7.Tc4-d4+ Kd2-e2** und Schwarz hat die Pattdrohung endlich abgewendet.
182	**1.Kb2-a2 c4-c3 2.Tb4-d4+ Kd2-c2** [2...Kd2-e3 3.Td4-d8 c3-c2 4.Ka2-b2 Tc1–d1 5.Td8-c8 =] **3.Td4-h4 Tc1–d1 4.Th4-h2+ Td1–d2 5.Th2-h1 =** Das naheliegende 1.Tb4-b8 dagegen verliert: 1...c4-c3+ 2.Kb2-a2 Tc1–d1 3.Tb8-d8+ Kd2-c1 4.Td8-h8 c3-c2 5.Th8-h2 Td1–d8 6.Th2-h1+ Kc1–d2 7.Th1–h2+ Kd2-c3 8.Th2-h3+ Td8-d3 9.Th3-h1 Td3-d1 und Schwarz gewinnt.
243	Nur mit einem Weglenkungsopfer kann Weiß gewinnen: **1.Te5-g5+** [1.h6-h7 würde nach 1...Tf1–f6+ zum Remis führen] **1...Kg6xg5 2.h6-h7 Tf1–e1+ 3.Ke6-d7 Te1–d1+ 4.Kd7-e8** Weiß darf den Turm natürlich nicht auf die Grundreihe lassen, sonst verliert er. **4...Td1–e1+ 5.Ke8-f8 Te1–h1 6.Kf8-g7** und einer kommt durch.
304	**1.Sh3-g1** Dieser freche Zug ist möglich, weil nach **1...Lh2xg1 2.Kg4-g3 Lg1-f2+** Weiß den letzten Bauern erobert, also Remis. [1...Ke3-f2 2.Sg1-h3+; oder 1...Lh2-c7 2.Sg1-h3 (führt wieder zur Textvariante). 2.Kg4-h3? dagegen verdirbt die Remisstellung, der Springer braucht stets das Feld h3. 2...Ke3-f2 3.Sg1-e2 Lc7-d6 4.Se2-g1 Zugzwang 4...Kf2xg1 und Schwarz gewinnt)]
365	Es ist nicht offensichtlich, aber wahr, dass Schwarz hier den Freibauern nicht stoppen kann: **1.a5-a6 Tg4-h4 2.Td3-d8 Ke7xd8 3.a6-a7** mit Umwandlung und Gewinn. Auch von hinten kann der Turm den Bauern nicht stoppen: 1...Tg4-g1 2.a6-a7 Tg1–a1 3.Td3-a3 b4xa3 4.a7-a8D a3xb2 5.Da8-b7+ Ke7-d6 6.Db7xb2 und gewinnt. (Studie von Aljechin, 1933)

61	Man könnte auf den ersten Blick denken, dass Weiß verloren ist. Aber der schwarze König kann nicht über die f-Linie hinaus gehen, denn dann würde Te7 (Spieß) zum Remis führen. Der König kann sich wohl nach vorne vorarbeiten, aber auch das reicht nicht: **1...Kh1–h2 2.Tg7-h7+ Kh2-g3 3.Th7-g7+ Kg3-h4 4.Tg7-h7+ Kh4-g5 5.Th7-g7+ Kg5-h6 6.Tg7-h7+ Kh6xh7** und Patt! (Ponziani 1782)
122	Weiß muss seinen Appetit zügeln, denn 1.Kf3xf4 Ke6-d5 2.Kf4-f3 Kd5-c4 3.Kf3-e2 Kc4-c3 4.Ke2-d1 Kc3-d3 und Schwarz hat Gewinnstellung erreicht. Remis hält der kluge Zug **1.Kf3-e4! d4-d3** [1...Ke6-d6 2.Ke4xd4 =; 1...Ke6-f6 2.Ke4xf4 =] **2.Ke4xd3 Ke6-f5 3.Kd3-e2 Kf5-g4 4.Ke2-f2** usw.
183	Um zu gewinnen muss der weiße König die Umgehung schaffen: **1.h2-h3 Kg6-h6 2.Kh4-g3 Kh6-g6 3.Kg3-f3 Kg6-f6 4.Kf3-e3 Kf6-e6 5.Ke3-d4 Ke6-d6 6.h3-h4** Der entscheidende Tempozug! **6...Kd6-e6 7.Kd4-c5** und Weiß drängt den gegnerischen König vom Bauern ab und gewinnt.
244	Weiß nutzt die Fesselung des Ld7, um in ein gewonnenes Bauernendspiel abzuwickeln: **1.b4-b5 Th5xc5 2.Lf1xh3 f6-f5 3.b5xc6 Tc5xc6 4.Lh3xf5 Tc6-d6 5.Kh2-g3** Das entscheidende Tempo! **5...Ke7-e8 6.Ta7xd7 Td6xd7 7.Lf5xd7+ Ke8xd7 8.Kg3-g4 Kd7-e6 9.Kg4-g5 Ke6-f7 10.Kg5-f5** und Weiß hat theoretische Gewinnstellung erreicht.
305	Obwohl die schwarzen Bauern weit vorgerückt sind, reicht es nur zum Remis: **1.Te8-e3 Kc2-d1 2.Te3-d3+ Kd1–c2** [2...Kd1–e1 3.Td3xf3 Ke1–d1 4.Tf3-d3+ Kd1–c2 5.Td3-e3 =] **3.Td3-c3+ Kc2-b2** [3...Kc2-d1 4.Tc3-d3+ =] **4.Tc3-b3+ Kb2-a2 5.Tb3-e3 Ka2-a1 6.Te3-a3+ Ka1–b1 7.Ta3-b3+** und Dauerschach.

Weitere Titel, die im Schachverlag Ullrich erschienen sind oder in Kürze erscheinen werden:

Heinz Brunthaler: **Schach - Lehrbuch für Kinder & Eltern**

– vom Anfänger zum ersten Turnier.

Ein Lehrbuch für Eltern, Großeltern oder Verwandte, die nur Grundkenntnisse des Schachspiels haben und ihre Kinder unterrichten oder mit ihnen gemeinsam Schach lernen wollen. Besonders einfache, neue Lehrmethode.

Format ca. 18 x 24,5 cm, 215 S. Hardcover

Heinz Brunthaler (Hrsg.): **Mein System - easy**

Aaron Nimzowitschs klassisches Lehrbuch des Positionsspiel in gestraffter und modernisierter Form.

Format ca. 17 x 24 cm, 160 Seiten, Flexicover

Heinz Brunthaler (Hrsg.): **Schach – Taktik mit Dr.Tarrasch**

Der Taktik-Kurs aus dem "Lehrbuch des Schachspiels" in moderner Form.

Format ca. 17 x 24 cm, 128 S., Flexicover

Heinz Brunthaler: ***365 x Schachtaktik***

- Eine Aufgabe für jeden Tag des Jahres

365 x Schachtaktik – Für Einsteiger bis Klubspieler
365 x Schachtaktik – Für Klubspieler
365 x Schachtaktik – Für Experten
365 x Schachtaktik – Für Meisteranwärter

Heinz Brunthaler: ***365 x Endspiel***

- Eine Aufgabe für jeden Tag des Jahres

365 x Endspiel – Für Einsteiger
365 x Endspiel – Für Klubspieler
365 x Endspiel – Für Experten

Alle Bände der beiden Reihen jeweils 128 Seiten im Großformat ca. 17 x 24 cm mit 365 Aufgaben, eine für jeden Tag des Jahres.